Panorama das terapias familiares

Dados Internacionais de Catalogação na Publicação (CIP)
(Câmara Brasileira do Livro, SP, Brasil)

Elkaïm, Mony.
Panorama das terapias familiares/ Mony Elkaïm (org.); [tradução de Eleny Corina Heller]. – São Paulo: Summus, 1998.

Título original: Panorama des thérapies familiales.
Obra em 2 v.
Bibliografia.
ISBN 85-323-0614-4 (v. 1) - ISBN 978-85-323-0615-9

1. Psicoterapia de família 2. Elkaïm, Mony. II. Título.

CDD-616.89156
98-2723 NLM-WM 430

Índice para catálogo sistemático:

1. Psicoterapia de família 616.89156

Panorama das terapias familiares

Volume 2

Mony Elkaïm

organizador

summus editorial

Do original em língua francesa
PANORAMA DES THÉRAPIES FAMILIALES

Tradução: **Eleny Corina Heller**
Revisão técnica: **Tai Castilho**
Capa: **Teresa Yamashita**
Editoração eletrônica e fotolitos: **Join Editoração Eletrônica**

Summus Editorial
Departamento editorial:
Rua Itapicuru, 613 – 7º andar
05006-000 – São Paulo – SP
Fone: (11) 3872-3322
Fax: (11) 3872-7476
http://www.summus.com.br
e-mail: summus@summus.com.br

Atendimento ao consumidor:
Summus Editorial
Fone: (11) 3865-9890

Vendas por atacado:
Fone: (11) 3873-8638
Fax: (11) 3873-7085
e-mail: vendas@summus.com.br

Impresso no Brasil

À memória de minha mãe

Nota da Edição Brasileira:

A obra *Panorama des Thérapies Familiales* foi publicada no original francês em um único volume. Julgamos, porém, que o público brasileiro seria beneficiado com a publicação do livro em dois volumes. Tal idéia foi corroborada por Tai Castilho, nossa consultora na área de terapia familiar, e aprovada pelo próprio Mony Elkaïm. A seqüência original das seções foi mantida, conservando-se inalterada a sua numeração. Por esse motivo o leitor perceberá, e não deverá estranhar, que o Volume 2 tem início com a Seção V.

O leitor que porventura comparar os textos de alguns capítulos com a edição original, poderá constatar diferenças, às vezes significativas. Isto se deve ao fato de que os capítulos escritos inicialmente em inglês foram traduzidos diretamente de sua versão original, para maior fidelidade.

São eles, neste Volume 2

A terapia comportamental de casal;

As raízes da terapia simbólico-experiencial;

O modelo processual de Virginia Satir;

Intervenção na rede;

Identidade sexual, feminismo e terapia familiar;

Daqui para lá, não se sabe para onde: a contínua evolução da terapia breve voltada para a solução.

Esperamos que os critérios aqui adotados permitam ao leitor usufruir ao máximo os ensinamentos deste importante trabalho.

Observação final: As notas dos autores apresentam-se numeradas; as da Editora francesa, do organizador da obra, da tradutora e da revisora técnica encontram-se assinaladas por asteriscos.

Sumário

Agradecimentos

Quero primeiramente agradecer a Jean-Luc Giribone, que desde o início deu seu apoio ao projeto desta obra e jamais, durante todo o decorrer de sua redação, deixou de generosamente oferecer-me seu tempo, sua ajuda e seus conselhos; e, da mesma forma, ao Fundo Lucie Capeillères-Lambert, pelo precioso apoio que me ofereceu.

Minha gratidão também a Colette Simonet, Solana Orlando e Christiane Van der Borght, que me apoiaram desde as primeiras fases de preparo deste *Panorama das Terapias Familiares*.

Meu reconhecimento deve-se igualmente a Elida Romano, a qual, graças ao questionário que enviou a numerosos psicoterapeutas europeus e sul-americanos, permitiu que eu melhor me apercebesse da multiplicidade de experiências atualmente desenvolvidas no domínio da terapia familiar.

Quero também agradecer de modo muito particular à minha assistente Judith Good, que durante muitos anos me auxiliou a organizar o manuscrito desta obra e encarregou-se dos contatos internacionais indispensáveis à elaboração de um trabalho de tais contornos coletivos; a Christian Cler, que não somente traduziu e reescreveu numerosos capítulos do presente volume como também contribuiu para a redação final de seu manuscrito; e, enfim, a todos os pacientes e estudantes, sem os quais esta obra não seria senão de utilidade bastante restrita.

Prefácio

Este é o segundo volume do *Panorama das Terapias Familiares*, um valioso presente de Mony Elkaïm à nossa família de terapeutas familiares. A dedicação de Mony tem sido para nós uma grande aula, em que seus comentários nos ensinam a navegar por um mundo onde as teorias remetem imediatamente à prática, estimulando-nos a refletir sobre novos caminhos.

A obra inicia-se com a terapia comportamental de casal surgida no final da década de 1950.

A seguir, Carl Whitaker, um "avô" mítico, dá seqüência a este volume com seu modelo simbólico-experiencial, único em metáforas e criatividade.

Segue-se Virginia Satir, também uma "vovó" no seu jeito gostoso de ensinar a importância da "auto-estima" e como trabalhar com sentimentos de "inclusão" e "exclusão" dentro do casal e da família.

As terapias feministas, que tratam de temas que incluem violência e abuso, tão importantes no final deste século, colocam-nos frente a frente com questões como igualdade e gênero.

Percorrendo a evolução da terapia familiar no período pós-Segunda Cibernética, e transitando do individual para o social, e vice-versa, abre-se o mundo dos modelos construtivistas e construcionistas, passando pela atualíssima intervenção de rede, e chegando ao brilhantismo do trabalho de Michael White e suas metáforas narrativas.

Finalizando, a terapia breve oferece a nós, terapeutas, possibilidades clínicas ricas para "economia" de um processo terapêutico cuja eficácia para a mudança é a sua grande força motriz.

Obrigada, Mony!

Tai Castilho
Terapeuta de casal e família
Diretora e didata do Instituto de
Terapia Familiar de S. Paulo

Introdução

Dedicando-me ao ensino da disciplina Terapia Familiar em âmbito universitário e, por mais de vinte anos, à formação de profissionais de saúde mental nessa abordagem em várias capitais européias e cidades norte-americanas, há muito sonho em poder dispor de uma obra que me permitisse levar ao conhecimento de meus alunos o múltiplo e cambiante universo das terapias familiares.

Gostaria que essa obra apontasse as principais escolas que lançaram raízes e inovaram nessa área, sempre apresentando as diversas correntes sob uma perspectiva tanto teórica como prática e histórica.

A despeito da imagem inevitavelmente cheia de contrastes que resultaria de uma tal descrição, tinha a convicção de que esta mesma imagem não assumiria todos os seus contornos se não desse a divulgar as atividades daqueles grupos menos conhecidos que, tanto quanto as escolas de maior vulto, contribuíram para o nosso campo, a ele oferecendo sua riqueza e sua diversidade internacional.

Mesmo não ignorando que seria uma vã tentativa pretender esboçar um quadro exaustivo dessa matéria, parecia-me, no entanto, não menos importante fazer com que o leitor compreendesse que nosso campo nunca poderia ter atingido o nível de abrangência que hoje possui sem a modesta tenacidade de uma multidão de pequenos grupos que, longe de sistematicamente se proclamarem como um movimento específico, ao contrário, fazem a integração das contribuições de diversas correntes.

Esse texto, tal como o concebia, deveria permitir em igualdade de condições, a leitores de nacionalidades diferentes, o conhecimento de um material de difícil acesso ou mesmo inexistente em seus respectivos idiomas. Coerente com essa aspiração, o presente *Panorama das Terapias Familiares* apresentará pela primeira vez aos seus leitores franceses as escolas oriundas do construcionismo social ou as críticas feministas às terapias familiares, ao passo que os leitores americanos aí encontrarão, descritas, as pesquisas de certas escolas européias (tal como as da escola de terapia familiar psicanalítica), e também as práticas de rede desenvolvidas na Europa na década de 1970.

Assim, selecionei e solicitei às diversas escolas que redigissem cada uma um capítulo, em que expusessem os embasamentos teóricos de sua abordagem, sempre especificando suas respectivas práticas; preferi não enviar aos autores desses capítulos questionários muito rígidos, para não correr o risco de restringir sua liberdade de expressão: acima de tudo, não desejava impor-lhes a escolha de uma forma talvez incompatível com as bases de seu pensamento.

Sempre que possível, o próprio fundador ou fundadora da escola em questão encarregou-se de escrever o capítulo consagrado à sua abordagem. Quando não, essa tarefa foi destinada a um ou uma terapeuta próximo à escola em questão, sendo o capítulo, quase sempre, revisto pelos principais representantes do movimento apresentado.

Esta obra, dividida em oito seções, pretende ao mesmo tempo recordar a atmosfera em que surgiram as primeiras terapias familiares e apresentar ao leitor as principais escolas de nosso campo.

Ao reunir os diversos textos que compõem esta obra, tive a oportunidade de medir até que ponto as escolas, cujas teorias e práticas são atualmente ensinadas nos cursos de formação de terapias familiares, não reagrupam senão uma parte, ainda que importante, das personalidades dessa área.

De fato, para que uma corrente dê origem a um ensinamento é preciso que, simultaneamente, seu fundador tenha alcançado uma visão global da abordagem psicoterapêutica passível de ser transmitida; que tenha utilizado e divulgado essa abordagem durante vários anos; e que as publicações da área tenham atraído para esse caminho um grupo de terapeutas numeroso o suficiente para permitir que o movimento possa desenvolver-se e impor-se.

Ocorre que certas personalidades, que tiveram um papel determinante na criação de nosso campo, deixaram poucos praticantes que reivindicam sua herança conceitual. Um ilustre exemplo é Nathan Ackerman, psicoterapeuta excepcionalmente dotado e cujo nome se perpetua por intermédio de um prestigiado instituto nova-iorquino de terapia familiar. A despeito de suas inegáveis qualidades, sua produção teórica tornou-se tão imprecisa que os terapeutas de seu círculo não se viram em condições de exercer uma prática que pudesse advogar sua influência.

Em contrapartida, outros terapeutas talentosos que são também autores prolíficos, como Lynn Hoffman ou Carlos Sluzki (fazendo referência apenas àqueles cujos nomes são citados com mais freqüência nas introduções das diversas seções desta obra), não têm nenhum capítulo que lhes seja especificamente consagrado, e isso não obstante a segura influência da qual se podem gabar. Com efeito, ainda que, em vários momentos de sua carreira profissional, tenham enriquecido de maneira notável as diferentes correntes da terapia familiar e ambos tenham-se distinguido pela qualidade de suas contribuições e pela constância de seu engajamento, esses dois terapeutas não reuniram em torno de si um grupo dotado de uma teoria suficientemente estruturada para permitir que as escolas façam referência explícita a seus nomes.

Ao longo dessas páginas optei por enfatizar os grandes movimentos teóricos ligados ao campo das terapias da família, relacionando-os aos teóricos e praticantes que o fundaram e transformaram: foi por isso que não pude encontrar localização específica para terapeutas e pesquisadores talentosos como D. e L. Everstine, F. Pittman ou S. Kannas, no domínio da intervenção na crise; para equipes, tais como as de P. Sabourin, A. Bentovim, B. Van Luyn, H. Schrod ou J. Barudy; para as situações de violência sexual; para os trabalhos de P. Steinglass sobre a abordagem familiar do alcoolismo; para as realizações de D. Stanton, T.C. Todd, P. Angel, S. Sternschuss e S. Wieviorka,* no contexto da abordagem psicoterapêutica dos toxicômanos... Muitos outros mereceriam ser citados.

---

* Em seu livro, intitulado *Les Toxicomanes* (Paris, Éd. du Seuil, 1995), Sylvie Wierviorka postula — hipótese (se é que chega a sê-lo) original — que as situações de extrema dependência em que se colocam os toxicômanos decorreriam da rejeição à dependência de menor intensidade.

Os leitores deste livro serão levados a constatar que o movimento sistêmico, apesar da importância de que se reveste para as terapias familiares, não esgota de forma alguma o conjunto das tendências que se apresentam nesse campo — como também descobrirão que numerosas escolas de terapia familiar não se opõem às abordagens sistêmica e analítica.

Por outro lado, convém salientar que as orientações ditadas por grandes correntes do pensamento ocidental, tais como o funcionalismo, o estruturalismo e o pós-modernismo, no domínio das terapias familiares, parecem reencontrar-se: certas críticas dirigidas ao estruturalismo, por exemplo, aplicam-se da mesma forma à teoria geral dos sistemas de Ludwig von Bertalanffy.

Uma das maiores originalidades do campo das terapias familiares advém do fato de ter sido criado por terapeutas que não se conheciam e a estruturaram numa mesma época, a partir de interesses complementares. Assim, nenhuma forma de ortodoxia se impôs a outra, de maneira que os terapeutas familiares pertencem hoje a muitas capelas, mas, com toda a certeza, a nenhuma igreja unificada.

Na hipótese de que possam surgir correntes — por mais radicais que sejam as flechas que estas atirem contra esta ou aquela teoria, contra esta ou aquela escola de terapia familiar —, esses recém-chegados têm muito mais oportunidades de formar uma capela suplementar, ou de, com o tempo, enriquecer a prática dos terapeutas que consigam fazer com que essas novas análises venham a ser integradas em sua conceitualização, do que de colocar nosso campo em discussão no que ele tem de fundamental.

Se é exato que existem poucos princípios unificadores dominantes, cuja importância é igualmente reconhecida por todas as escolas de terapia familiar, ao menos pode-se afirmar que se vem configurando uma evolução dentro de nosso campo: quero referir-me a essa renúncia à epistemologia da verdade, para a qual, me parece, tende atualmente a maioria dos terapeutas familiares.

Preferindo, por conseqüência, centrar sua prática sobre o que é operatório, a maior parte dos terapeutas familiares considera que suas conquistas clínicas não implicam que suas hipóteses sejam reconhecidas como verdade: a seus olhos, elas denotam apenas que as construções que nasceram na *relação* com seus pacientes criaram configurações de felizes conseqüências.

Espero que a abertura desse campo em relação a movimentos complementares, e mais ainda quando forçosamente contrários, permita retardar por mais algum tempo o momento inelutável em que as abordagens, de início contestatórias e marginais, depois progressivamente reconhecidas e, finalmente, integradas às estruturas estabelecidas de poder, institucionalizam-se com tanta força que colocam em risco sua capacidade de criatividade, de flexibilidade e de crítica com relação às suas próprias palavras de ordem.

Mony Elkaïm

SEÇÃO V

A abordagem comportamental

De acordo com Falloon,[1] as primeiras intervenções comportamentais em famílias datam do início da década de 1960. Trata-se das pesquisas realizadas por Williams,[2] em 1959, por Boardman,[3] em 1962 e por Lovibond,[4] em 1963. Essas primeiras intervenções comportamentais familiares foram efetuadas a partir de distúrbios infantis tais como crises de cólera, comportamento agressivo ou enurese. Por outro lado, Wolpe,[5] em 1958, a partir das técnicas comportamentais, começou a auxiliar casais a enfrentar situações de angústia. Aqui, diferentemente das demais formas de psicoterapia, não é nem o passado nem o presente que contam para a compreensão do comportamento do indivíduo, mas sim os efeitos do sintoma. Assim, uma criança pode desenvolver um comportamento sintomático para fazer com que seus pais se curvem e obedeçam à sua vontade. A reação dos pais, cedendo ao filho, reforçará a manutenção de seu comportamento. Diante de uma situação desse tipo o terapeuta comportamental modificará as conseqüências da ação sintomática infantil (por exemplo, encorajando os pais a reagir de outra forma), a fim de permitir que o comportamento sintomático desapareça. Esse tipo de psicoterapia leva em conta as relações interfamiliares, mas não pertence ao domínio das terapias sistêmicas. Os problemas comportamentais surgem em decorrência de estruturas disfuncionais de comportamento entre membros de uma mesma família ou entre cônjuges, estruturas que darão origem a um aprendizado adquirido e reforçado.

Graças ao trabalho de Mahoney[6] e Meichenbaum,[7] os terapeutas comportamentais abriram-se à abordagem cognitivista. Eles não se interessaram mais exclusivamente pelo estímulo e resposta, mas passaram a voltar sua atenção também para os esquemas que têm um papel entre estes últimos. Esses esquemas, adquiridos no decorrer das experiências passadas, conferem um sentido particular à experiência. Eles irão, com o auxílio dos processos cognitivos, transformar a informação em eventos cognitivos. Estes eventos cognitivos irão interagir com as formas de comportamento, que, por sua vez, confirmarão ou invalidarão os esquemas adquiridos. O quadro a seguir, extraído de um artigo de Jean Cottraux,[8] é um bom resumo desse modelo de tratamento da informação:

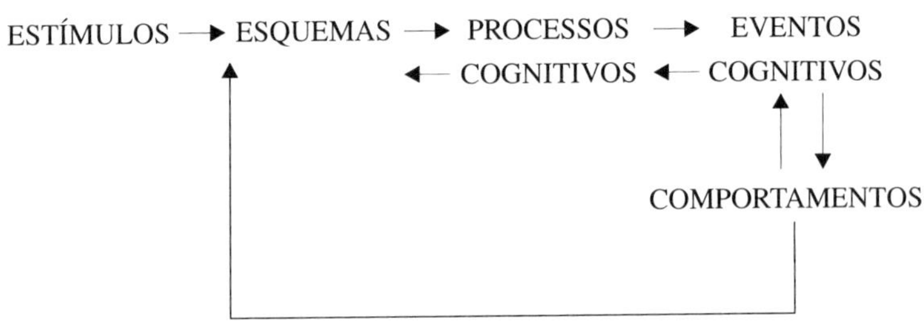

Esse modelo pode explicar por que, embora haja melhora do sintoma, certos membros da família não se sentem satisfeitos com a melhora e continuam a ler o comportamento do membro sintomático à luz de seus próprios esquemas estabelecidos. Esta reação, não somente impedirá a melhora do paciente como também reforçará seu comportamento e seus esquemas.

A abordagem comportamental está relacionada a três domínios específicos do campo das terapias familiares e de casal: o da formação dos pais em face dos problemas do filho, o da terapia de casal e, por fim, o campo dos problemas sexuais.

Fred P. Piercy, Douglas H. Sprenkle[9] et al. fazem referência aos trabalhos de Foster e Hoier,[10] que tentaram estabelecer uma comparação entre as terapias comportamentais, estratégicas e estruturais. Estes autores relevam um certo número de semelhanças, tais como a ênfase dada mais às seqüências de comportamentos do que às experiências subjetivas, a conceitualização dos problemas em seu meio, a função do sintoma mantido pelos processos familiares, a importância conferida ao *aqui-agora* e também às tarefas especificadas tanto nas sessões quanto nos domicílios. Vêem também um paralelismo entre a formação dos pais, realizada pelo terapeuta comportamental, e a reestruturação das hierarquias familiares.

Entre as várias diferenças que os autores observam entre essas formas de psicoterapia, a principal é o estatuto da resistência, rejeitado na abordagem comportamental, mas prevista na estratégica e na estrutural. Além disso, o terapeuta comportamental não pensa em termos de sistema, mas sim em termos de fatores que possam ser objeto de hipóteses e testes.

O campo das psicoterapias comportamentais está em contínua evolução. Como exemplo, citamos o psiquiatra como Robert Liberman,[11] que trabalha com doentes mentais adultos tenta, sobretudo, melhorar a qualidade de vida de seus pacientes, fazer com que os sintomas desapareçam a todo custo. Tendo como base um centro de saúde mental, Liberman trabalha com serviços médicos, educativos e com outros grupos da comunidade a fim de manter e desenvolver os resultados de melhora obtidos pela psicoterapia.

Além de Liberman, certos terapeutas, como Alfons Vansteenwegen,[12] professor associado à Katholieke Universiteit van Leuven (na Bélgica), utilizam-se de técnicas comportamentais com casais, incluindo em seu trabalho terapêutico as ferramentas provenientes de outros domínios. Assim, Vansteenwegen insiste sobre o intercâmbio das emoções e dos afetos e, de uma maneira mais geral, acentua o intercâmbio da experiência vivida pelos membros do casal antes que estes cheguem a firmar seu contrato.

Para este *Panorama das Terapias Familiares*, solicitei a Jaslean J. La Taillade e a Neil S. Jacobson (um dos maiores especialistas em terapia de casal comportamental) que nos descrevessem essa abordagem e os últimos desenvolvimentos surgidos nesse campo. O texto a seguir é, no dizer desses autores, "a descrição mais aprofundada e mais completa da terapia comportamental de casal" de que atualmente se dispõe.

Mony Elkaïm

REFERÊNCIAS BIBLIOGRÁFICAS

1. FALLON, I.R.H. "Behavioral family therapy". In: GURMAN, A.S. e KNISKERN, D.P. (eds.), *Handbook of Family Therapy*. Nova York, Brunner/Mazel, 1991.
2. WILLIAMS, C.D. "The elimination of tantrum behaviour by extinction procedures". In: *Journal of Abnormal and Social Psichology*, t. 59, 1959, p. 269.
3. BOARDMAN, W.K. "Rusty: A brief behaviour disorder". In: *Journal of Consulting Psychology*, t. 26, 1962, pp. 293-7.
4. LOVIBOND, S.H. "The mechanism of conditioning treatment of enuresis". In: *Behavior, Research and Therapy*, t. 1, 1963, pp. 17-21.
5. WOLPE, J. *Psychotheray by Reciprocal Inhibition*. Palo Alto, Stanford University Press, 1958.
6. MAHONEY, M.J. *Cognitive and Behavior Modification*. Cambridge, Massachusetts, Ballinger, 1974.
7. MEICHENBAUM, D.H. *Cognitive Behavior Modification*. Nova York, Plenum, 1977.
8. COTTRAUX, J. "Therapies cognitivo-comportementales". In: *Neuro-Psy*, t. 8, nº 7, 1993, p. 336-45.
9. PIERCY, F.P., SPRENKLE, D.H. et al. *Family Therapy Sourcebook*. Nova York, The Guilford Press, 1986.
10. FOSTER, S.L. e HOIER, T.S. "Behavioral and systems family therapies: A comparison of theoretical assumptions". In: *American Journal of Family Therapy*, t. 10, nº 3, 1982, pp. 13-23.
11. LIBERMAN, R.P. "Behavioral approaches to family and couple therapy". In: *American Journal of Orthopsychiatry*, t. 40, 1970, pp. 106-18; ver também id., *Réhabilitation psychiatrique des malades mentaux chroniques*. Paris, Masson, 1991.
12. VANSTEENWEGEN, A. "The outcome of marital therapy after seven years: Individual and relational changes". In: id., VAN ASSCHE, F.A., NIJS, P. (eds.), *Human Sexuality and Family Health Sciences*. Louvain, Peeters Press, 1990.

*Jaslean J. La Taillade**
*Neil S. Jacobson***

A terapia comportamental de casal

A terapia comportamental de casal se distingue das demais abordagens porque considera a investigação empírica como o melhor caminho possível para o desenvolvimento. Nos últimos vinte anos este tipo de terapia tem provado ser uma forma eficaz de tratamento, capaz de atender às mais rigorosas exigências de numerosas investigações empíricas. Neste capítulo tentaremos descrever o caráter único da abordagem tradicional da terapia de casal apresentando a história da terapia comportamental de casal tradicional, seus princípios teóricos fundamentais e suas implicações clínicas. Concluiremos com uma breve descrição da *Terapia Comportamental de Casal Integrativa* (IBCT), forma de tratamento recentemente desenvolvida por Neil S. Jacobson e Andrew Christensen, que acreditamos, nos leva de volta às nossas raízes comportamentais.

---

* Jaslean J. La Taillade, psicóloga, participa das pesquisas desenvolvidas no departamento de psicologia do Center of Clinical Research da Universidade de Washington, Seatle, com Neil S. Jacobson.

** Neil S. Jacobson, doutor em psicologia, é professor do Departamento de Psicologia do Center of Clinical Research da Universidade de Washington, Seatle. É autor de numerosos artigos sobre terapia comportamental de casais.

Primórdios da história da terapia de casal

A história da terapia de casal tem início com o começo do movimento de ação social do final do século XIX (Broderick e Schrader, 1991; Rich, 1956). Nesta primeira fase do movimento, os assistentes sociais se empenharam mais no auxílio à célula familiar como um todo do que a um só indivíduo. A despeito de sua força inicial, a ausência de uma literatura substancial sobre o assunto e o fato de a psiquiatria haver predominado nesse campo a partir do começo da década de 1920 impediram que a assistência social viesse a ter qualquer influência maior sobre o desenvolvimento da terapia familiar (Spiegel, Bolck e Bell, 1959).

Os escritos dos primeiros analistas teóricos, como Sullivan (1953), Fromm (1941) Fromm-Reichmann (1950), Horney (1939) e Thompson (1951), contribuíram para o desenvolvimento da terapia de casal por meio da análise por eles realizada sobre o impacto causado pelas experiências interpessoais nos distúrbios psiquiátricos. Soma-se à deles a influência exercida nesse domínio pelos primeiros sexologistas, tais como Ellis (1936) e Hirschfeld (1932/1940) — aconselhamento a indivíduos insatisfeitos nas décadas de 1920 e de 1930 —, e aquela exercida pelo Family Life Education Movement, cujos membros foram os primeiros a empregar tentativas sistemáticas de aconselhamento e prevenção em termos conjugais e familiares.

No início de sua história, a psicoterapia, dominada como o foi pelas teorias psicanalíticas, proibia a inclusão dos membros da família na sessão terapêutica (Fruzzetti e Jacobson, 1991). Não foi senão na década de 1950 que a terapia de casal passou a ser considerada como alternativa viável para o tratamento individual de certos problemas. Nessa época (Sager, 1976), a comunidade psicanalítica passou a reconhecer de forma mais ampla os aspectos que tornavam a terapia simultânea (embora ainda em separado) uma forma desejável de tratamento de ambos os cônjuges, o que representou um estímulo para que fossem aceitas as formas de terapias conjuntas. Assim, embora a terapia de casal tenha uma história extensa, apenas nas últimas décadas as abordagens conjuntas adquiriram aceitabilidade profissional e ampla aplicação.

A emergência da terapia comportamental de casal

Embora a história da terapia de casal date do final do século passado (ver Seção IV), a terapia comportamental de casal surgiu recentemente, na década de 1960, com a aplicação dos princípios do reforço aos problemas referidos pelos casais. Coube a Richard Stuart, em 1969, o primeiro trabalho publicado sobre a aplicação dos princípios que regem as trocas comportamentais nos conflitos de casal. Baseando-se provisoriamente nas teorias de Thibaut e Kelley (1959), Stuart levantou a hipótese de que os casamentos bem-sucedidos poderiam ser distinguidos dos que não o são pela freqüência e pelo tipo de reforços positivos recíprocos intercambiados por ambos os cônjuges. Seu tratamento consistia em obter de cada parceiro uma lista dos objetivos de mudanças comportamentais, que desejava, fossem obtidas do outro parceiro, e estabelecia a troca de pequenos presentes, que seriam recebidos como prêmios em decorrência do alcance dos comportamentos desejados. Embora a economia de pequenos presentes de Stuart tenha sido substituída por contratos escritos e pelo treinamento da capacidade de resolver problemas, o emprego pelo autor dos paradigmas operantes de condicionamento se constituiu o marco para o desenvolvimento da terapia comportamental de casal comportamental e familiar (Falloon, 1991).

Somando-se a Stuart, Robert Liberman utilizou um arcabouço de aprendizado operante em seu trabalho com famílias (Liberman, 1970). Empregando os conceitos de aprendizado por imitação de Bandura e Walters (1963), acrescentou-lhes as estratégias de ensaio de papéis e o modelo de padrões alternativos de comunicação interpessoal no tratamento dos relacionamentos familiares disfuncionais (Falloon, 1991). Além disso, destacou que essas técnicas devem ser empregadas em um contexto de "aliança terapêutica de colaboração", com uma análise funcional extensiva dos problemas presentes e dos padrões de interação familiares (Falloon, 1991). Mais ainda, a análise comportamental de Liberman desenvolvia-se no decorrer da terapia, fato que tornava possível alterá-la sempre que necessário. Deve-se notar que o uso da análise funcional se constitui a essência da abordagem do tratamento comportamental.

O emprego do condicionamento operante com a finalidade de se obter mudanças no comportamento infantil também exerceu grande influência sobre o desenvolvimento da terapia comportamental de casal (Patterson, 1974). Quando de seu trabalho de treinamento dos pais para que estes modificassem o comportamento de seus filhos, Holtzworth-Munroe e Jacobson (1991) tiveram a oportunidade de observar, concomitantemente, a existência de trocas de reforço e punição entre os membros das famílias em questão. Em virtude disso, o foco da pesquisa, inicialmente voltado para a observação do comportamento do membro familiar individual desviante (geralmente uma criança), incidia agora sobre os padrões interativos dos outros membros da família, incluindo-se aí a díade conjugal. As contribuições de Gerald R. Patterson e Robert L. Weiss se constituíram nos embriões da aplicação dos princípios operantes aos casais em sofrimento (Patterson e Hops, 1972; Weiss, Hops e Patterson, 1973). Assim, as primeiras tentativas para mudar o comportamento destes se utilizou, basicamente, dos mesmos princípios operantes empregados no âmbito do comportamento infantil, fazendo com que estes passassem a incidir agora sobre os problemas apresentados pelo casal (Holtzworth-Munroe e Jacobson, 1991).

Esses primeiros escritos sobre os sofrimentos do casal, no entanto, eram de pequena envergadura e não-específicos em termos de técnicas e aplicações clínicas. A integração de princípios até então díspares e a elaboração clínica das capacidades ocorreram apenas no final da década de 1970 e início da de 1980, período em que foram publicados três detalhados manuais de tratamento (Jacobson e Margolin, 1979; Stuart, 1980; Liberman, Wheeler, de Visser, Kuehnel e Kuehnel, 1981), que forneceram tanto uma compreensão teórica dos princípios que regem o comportamento quanto um guia para a aplicação de técnicas específicas para os distúrbios de casal.

O ponto de vista comportamental tradicional sobre a terapia de casal

A abordagem comportamental tradicional dos conflitos de casal baseia-se, em primeiro lugar, nos princípios de aprendizagem igualmente derivados da experimentação. O modelo tem como princípio o fato de o comportamento de ambos os parceiros em uma relação conjugal ser traçado, fortalecido, enfraquecido e modificado pelos eventos que se dão no meio que os cerca, em particular os que envolvem o outro cônjuge. Esses eventos, capazes de influenciá-los, abrangem não apenas os fatos ocorridos no contexto do relacionamento, mas também os que ocorrem fora deste, capazes de afetar tanto a tendência de um dos parceiros para nele permanecer como os sentimentos subjetivos de satisfação que o outro experimenta em relação a esse mesmo relacionamento (Jacobson e Margolin, 1979). Assim, a satisfação conjugal, considerada sob a perspectiva comportamental tradicional, é uma função da média de benefícios obtidos *versus* os custos acarretados pelo matrimônio.

Os terapeutas comportamentais de casal tradicionalistas, embora reconhecendo a importância da história de aprendizado que ambos os cônjuges trazem consigo, focalizam-se no meio presente que, continuamente, exerce uma influência sobre as interações que ocorrem no âmbito do casal. Uma vez que não cabe aos terapeutas ter uma expectativa de alterar essas histórias de aprendizado, mas sim a de alterar as interações presentes e futuras que se realizem entre os casais, a terapia passa a ser focalizada para a modificação das contingências do ambiente em curso. Assim, a abordagem comportamental tradicional apresenta um caráter contextual, muito semelhante às abordagens terapêuticas derivadas da teoria dos sistemas. No entanto, para os terapeutas comportamentais de casal, é importante obter informações concernentes à história, porque isso os auxilia a obter um maior conhecimento sobre o caso, sendo que algumas dessas histórias são importantes para a formulação do tratamento que virá a seguir (tal como ocorre nos casos das que falam de abuso sexual).

A abordagem comportamental tradicional da terapia de casal também tem como princípio que os casais entram em conflito em parte porque não deram manutenção às capacidades que possuem — e que lhes permitiriam alcançar maior proximidade em seus relacionamentos. Por exemplo, um tipo de capacidade essencial para a manutenção de um casamento bem-sucedido é a relacionada à possibilidade de solução de conflitos. É possível que, para mudar uma situação de confronto, os casais venham a dar suporte a métodos mais caracterizados pela rejeição (tais como punição e reforço negativo) ou venham a negar a existência desses confrontos quando da ocorrência de fatores de estresse em seu relacionamento. O déficit que se apresenta nas capacidades de solução de conflitos (e, da mesma forma, nas mudanças de comportamento e em relação às capacidades de comunicação) pode ser a causa de um conflito, seja em virtude de essas capacidades não estarem presentes desde o início do relacionamento, seja nos casos em que estas não estão disponíveis já em uma fase posterior daquele, quando são necessárias pela primeira vez (Jacobson e Margolin, 1979). Assim, dá-se grande ênfase às capacidades necessárias ao desempenho dos papéis e funções do relacionamento. Deve-se notar, porém, que nos casos de alguns casais, é mais provável a existência de um "déficit de desempenho" do que de um "déficit de capacidade" (Holtzworth-Munroe e Jacobson, 1991). Mais especificamente, é possível que as capacidades inatas estejam presentes a despeito dos padrões disfuncionais de interação que estejam em curso.

Desde que os atos de cada parceiro apresentam efeitos que atuam continuamente sobre o outro e desde que cada cônjuge possui uma importante influência de controle sobre o comportamento do outro, observa-se que a relação conjugal se compõe de seqüências comportamentais recíprocas e circulares, nas quais o comportamento de um cônjuge tanto afeta como é simultaneamente afetado pelo comportamento do outro (Jacobson e Margolin, 1979). Essa dependência, que cada parceiro apresenta em relação aos comportamentos de reforço e de punição que o outro apresenta, dita os termos da análise funcional que será conduzida pelo terapeuta (Holtzworth-Munroe e Jacobson, 1991). A análise funcional é útil em vários sentidos que, em sua totalidade, dizem respeito à conceitualização do tratamento. Ela serve como abordagem empírica para a identificação das variáveis observadas no ambiente e são responsáveis pela manutenção da interação destrutiva do casal. Embora, como se verá a seguir, as pesquisas tenham começado a identificar algumas das características presentes nos casais em maior conflito, a maneira como qualquer uma destas se manifesta em um dado casal é única, e varia de acordo com a história de aprendizado dos indivíduos que o compõem. Em resumo, não existem dois casais iguais. Recorrer a uma análise funcional quando do exame da destrutividade conjugal impede que os terapeutas adeptos da abordagem comportamental suponham a existência de verdades universais ao explicar interações próprias de um casal em particular.

A análise funcional constitui a essência da abordagem comportamental da terapia de casal e a distingue de outros tipos de abordagens pelo valor que confere à investigação empírica e por considerá-la como a via que permite a eficácia do tratamento.

O ponto de vista comportamental tradicional sobre o conflito de casal

Embora as primeiras aplicações da perspectiva comportamental não se tenham focalizado na definição do casamento bem-sucedido, os pesquisadores apontaram muitas das características dos casais em conflito (por exemplo, Gottman, 1979; Jacobson e Margolin, 1979; Weiss, 1978). A maior parte das descrições de caráter comportamental das uniões bem-sucedidas se baseia em inferências e especulações feitas a partir dos casamentos em conflito (Holtzworth-Munroe e Jacobson, 1991). Nos últimos anos, porém, os pesquisadores começaram a estudar as determinantes que levam ao surgimento de relacionamentos saudáveis (Jacobson, Waldron e Moore, 1980; Markman, 1981).

Pode-se afirmar simplesmente que o relacionamento em conflito é o que oferece aos indivíduos que nele se envolvem uma escassa disponibilidade de resultados positivos (Stuart, 1969). Um exemplo seriam os casais que intercambiam taxas muito baixas de estímulos compensatórios. Entretanto, mesmo nos casos em que se observa um nível constante de freqüência de intercâmbios, ainda podem surgir conflitos que afetam o casal por causa de uma elevação dos níveis de freqüência das trocas interacionais punitivas que se apresentem entre eles (Jacobson e Margolin, 1979). As evidências empíricas nos permitem afirmar que os casais em conflito se envolvem numa menor quantidade de trocas compensatórias e num número maior de trocas punitivas do que aqueles observados em casais que não apresentam as condições acima apontadas — tanto nos casos em que os termos "recompensa" ou "punição" são definidos por observadores objetivos como pelos próprios cônjuges. Essas diferenças são demonstradas tanto pela comunicação verbal direta (Birchler, Weiss e Vincent, 1975; Gottman, Markman e Notarius, 1977; Gottman, Notarius, Markman, Bank, Yoppi e Rubin, 1976; Vincent, Weiss e Birchler, 1975) como em outros tipos de intercâmbios de reforços (Jacobson, Waldron e Moore, 1980; Robin e Price, 1980).

Os casais em situação mais conflitiva (distressed) e os em situações menos conflitivas (*nondistressed*) também podem diferir quanto ao padrão de suas trocas. Os primeiros punem-se reciprocamente em grau maior do que os segundos (Jacobson e Margolin, 1979; Gottman, 1979; Margolin e Wampold, 1981). Parece que os primeiros estabelecem uma seleção de enfoque a partir da qual cada um passa a rastrear o comportamento negativo do outro (Jacobson et al., 1980); e, como resultado, na maior parte dos casos não conseguem se aperceber das recompensas oferecidas por ambos. Alguns autores sugerem como regra geral que os casais em situação conflitiva têm condições de reagir de modo mais intenso a estímulos imediatos, não importando se os resultados apresentados por estes são de natureza recompensatória ou punitiva (Jacobson e Margolin, 1979; Jacobson, Follette e McDonald, 1982; Weiss, 1978). Gottman, Notarius et al. (1976) sugerem que os casais em situação menos conflitiva operam de acordo com um modelo semelhante a uma "caderneta de poupança" de trocas conjugais; nesta, cada um dos cônjuges mantém "depositadas" as recompensas e punições que recebe e o comportamento compensatório é mantido ao longo do tempo, sem necessidade de tanta confusão nas trocas (Holtzworth-Munroe e Jacobson, 1991). Quando os índices de "depósitos" observados em um relacionamento se mostram comparativamente inferiores aos de "retiradas" — como é o caso dos de natureza conflitiva — um de seus membros sempre se mostra mais predisposto a "fazer o balanço dos cheques", isto é, a atentar para as várias transações efetuadas. Portanto, esse modelo vem apoiar as evidências que apontam a ocorrência de uma maior quantidade de níveis de reciprocidade em casais em situações menos conflitivas.

Uma outra forma de se estabelecer essa diferenciação entre casais em situações mais e menos conflitivas pode se dar em termos de contigenciamentos de longo e curto prazo. Mais especificamente, os casais em situações mais conflitivas mostram-se mais capazes de responder a estímulos imediatos, enquanto os casais felizes apresentam menor probabilidade de reagir somente a estes — e, contrariamente, de lançar mão de suas reservas (ou "poupanças de depósitos") de trocas compensatórias (Jacobson e Margolin, 1979; Holtzworth-Munroe e Jacobson, 1991). Sugeriu-se que os casais em situação mais conflitiva desenvolvem uma atenção de caráter seletivo e reciprocamente rastreiam as formas negativas de comportamento apresentadas (Jacobson e Margolin, 1979), fato demonstrado por algumas evidências (Jacobson e Moore, 1981). Esse rastreamento seletivo, no entanto, se contrapõe e interfere na capacidade de reação às formas positivas de comportamento imediato. Embora os casais em situações mais conflitivas tendam a responder mais fortemente às formas negativas de comportamento, a mesma distinção não ocorre com relação ao comportamento positivo. De fato, não apresentam maior probabilidade de reação ao comportamento de recompensa, comparativamente aos casais em situações menos conflitivas (Birchler, 1973; Gottman, Notarius, Markman et al., 1976; Gottman et al., 1977; Jacobson et al., 1980). Em geral, os resultados iniciais da pesquisa reforçam o princípio-base do modelo de troca comportamental, que em conflito afirma que os casais tendem a se apoiar em táticas de controle caracterizadas pela rejeição (tais como de punição), ou a reprimir as recompensas com a finalidade tanto de instigação à mudança de comportamento como à complacência.

Desenvolvimento da conflitualidade

Na apresentação que fizemos anteriormente de nosso modelo de troca comportamental descrevemos a relação recíproca que se estabelece entre as respostas trocadas pelos parceiros e os padrões de interação indicativos de conflitualidade entre os casais. Deve-se notar, porém, que os padrões destrutivos de interação que se observam entre eles são produto de muitos meses, ou anos, de interatuação. Assim, os relacionamentos de longo prazo podem ser considerados como um processo de crescimento que se caracteriza por apresentar várias fases (Jacobson e Margolin, 1979).

Supondo que duas pessoas se sintam inicialmente atraídas uma pela outra, a primeira fase de seu relacionamento caracterizar-se-á pela alta freqüência de trocas compensatórias recíprocas. Esses altos índices de reforço ocorrem por vários motivos. Por causa dessa atração recíproca que as atinge, quase sempre baseada em dados mínimos de informações que ambas possuem sobre a outra, essas pessoas selecionam, em seus repertórios comportamentais, aquelas formas de comportamento que têm possibilidades de agradar ao outro. Como conseqüência, entre os componentes do casal ocorrem várias interações de natureza compensatória. Além disso, nos seus primeiros estágios de relacionamento os casais despendem a maior parte de seu tempo em atividades lúdicas conjuntas, não sendo obrigados a fazer nenhum dos custosos sacrifícios que mais tarde se mostrarão inevitáveis. Além do mais, o grau de reforço que cada parceiro oferece ao outro mostra-se, em geral, em seu grau máximo, basicamente por causa da característica de novidade que a relação apresenta. Acrescente-se a isso o fato de as cognições de cada parceiro contribuírem para o aumento da experiência de reforço que o relacionamento apresenta em seus primeiros estágios. Dado o alto índice de trocas positivas que aí se estabelecem, cresce a expectativa de que as áreas do relacionamento ainda não exploradas poderão apresentar também maiores índices compensatórios. Em virtude disso, não se antecipam adequadamente os futuros custos dos envolvimentos.

Segundo os primeiros teóricos da aprendizagem social (Thibaut e Kelley, 1959), os relacionamentos são considerados satisfatórios à medida que os parceiros que neles se comprometem são capazes de oferecer um ao outro benefícios recíprocos — e à medida também que estes tenham igual valor aos custos que lhes são inerentes. Os custos da permanência de uma pessoa num determinado relacionamento variam diretamente de acordo com os benefícios que lhe são negados em função de ela aí se manter. As pessoas cujos níveis de reforços se assentam basicamente nos benefícios que possam receber de um relacionamento percebem o fato de nele se manter como menos custoso do que aquelas cujo reforço básico vem das atividades por elas realizadas fora dele (Holtzworht-Munroe e Jacobson, 1991). Portanto, a qualquer pessoa que se encontre num relacionamento cabe uma parcela mínima de custo-benefício que configura seu grau de satisfação em relação a este (Holtzworth-Munroe e Jacobson, 1991). Desde que o comportamento das pessoas envolvidas num relacionamento tenha caráter de interdependência (Jacobson e Margolin, 1979), a distribuição de recompensas que nele se observa será sempre de natureza mútua, recíproca e circular. Além disso, a mútua distribuição de recompensas que o relacionamento apresente determinará o grau de satisfação subjetiva que este é capaz de proporcionar. Essa tendência que se observa entre os membros de um casal de se recompensarem mutuamente segundo uma média aproximada de equivalência é denominada *reciprocidade*, e várias pesquisas demonstraram o caráter normativo desse fenômeno (Gottman et al., 1976; Gottman, 1979; Patterson e Reid, 1970). A possibilidade do surgimento de distúrbios entre os casais se dá quando nesse meio ocorrem mudanças de tal natureza que um de seus membros passa a considerar que as alternativas ao mesmo lhe são mais atraentes (Jacobson e Margolin, 1979). Os exemplos de fatores externos capazes de alterar a estabilidade de um relacionamento vão desde a oportunidade de crescimento profissional de um deles (que pode interferir quanto ao espaço de tempo destinado a esse relacionamento) até o aparecimento de um outro parceiro potencialmente capaz de oferecer a um desses membros um relacionamento de caráter sexual (Jacobson e Margolin, 1979).

Para que um casal entre em conflito por causa de uma determinada questão, seja ela interna ou externa ao relacionamento, é apenas questão de tempo. A habilidade essencial para a manutenção de um relacionamento saudável é a da solução de conflitos (Jacobson e Margolin, 1979). Os parceiros que não se deixam surpreender por esses conflitos discutem sobre isso de maneira aberta e direta com o outro, logo no ínicio do surgimento dos problemas e procuram manter o foco somente nos comportamentos específicos ao problema. Esse tipo de resposta contribui para que se evite o acúmulo de problemas não resolvidos, além de um somatório de ressentimentos.

Os parceiros que vêem o conflito mais como uma catástrofe do que como algo impossível de ser evitado, porém, inclinam-se a experimentar dificuldades significativas para manter um nível satisfatório de relação. Consideram que reconhecer a existência de um conflito ou de uma imperfeição em sua ligação significa admitir que estão envolvidos em um "mau" relacionamento — ou negar a existência do amor. Dessa forma, ignoram o conflito, esperando que o tempo cure as feridas. Outros casais podem decidir-se por discutir suas áreas conflitivas — mas o fazem de maneira improdutiva, que apenas ampliará o distúrbio já existente. É possível que venham a empregar estratégias de mudanças comportamentais limitadas, tais como coerção, ameaças, abusos verbais ou físicos, nas tentativas que empreendem para obter uma modificação comportamental.

Ainda que as capacidades de resolução de problemas ou de conflitos sejam importantes para a manutenção de um relacionamento saudável, é o fato de os membros de um casal estarem aptos a uma comunicação adequada, mais fortemente do que qualquer outro tipo de comportamento relacional, que marca a diferença entre casais conflitivos e não-conflitivos (Jacobson et al., 1980). A longo prazo, sabem comunicar joga também um papel em outros níveis de satisfação conjugal (Markman, 1981). No campo da sexualidade, por exemplo, os parceiros devem continuar a ter relações satisfatórias especialmente quando a novidade da relação não está mais tão presente. Além dessas, são necessárias várias outras capacidades mais concretas, tais como os cuidados com as crianças, com a casa e com o gerenciamento das finanças do casal. Embora estas necessidades não se apresentem como importantes nas fases iniciais do relacionamento, assumem crescente importância à medida que este se estende no tempo.

Apesar de ser importante o fato de os membros do casal serem dotados de efetivas capacidades de mudanças comportamentais, até mesmo o emprego dos mais surpreendentes somatórios dessas capacidades será infrutífero se eles não possuírem um valor de reforço um para o outro. Como mencionamos anteriormente, nos estágios iniciais do relacionamento cada parceiro apresenta seu potencial de reforço ampliado em seu grau máximo. Com o tempo, porém — e até mesmo em decorrência do hábito —, não é incomum que essa ampliação diminua (Jacobson e Margolin, 1979). Para que se possam contrapor a esse efeito, os casais necessitam ampliar seu repertório de formas de comportamentos de reforço. Os pares bem-sucedidos reagem ao desgaste de seus índices de reforço buscando sempre por novos campos positivos de troca: aumentam, por exemplo, seu repertório sexual, variam as atividades desenvolvidas em conjunto ou mesmo desenvolvem novos interesses comuns. Os casais que dependem de uma classe de reforços fixa, porém, tendem a sofrer os efeitos danosos do hábito. Como resultado, os mesmos estímulos que uma vez se apresentaram a eles como de reforço, agora, com o tempo, perdem sua força.

Já tivemos oportunidade de discutir também os vários fatores ambientais que já de início se apresentam no meio formado pelo casal e podem contribuir para o aparecimento de conflitos. Dentre esses se incluem: déficits das capacidades de solução de problemas e de modificações de certas formas de comportamentos; fatores que podem aumentar a atração exercida por circunstâncias alternativas à união;

déficits gerais de capacidades e desgaste do fator reforço. Embora os antecedentes que dizem respeito ao meio possam ser de grande importância para o surgimento de distúrbios em um casal, as diferenças individuais que se observam entre seus componentes também podem causar as maiores dificuldades. Um dos conflitos que mais se evidenciam em nosso trabalho com casais é aquele que diz respeito às diferenças quanto ao que cada um considera como um nível ótimo de intimidade (Christensen, 1988a, 1988b; Jacobson, 1989). Esses conflitos se manifestam de muitas formas, uma vez que são várias as maneiras de se buscar por intimidade (por exemplo, solicitar um espaço maior de tempo desfrutado em comum, exigir maior expressão de sentimentos, de oferecimento de iniciativas de caráter afetivo etc.) tanto quanto de se buscar por independência (isto é, comprometendo-se com atividades desenvolvidas de forma autônoma, recusando-se às tentativas de maior proximidade) (Holtzworth-Munroe e Jacobson, 1991). Muitas das pesquisas recentes se focalizaram na dinâmica pela qual os cônjuges se polarizam reciprocamente ao tentar perseguir um determinado nível de intimidade. Esse tipo de interação tem sido definido, por numerosas perspectivas teóricas, como padrões de rejeição-invasão, exigência-contenção ou conflitos sobre afiliação e independência (Holtzworth-Munroe e Jacobson, 1991; Jacobson e Margolin, 1979). Embora as diferenças quanto aos níveis desejáveis de intimidade em hipótese alguma se constituam como única forma individual de diversidade causadora de um conflito conjugal, este tema na relação de um casal unifica aquilo que de outra maneira se tornava um conjunto disparatado de queixas.

A estrutura da terapia

A implementação da terapia comportamental de casal tradicional segue uma estrutura bem-definida, que reflete tanto o contexto da pesquisa clínica a partir do qual se desenvolveram muitas de suas técnicas, como os temas comuns que ligam entre si muitos dos problemas que afetam os casais e a despeito da diversidade dos problemas que estes apresentam (Jacobson e Holtzworth-Munroe, 1986). Deve-se notar que, uma vez que a principal característica desse modelo consiste em sua ênfase sobre a análise funcional do comportamento, a estrutura da terapia difere radicalmente de um casal para o outro. No entanto, embora o problema em curso e a opção de tratamento possam sofrer variações, a terapia comportamental de casal se utiliza de um diferente conjunto de "estágios", se assim o quiserem, que se aplica a todos os casais.

A avaliação

A avaliação comportamental caracteriza-se por vários traços que a distinguem daquela apresentada por outras abordagens. A primeira dessas características, basicamente, diz respeito à identificação dos padrões comportamentais em curso que contribuem para o estágio atual das disfunções do relacionamento e também das variáveis que contribuíram para sua ocorrência. O terapeuta determina as variáveis cognitivas e afetivas que concorrem para a disfunção e os comportamentos interacionais observados. Além disso, o objetivo desse estágio está voltado para a mensuração do comportamento, com ênfase na definição e no esclarecimento dos relacionamentos funcionais. Mais ainda, o plano de tratamento que ao final será adotado estará diretamente relacionado aos resultados obtidos pela avaliação comportamental. E, finalmente, ela é contínua, dando-se durante todo o transcorrer da terapia em vez de terminar ao final desta etapa.

Com exceção dos casos em que o casal vem à terapia em um estágio agudo de crise, as primeiras três sessões são dedicadas exclusivamente à avaliação. Essas sessões compreendem: 1) uma entrevista conjunta, focalizada no problema presente e na história do tratamento; e 2) duas sessões nas quais um entrevistador tem um encontro em separado com cada um dos cônjuges. Durante essa fase, os casais são informados de que nenhuma das partes está se comprometendo a se engajar na terapia. E mais, são informados também de que o objetivo desta está voltado para determinar: se ela realmente representa o melhor caminho a ser tomado; se é possível para ambas as partes trabalhar lado a lado na terapia; e, caso esta não se venha a mostrar como o melhor caminho, se para isso é possível determinar-se um eventual curso alternativo (isto é, terapia individual para um ou ambos os cônjuges). Os casais são ainda alertados para não alimentar expectativas de melhoria já nesta fase, uma vez que, aqui, o foco principal é mais a coleta de dados do que essa melhora. A avaliação do problema do casal faz uso de uma variedade de procedimentos, designados para avaliar os pontos fortes e fracos do relacionamento em termos dos padrões de interação que se apresentam entre os cônjuges; da variedade de formas potenciais ou atuantes de comportamentos de intercâmbio de reforço e de punição; das capacidades e competências que o casal demonstra nas áreas de comunicação e solução de conflitos; de suas áreas deficitárias quanto às suas capacidades instrumentais; e de seus temas interacionais mais evidentes. Somando-se às três sessões de entrevistas que mencionamos, antes de se apresentarem à primeira entrevista os casais também preenchem por escrito vários questionários, que têm como função oferecer essas informações. Estes incluem inventários voltados para a avaliação dos índices globais de satisfação do casal (Spanier, 1976); o Areas-of-Change Questionnaire (A-C) (Weiss, Hops e Patterson, 1973), em que se solicita ao membros do casal que indiquem qual, dos 34 comportamentos de seu parceiro, gostaria que fosse modificado, o quanto e em que sentido; o Marital Satisfaction Inventory (MSI) (Snyder, 1979), que permite o estabelecimento de médias de funcionamento conjugal em suas várias dimensões; e o Areas of Disagreement Form e o Conflict Tactics Scale (Straus, 1979), que avaliam a presença de abusos psicológicos e físicos na relação. Os casais são submetidos também a testes destinados a avaliar suas competências e vulnerabilidades individuais.

A Spouse Observation Checklist (SOC) (Weiss et al., 1973) foi desenvolvida com a finalidade de auxiliar os casais na coleta de dados provenientes das observações que estes farão em sua residência. Consiste em uma lista que apresenta cerca de quatrocentos tipos de comportamentos conjugais, agrupados em doze áreas classificadas de acordo com os conteúdos de companheirismo, afeto, consideração, comunicação, sexo, cumplicidade, cuidados com as crianças, responsabilidades domésticas, gerenciamento das finanças do casal, atividades profissionais ou escolares, hábitos pessoais, independência individual e com relação ao cônjuge. Aos membros desses casais se pede que analisem individualmente os comportamentos do parceiro e as atividades conjuntas que venham a desenvolver durante um período de 24 horas, mensurando as médias de valência positiva, negativa ou neutra de cada evento segundo o impacto que provoca sobre o receptor. A SOC adapta-se a várias avaliações. Fornece ao terapeuta as freqüências diárias de formas relevantes de comportamento. Além disso, provê informações sobre os valores de reforço ou de punição de determinados comportamentos. Finalmente, a SOC constitui-se em um instrumento de auxílio ao terapeuta no que concerne ao monitoramento do percurso do processo terapêutico, uma vez que, por apresentar o total das médias alcançadas pelo casal durante o período de tratamento, lhe dá a oportunidade de observar as mudanças pertinentes que possam vir a se apresentar nas áreas-alvo de intervenção.

Ao final da avaliação, o terapeuta deverá dispor de um conhecimento adequado dos vários aspectos do relacionamento: suas forças (isto é, a capacidade de reforço apresentada pelos cônjuges em relação ao outro, as competências e capacidades do casal, os recursos de que dispõem e que podem explicar seu nível corrente de comprometimento para com o relacionamento); seus problemas presentes (isto é, a história do desenvolvimento dos problemas correntes, o contexto e a manifestação comportamental destes); as metas que cada um dos cônjuges espera atingir quanto ao relacionamento (isto é, sua melhora, a separação ou o divórcio); a avaliação dos fatores ambientais (isto é, as alternativas que cada cônjuge apresenta para o relacionamento atual, o nível de atração que cada uma delas exerce para cada um deles), e as especificidades concernentes ao funcionamento de cada um (isto é, história psiquiátrica, médica e terapêutica).

Embora o período de avaliação seja distinto do da terapia em si, essa fase de pré-tratamento muitas vezes enseja o aparecimento de efeitos terapêuticos no casal. Uma vez que seu enfoque está voltado tanto para as forças como para as áreas problemáticas que este apresenta, as perguntas formuladas pelo terapeuta muitas vezes chamam a atenção dos cônjuges para os aspectos positivos de seu relacionamento. Dado que os casais em conflito freqüentemente buscam a terapia rastreando seletivamente eventos negativos, deslocar o foco da atenção, na maioria das vezes, ajuda a provocar alívio e a emergir formas positivas de afeto (Jacobson e Holtzworth-Munroe, 1985). Além disso, a experiência de estarem em uma terapia e de expressarem suas preocupações diante de uma terceira parte neutra e objetiva também pode contribuir para o surgimento de expectativas mais positivas.

Deve-se notar que a avaliação não termina com o final da fase de pré-tratamento. Em vez disso continua durante este, quando os dados obtidos são utilizados basicamente para fornecer ao casal um *feedback* quanto a seu progresso e para ajudar o terapeuta a modificar o plano de tratamento, caso isso se justifique.

Sessão mesa-redonda

Assim que termina a avaliação preliminar ao tratamento, o casal tem um encontro com o terapeuta, em que este lhe fornecerá as especificações de tratamento. Apresentará ao casal um sumário dos resultados apresentados pela avaliação, uma estimativa de suas forças e fraquezas e tanto poderá oferecer-lhes uma terapia de casal, descrevendo-lhe o programa a ser seguido, como uma explicação quanto à contra-indicação desta e as alternativas de tratamento que neste caso são recomendáveis. Cabe ao casal decidir-se por seguir ou não as sugestões do terapeuta. Nos casos em que é indicada a terapia de casal, tanto o terapeuta como os parceiros ajustam um programa de tratamento de tempo limitado (aproximadamente vinte sessões semanais de 60 a 90 minutos cada), com metas específicas, designadas para a melhoria do relacionamento de acordo com aquilo que o casal afirmou desejar.

Como já dissemos, o sucesso da terapia de casal baseia-se na determinação que este demonstre em trabalhar em colaboração com o terapeuta, no sentido de melhorar seu relacionamento. A adoção pelo casal de uma atitude de colaboração exige que os cônjuges assumam sua mútua responsabilidade pelos problemas apresentados no relacionamento e se comprometam em relação a essa melhoria. Infelizmente, é raro os casais entrarem para uma terapia com suas mentes voltadas para a idéia de colaboração. Freqüentemente, cada parceiro espera que o terapeuta solicite que o outro mude sem que isso implique alguma mudança recíproca no processo. A colaboração, portanto, deverá ser encorajada e gerada desde os primeiros contatos com o terapeuta, tendo seu início com a sessão da mesa-redonda.

Durante essa sessão, o terapeuta estabelece sua primeira tentativa direta para construir um contexto de colaboração. Uma vez que os parceiros geralmente vêm à terapia acreditando firmemente que é o outro o responsável pelos conflitos do casal — cabendo por isso ao outro mudar futuramente seu comportamento —, o terapeuta pode fazer referência direta a esse ponto de vista contraprodutivo, justificando assim sua expectativa de que os cônjuges se comportem de maneira colaborativa (Wood e Jacobson, 1985). Apresenta uma análise dos problemas observados no relacionamento enfatizando a natureza recíproca da responsabilidade pelos mesmos, sem acusar a nenhum dos membros do casal. Essa perspectiva mais ampla, oferecida pelo terapeuta, geralmente enseja uma tomada de consciência quanto às alternativas que se apresentam, uma consideração quanto aos pontos de vista do outro e facilita a aceitação da mútua responsabilidade do casal pelos problemas que enfrentam.

Após a apresentação do plano de tratamento, o terapeuta obtém do casal o compromisso verbal ou por escrito de seguir suas instruções e de colaborar com o tratamento. Porém, seja ou não aceito o plano do terapeuta, para que a terapia se desenvolva o casal deve comprometer-se a seguir o modelo que lhe é oferecido pelo terapeuta, bem como as formas de comportamento para tanto necessárias. Estas incluem a obediência à agenda das sessões de terapia, o cumprimento das "tarefas" que lhe são designadas e a ênfase sobre a mudança das próprias formas de comportamento. Tendo o casal acordado seu próprio compromisso com a terapia, e a maioria responde adequadamente, segue o plano de tratamento que é apresentado pelo terapeuta. Em vez de esperar que emerja um contexto colaborativo, o terapeuta pode solicitar ao casal os comportamentos necessários sem levar em conta o contexto atual que o casal vive. Desde que o casal venha a se comprometer com essas formas de comportamentos, existe a possibilidade de se estabelecerem mudanças positivas, as quais ensejarão a colaboração.

Em reconhecimento à afirmativa de colaboração feita pelo casal já no início da terapia, as injunções oferecidas nas primeiras sessões são de caráter menos exigente, demandando apenas um mínimo de colaboração. Estas estratégias de tratamento, descritas mais adiante, são de baixo risco e apresentam grande probabilidade de sucesso (Holtzworth-Munroe e Jacobson, 1991). Geralmente, as melhoras iniciais que resultam dessas estratégias ensejam expectativas positivas e dão ênfase à colaboração, preparando assim os cônjuges para as sessões futuras cujo sucesso depende dela.

Visão geral

As sessões de terapia em geral são altamente estruturadas e de tempo limitado (cerca de vinte sessões semanais de 60 a 90 minutos cada). Ocorrem em freqüência menor na fase de generalização e de manutenção. Usualmente, uma sessão típica inicia-se com o trabalho conjunto do terapeuta e do casal para o estabelecimento da agenda. São passadas em revista as tarefas de casa estabelecidas na sessão anterior. O restante do tempo é dedicado às "novidades", que podem incluir desde o trabalho sobre alguma área problemática específica, até a aquisição ou a prática de uma determinada capacidade, passando pela revisão e análise dos eventos positivos ou negativos que possam ter ocorrido no relacionamento desde a última sessão. As sessões sempre terminam com uma revisão do que aconteceu no seu decorrer e são concluídas com a apresentação de uma nova tarefa de casa.

Técnicas específicas

Aumento de trocas positivas

Com freqüência, a terapia inicia-se com ênfase no aumento da quantidade de interações prazerosas no ambiente natural do casal. Esse enfoque, no aumento da manifestação de formas positivas de comportamentos, atende a muitos propósitos. Como já afirmamos, tais tarefas podem ser desenvolvidas com facilidade pelos casais, o que favorece tanto a colaboração como a crença na possibilidade da mudança. A ênfase nas trocas positivas desde o começo da terapia estimula o otimismo quanto à possibilidade de mudança, pois tem seu foco nos aspectos considerados fortes no relacionamento (Wood e Jacobson, 1985). Além disso, contribui para evitar que os casais em conflito passem a rastrear seletivamente os eventos negativos que nele possam surgir. Mais ainda, as estratégias de comportamento de troca oferecem aos casais meios de estes suplantarem os efeitos deletérios provocados pelo desgaste que pode vir a afetar seus níveis de reforço. Apenas em casos em que os casais já se apresentem em estado agudo de crise os procedimentos de intercâmbio comportamental deverão ser adiados até que o problema presente tenha sido trazido à pauta. Quanto à maior parte deles, no entanto, o enfoque inicial sobre o aumento das trocas positivas estimula a melhora do relacionamento, não importando o nível do conflito apresentado pelo casal.

Durante essa fase da terapia, solicita-se a cada cônjuge que aumente a freqüência desses tipos de comportamento entre os que já fazem parte de seu repertório, que sejam de baixo custo e agradem a seu parceiro. Essa diretiva possibilita ao terapeuta dar destaque imediato à satisfação demonstrada por cada membro do casal, sem que isso signifique um grande acúmulo de custos para um dos dois. Os cônjuges em seguida são instruídos a atentar para si mesmos, examinando de que forma contribuem para o agravamento dos problemas que se apresentam no relacionamento e o que podem fazer para mudá-lo. Esse auto-enfoque os auxilia a reestruturar seus esforços para melhorar sua ligação, retardando assim a ação dos padrões de destruição que se vinculam tanto à passividade como à excessiva preocupação com a própria vitimização (Jacobson e Holstzworth-Munroe, 1986).

Uma vez que os cônjuges tenham-se comprometido a observar seu próprio comportamento, o terapeuta poderá dedicar parte de seu tempo a ensinar-lhes como verificar, em seu repertório, aquelas formas de agir que têm impacto positivo sobre os níveis diários de satisfação conjugal. Dá-se grande ênfase às tarefas a serem cumpridas em casa, como meios que são de se promover mudanças positivas no ambiente doméstico. Freqüentemente emprega-se a SOC para descobrir essas formas de comportamento de baixo custo, prazerosas. Os cônjuges são estimulados a examinar as listas um do outro, para assim verificar ou especificar os comportamentos-alvo que podem contribuir para aumentar a satisfação conjugal do seu parceiro.

Em contraste com outras diretivas de comportamentos de troca, de início solicita-se aos cônjuges que levantem suas próprias hipóteses sobre aquilo que, em sua opinião, poderia significar uma característica de reforço para seu parceiro — ao invés de se perguntar a cada membro do casal o que deseja do outro. Além disso, em vez de lhes solicitar que modifiquem determinadas formas de comportamento que lhes são próprias, o terapeuta fornece-lhes instruções gerais, partindo de uma lista de potenciais signos de reforços. Essas duas intervenções são consideradas uma forma de progresso em relação às diretivas tradicionais de trocas comportamentais sob dois aspectos:

ajudam a minimizar a resistência, de parte do doador, quanto à diretiva de mudança de comportamento e, o que é mais importante, transforma qualquer mudança de comportamento, visada pelo recebedor e interiormente motivada, em um ato voluntário que reflete uma atitude positiva e passível de ter continuidade (Holtzworth-Munroe e Jacobson, 1986).

Cabe ao terapeuta a responsabilidade de assegurar que se cumpram efetiva e concretamente as tarefas a serem desempenhadas em casa. Os casais tendem a ser mais obedientes quando as tarefas, de maneira explícita, se mostram como sinônimos de terapia do que nas ocasiões em que o laço que se estabelece entre elas — e o uso que delas se faz na sessão — se apresenta confuso e inespecífico. Os métodos para incentivar o cumprimento dessas tarefas vão desde a utilização de estratégias de controle de estímulos, tais como tarefas individualmente elaboradas, antecipação de desculpas e fornecimento de uma exposição de motivos para a tarefa, até o emprego de estratégias contingenciais de controle.

Portanto, o enfoque inicial sobre a instigação da mudança positiva de comportamento é desenvolvido para ser de curto prazo, permitindo, porém, que se apresentem no relacionamento efeitos positivos imediatos. Seu resultado favorável contribui para encorajar o casal a se manter firme em sua união e lhe confere o otimismo indispensável que possibilita a mudança. Isso resulta não apenas no aumento dos níveis de colaboração observados entre seus membros, como também realça a credibilidade do terapeuta e do modelo por ele empregado. Pela implementação de uma mudança comportamental bem-sucedida assenta-se o cenário para o trabalho mais intenso, que será necessário realizar para que se possam superar os limites observados em várias das capacidades específicas ao relacionamento.

Treinamento para a comunicação e para a resolução de problemas

Enquanto as mudanças de comportamento ensejam mudanças de curto prazo mas de efeito imediatamente positivo no ambiente natural do casal, o treinamento da comunicação-para-a-resolução-de-problemas (*problem-skills training*, CPT), ao contrário, se estabelece para trazer-lhe benefícios a longo prazo. Esse treinamento enfatiza, embora não exclusivamente, a resolução do conflito. Uma vez que tenham aprendido a identificar essas várias capacidades (durante a sessão terapêutica e por intermédio de técnicas de instrução, repetição de comportamentos e *feedback)*, quando a terapia termina os casais podem atuar como seus próprios terapeutas, o que aumenta a durabilidade do tratamento e a continuidade da mudança positiva.

Embora a terapia comportamental de casal não se diferencie de outras abordagens teóricas quanto à ênfase dada ao treinamento das capacidades de comunicação (Ables e Brandsma, 1977; Satir, 1967; Guerney, 1977), o treinamento comportamental da comunicação se mostra como único em muitos de seus aspectos (Holtzworth-Munroe e Jacobson, 1991). A terapia comportamenal de casal, emprega um método sistemático de treinamento, que tem sua origem em outro paradigma de treinamento de capacidades dentro da terapia comportamental e enfatiza o emprego de estratégias diretas de ensino e repetição do comportamento. Somando-se a isso, seu treinamento em comunicação apresenta-se orientado para ensinar aos casais como se comunicar para facilitar a resolução de seus conflitos, em vez de se focalizar basicamente na comunicação em si e voltada para seu próprio conteúdo (isto é, parafraseando: na expressão dos sentimentos). Além disso, a terapia comportamental de casal, diferentemente de outras abordagens, em seu treinamento das capacidades de comunicação inclui o emprego dos princípios de modificação comportamental, tais como os de denunciar (*pin pointing*) e de moldar comportamentos (*shaping*), e dando condições para a utilização efetiva do reforço, no nível social (Holtzworth-Munroe e Jacobson, 1991).

Uma vez que muitos casais vêm à terapia demonstrando sua mútua incapacidade de escutar atentamente o que cada um expressa ou de demonstrar ao outro que ele foi ouvido (ou ambas), o terapeuta comportamental de casal muitas vezes começa o treinamento em comunicação e resolução de problemas ensinando aos cônjuges técnicas voltadas para o ouvir, tais como as de paráfrase, de reflexão e de validação, modelando e atuando em papéis relativos a falar e ouvir. Esses tipos de capacidades são enfatizados não apenas como meios de incentivar a enunciação clara do problema em curso como também como um meio para se expressar com cuidado e atenção (Jacobson e Holtzworth-Munroe, 1986). Em seguida ao aprendizado das capacidades de ouvir e escutar, os casais são instruídos sobre a utilização da capacidade de expressão. Esta inclui o uso das "assertivas na primeira pessoa", que auxiliam alguns cônjuges a enfatizar a subjetividade, e não a objetividade, própria à realidade da perspectiva de cada um, em face de determinado problema. Os cônjuges também são encorajados a expressar seus sentimentos como parte dessas "assertivas na primeira pessoa" para assim poder identificar seus sentimentos e se comunicar com seu ouvinte, o que possibilita maior proximidade e intimidade em seus relacionamentos. O treinamento da capacidade de expressão pode incluir também aprender a fazer pedidos construtivos, relativos a mudanças de comportamento. Como pode também abranger a modificação da interação vivida pelo casal, calcada em padrões habituais de assimetria e dominação (Holstzworth-Munroe e Jacobson, 1991). O casal pode aprender a fazer esses pedidos sem negá-los por meio do uso de generalizações radicais, sem rotular traços de personalidade e irrelevâncias (Jacobson e Holtzworth-Munroe, 1986). Em vez disso, o pedido é feito de maneira específica, focalizando-se mais na ampliação do comportamento positivo do que na redução do negativo. Por exemplo: "Se você passasse menos tempo no bar e se dedicasse mais para me levar a dançar, eu me sentiria atraente e amada por você". Para treinar os cônjuges no uso efetivo dessas capacidades, empregam-se modelagem e tarefas a serem realizadas em casa, caso essas tenham-se demonstrado eficazes na sessão. O terapeuta necessita ser diretivo e persistente para interromper a comunicação destrutiva e, ao mesmo tempo, facilitar a aquisição dessas novas capacidades.

Depois de dominar as capacidades básicas de escuta e expressão, os casais passam a aprender quanto à utilização de suas capacidades de resolução de conflitos. A ênfase aqui recai sobre o destacar-se a boa vontade e a capacidade que o casal apresenta de discutir construtivamente suas áreas de conflito, bem como sobre a possibilidade de empregar essas capacidades de maneira mais geral, principalmente as que auxiliam a definição do problema e a descoberta e implementação de soluções que lhe sejam adequadas. Por meio dos modelos trabalhados com o terapeuta, de sua prática e do *feedback* que lhe é proporcionado durante as sessões, os casais aprendem essas capacidades, as quais conduzem à solução eficaz e colaborativa do problema. Uma vez que demonstrem poder desempenhar adequadamente uma determinada capacidade durante a sessão, são-lhes sugeridas tarefas a serem cumpridas em casa.

A resolução de problemas compreende duas fases: a da definição do problema e a de sua resolução propriamente dita. A primeira está voltada para treinar o casal a definir o problema, enquanto a segunda se focaliza exclusivamente na busca e aperfeiçoamento de suas soluções. Mantém-se essa diferenciação em duas fases porque muitas vezes os casais não conseguem resolver seus conflitos por não poderem distingui-los.

A identificação e definição de problemas se caracterizam pelas seguintes regras:

1. A identificação do problema deve ser antecedida por expressões de apreço. É nestas que o problema será enquadrado. Não se pode negar que é mais fácil aceitar um elogio do que uma crítica; crítica que tende a ser recebida com mais facilidade quando emoldurada por uma expressão de consideração. O elogio oferecido deve ser específico, de alguma forma relacionado com o problema presente e deve representar, mais do que a introdução superficial de uma afirmação de crítica, a honesta expressão de um sinal de respeito pelo outro.

2. Os problemas devem ser definidos em termos especificamente comportamentais, sem que se faça uso de terminologias de caráter generalizante, tais como rótulos decorrentes de traços de personalidade ou afirmações de desmérito.

3. Quando os cônjuges apontam problemas de comportamento no outro, devem dar expressão aos sentimentos que possuem, diretamente relacionados com o comportamento em questão. A exposição do sentimento tende a desarmar o outro, a provocar uma redução nas defesas e a propiciar um resultado de colaboração.

4. Quando da resolução de problemas, os cônjuges devem aceitar sua mútua responsabilidade pelo problema. Para muitos casais em conflito, a resposta habitual diante de uma queixa é a de se defender com negativas, de fazê-las reverter para o acusador, de se desculpar ou de se justificar. É nesse ponto que as discussões que poderiam levar à resolução de conflitos são interrompidas. O formato de resolução de problemas desencoraja esse tipo de respostas e as substitui por várias outras formas possíveis de reações de colaboração: empatia, admissão de erros, pedidos de desculpas e reconhecimento dos senti-

mentos do outro são suas alternativas. É igualmente importante que os cônjuges que são os denunciadores dos problemas de comportamento de seus parceiros reconheçam, seja qual for o papel que desempenhem, que o fazem tanto para criar como para manter ou exacerbar o problema. Tal como acontece com as expressões de apreço e de sentimentos, esse reconhecimento tende a reduzir as defesas e a relutância do parceiro em colaborar. Mais ainda, a possibilidade de uma resposta colaborativa aumenta quando o marido ou a mulher insatisfeito aceita o caráter de reciprocidade apresentado pelo problema.

Uma vez definido o problema, o casal passa para a fase seguinte da discussão, que é a de solução. Nesta, cumprem sucessivamente três tarefas: a do *brainstorming*, a do acordo derivado da mudança e a da formalização por escrito de um contrato.

Brainstorming: Durante essa fase os casais elaboram uma lista de tudo o que se apresenta como potencialmente capaz de solucionar o problema. As instruções oferecidas são de que devem elaborar uma lista das soluções possíveis para o problema, verbalizando todas as idéias que lhes possam ocorrer sem avaliar nem censurar nenhuma sugestão, não importando o quão tolas ou absurdas possam parecer. O objetivo desse exercício é o de permitir aos cônjuges a oportunidade de gerar soluções sem serem levados a avaliá-las. Os casais são avisados para não se preocupar com a qualidade das idéias apresentadas nesse estágio. Geralmente, em meio à longa lista das soluções encontradas pelo casal, descobre-se que algumas são viáveis. A sessão de *brainstorming* é designada para se contrapor às tendências que o casal apresenta no sentido de se autocensurar e de avaliar negativamente todas as soluções, sem antes considerá-las seriamente.

Acordo derivado da mudança: Os cônjuges avaliam a relação custo/benefício decorrente da possível adoção de cada solução encontrada, bem como seu índice de eficácia quanto à resolução do problema. A decisão a ser tomada deverá ter como referência as disposições da proposta em discussão, levando-se em conta a perspectiva de cada um dos cônjuges. Estes podem decidir-se pela eliminação de uma solução por causa do alto custo que acarreta, deixá-la para uma discussão posterior ou incluí-la como parte da solução definitiva. As soluções podem ser aperfeiçoadas ou modificadas, sempre que ambos aprovem as mudanças.

Formalização por escrito de um contrato: Esse passo final do processo de resolução do problema abrange o resumo das soluções que durante a sessão de *brainstorming* foram listadas, selecionadas e mereceram ser mantidas, e agora serão integradas e especificadas em um contrato de mudança. O acordo final deve apontar quais as formas de comportamentos que deverão ser modificadas, as situações em que essas modificações deverão ocorrer e as disposições de espírito que o casal pretende adotar para tornar máxima a probabilidade de que esse acordo seja firmado. Todos os acordos de mudança são implantados dentro de um caráter de tentativa — e revisados, se necessário, caso um ou ambos os cônjuges não se sinta satisfeito com eles. Estabelece-se uma data para a revisão desse acordo, que será firmado por ambos os cônjuges.

Para que o casal chegue a um acordo de mudança, deve se manter um contexto de colaboração e resistir às tentações de se envolver nas interações alienantes, que geralmente acabam por interferir nas discussões voltadas para a resolução dos conflitos. A utilização das linhas mestras gerais da comunicação, tais como parafrasear ou fugir do assunto, contribui para que se mantenha o ritmo dessas discussões e aumentem as probabilidades de que o casal consiga resolver seu problema específico.

Outras técnicas

Embora a troca comportamental, o treinamento em comunicação e resolução de problemas sejam comumente usados na terapia comportamental de casal, não representam o limite das técnicas disponíveis para o terapeuta. São utilizadas muitas vezes técnicas de treinamento de pais ou outras técnicas de gerenciamento comportamental para o auxílio a casais que apresentam conflitos referentes à criação dos filhos. A terapia sexual é muitas vezes empregada como ferramenta suplementar que, em alguns casos, substitui as demais (Jacobson e Holtzworth-Munroe, 1988).

Generalização e manutenção

Tendo em vista que o objetivo último da terapia comportamental de casal é fazer com que este, em seu ambiente natural, sempre que necessário, faça uso das capacidades que adquiriu por intermédio da terapia, é importante que a influência exercida pelo terapeuta diminua gradualmente, uma vez dominadas essas capacidades. As estratégias de generalização e de manutenção devem fazer parte do programa de tratamento para que assim os casais possam adquirir sua necessária independência para funcionar como seus próprios terapeutas. A influência do terapeuta deve desaparecer, os casais devem assumir uma crescente responsabilidade quanto ao gerenciamento de seus problemas e a sessão terapêutica em si deve gradualmente deixar de ser o foco de todas as questões importantes do relacionamento. No entanto não se salienta seu término formal, pois a melhoria a longo prazo do relacionamento se constitui no melhor tipo de resultado que se pode esperar. Espera-se também que os casais retornem para as sessões de acompanhamento posterior, as quais se apresentam como meio para que os benefícios da terapia se estendam no decorrer do tempo e também como uma forma de preparação para os "deslizes" que possam ser apresentados ao longo do caminho.

O *status* presente e os novos desenvolvimentos: a necessidade das abordagens integrativas

Entre as terapias de casal, a abordagem comportamental de casal vem sendo, de longe, a mais cuidadosamente pesquisada (Baucom e Hoffman, 1986; Gurman, Kniskern e Pinsof, 1986). Transformou-se na mais investigada forma de tratamento dos conflitos que se apresentam nesse domínio. No que diz respeito ao controle de grupos (Hahlweg e Markman, 1988) foram conduzidas mais de duas dúzias de estudos de controle de resultados em, no mínimo, cinco países, estudos esses que oferecem um consistente apoio para a eficácia desta abordagem, no que diz respeito aos grupos de controle. Esta constantemente tem-se provado como forma eficaz de tratamento, perfeitamente de acordo com os grupos de controle e com o dimensionamento de resultados comparável ao geralmente encontrado na literatura de pesquisa (Hahlweg e Markman, 1988).

A despeito de suas marcas inigualáveis, nossa pesquisa demonstrou que a terapia comportamental de casal apresenta limitações significativas. Essas limitações podem ser mais bem definidas por intermédio da revisão, efetuada por nossa equipe de pesquisadores, de vários estudos voltados para a análise de vários elementos. Essa equipe estabeleceu um padrão de comparação entre a totalidade de nosso contexto de abordagem e seus dois maiores componentes: o intercâmbio comportamental (*Behavioral Exchange*, BE) e o treinamento em comunicação e resolução de problemas (*Communication and Problem-solving Training*, CPT) (Jacobson, 1984; Jacobson, Follette, Holtzworth-Munroe, Katt e Schmaling, 1985; Jacobson, Schmaling e Holtzworth-Munroe, 1987). Esperava-se que o intercâmbio comportamental pudesse provocar no ambiente natural um índice maior de mudanças do que aquele produzido pelo treinamento em comunicação e resolução de problemas, mas que este último pudesse conduzir a uma maior permanência dos ganhos obtidos com o tratamento, após sua finalização. Uma vez que o enfoque do intercâmbio comportamental está voltado para as mudanças ocorridas no ambiente natural (mais basicamente pela injunção de tarefas a serem executadas em casa do que sobre o treinamento em determinadas capacidades e na prevenção de futuros conflitos de casal), caso este componente fosse empregado sozinho seria de se esperar a ocorrência de uma taxa relativamente alta de recaídas. O componente treinamento em comunicação e resolução de problemas (CPT), no entanto, embora não de maneira exclusiva, dá grande ênfase ao treinamento em solução de conflitos. Assim, seria de se esperar que o treinamento em comunicação e resolução de problemas (CPT) não levasse a mudanças positivas imediatas em casa, mas fosse eficaz quanto às modificações que pudessem ser operadas na comunicação e aumentasse a estabilidade dos ganhos obtidos por intermédio do tratamento.

Os resultados alcançados demonstraram que os três componentes produziram mudanças significativas nos casais, mudanças essas relativas ao grupo de controle; mas, imediatamente após a terapia, as três versões da terapia comportamental de casal não apresentaram diferenças quanto à sua eficácia. No entanto, quando de acompanhamentos de seis meses de duração, os grupos que receberam apenas o componente intercâmbio comportamental mostraram índices alarmantes de desgaste, sem que nenhum deles demonstrasse um aumento daqueles referentes à satisfação conjugal. Em contrapartida, os casais que receberam o componente treinamento em comunicação e resolução de problemas e os que receberam o pacote completo de tratamento demonstraram esses índices relativamente baixos, sendo que quase um terço dos casais submetidos a esses dois tipos de tratamento demonstrou um aumento de satisfação conjugal durante o período de acompanhamento. Assim, encontramos apoio às hipóteses que levantamos, referentes à forma de funcionamento do tratamento. Tomando-se como base os dados oferecidos pelo monitoramento diário, feito pelos cônjuges, dos eventos agradáveis e desagradáveis, o componente intercâmbio comportamental (mas não o treinamento em comunicação e resolução de problemas) apresentava eficácia para o aumento de formas positivas de comportamento em casa (Jacobson, 1984). No entanto, foi o componente treinamento em comunicação e resolução de problemas (e não o intercâmbio comportamental) que se mostrou eficaz quanto à modificação da comunicação estabelecida pelos casais em situação de conflito, tais como aquelas avaliadas durante as interações realizadas pelo casal no plano do laboratório (Jacobson et al., 1985). Acima de tudo, porém, de acordo com os dados apresentados em nossas estatísticas para a determinação da significação dos efeitos apresentados pelo tratamento, mais de dois terços dos casais tratados apresentaram melhora e 58% a recuperação de seus relacionamentos (Jacobson et al., 1984), sem diferenças significativas encontradas no período pós-teste.

No entanto, no período de acompanhamento de dois anos de duração, os casais que receberam o tratamento completo apresentaram sinais de recaída. Mais especificamente, dos casais considerados como bem-sucedidos no tratamento, cerca de 30% apresentaram recaídas de grau clinicamente significativo dois anos após seu término (Jacobson, Schmaling, Holtzworth-Munroe, 1987). Assim, dos casais tratados nas experências clínicas, cerca de um terço não se beneficiou da terapia comportamental de casal e, dentre os que o fizeram, apenas um terço deu permanência aos benefícios terapêuticos. Em resumo, a terapia comportamental de casal mostra-se adequada para cerca de metade dos casais que procuram pelos nossos serviços, mas a outra metade ou não consegue beneficiar-se com o tratamento ou seus efeitos parecem ser efêmeros.

Segundo dados da análise efetuada nos casais que permaneceram fora do alcance dos resultados da terapia comportamental de casal, quatro variáveis se revelaram como consistentemente predisponentes ao aparecimento do tipo de respostas por eles apresentadas ao tratamento: a) gravidade dos conflitos apresentados — os casais mais gravemente conturbados responderam menos favoravelmente (não é de surpreender) ao tratamento; b) idade — os casais mais jovens apresentam maior probabilidade de responder favoravelmente ao tratamento; c) desligamento emocional — quanto maior o desligamento emocional do casal, maior a dificuldade de ser tratado; e d) incompatibilidade — um alto grau de polarização em relação a questões básicas fazia prever uma resposta menos favorável ao tratamento (Jacobson, s.d.).

Todos os fatores que apontamos de alguma forma se encontram relacionados com a receptividade apresentada pelo casal quanto à acomodação e ao compromisso. Os casais que apresentavam conflitos mais graves; os mais idosos, que há anos se mostravam comprometidos com padrões habituais de interação; aqueles que se apresentavam emocionalmente desligados um em relação ao outro e os que demonstravam incompatibilidades quanto a questões básicas: todos dificilmente se ajustariam um ao outro, se envolveriam e se empenhariam num esforço de colaboração visando à melhoria de seu relacionamento. No entanto, a terapia comportamental de casal, como apontamos neste capítulo, repousa amplamente sobre as intervenções orientadas para a mudança, nas técnicas desenvolvidas para o estímulo à colaboração, ao comprometimento e à adequação mútua às necessidades do parceiro. As técnicas de intercâmbio comportamental e o treinamento em comunicação e resolução de problemas exigem que cada cônjuge responda positivamente às solicitações que o outro lhe dirige para que mude. Assim, enquanto a terapia comportamental de casal tradicional é perfeitamente adequada para alguns problemas e para alguns casais, ela ganha mais força para os que apresentam dificuldades de ajuste e de compromisso.

Uma visão mais próxima da terapia comportamental de casal tradicional revela que essas limitações podem ser decorrentes, em parte, dos meios nos quais ela tende a desviar-se da real aplicação dos princípios do comportamentalismo (Jacobson, s.d.). Nem as estratégias de intervenção nem os alvos de intervenção tiveram sua origem na análise funcional da interação apresentada pelo casal. Em vez disso, suas técnicas foram trazidas da tecnologia de terapia comportamental disponível, enquanto os alvos de intervenção foram determinados de acordo com aquelas formas de comportamento que, segundo dados estatísticos, separavam os casais em situações mais conflitivas daqueles em situações menos conflitivas. Somando-se a isso, o uso do reforço arbitrário ao invés do natural (Ferster, 1967) para que se configurasse a interação apresentada pelo casal limitou a possibilidade de generalização e de manutenção, uma vez que é o reforço natural que determina as configurações do comportamento, fora do consultório do terapeuta. Mais ainda: tentou-se estabelecer a mudança pela formulação de normas em vez de se intentá-la pela utilização das contingências naturais ao ambiente em que se inseria o casal, com a finalidade de se fortalecer a interação conjugal, desejável.

Em resposta a essas conclusões, Neil S. Jacobson e Andrew Christensen tentaram ampliar a aplicabilidade e a eficácia da terapia comportamental de casal. Sua nova abordagem integrativa (*Integrative Behavior Couple Therapy,* IBCT — terapia comportamental integrativa de casal; Christensen e Jacobson, 1991; Jacobson e Christensen, s.d.) tenta realizar a integração do estímulo à "mudança" com o da aceitação emocional. No âmbito da terapia comportamental integrativa de casal, a aceitação emocional se correlaciona com uma situação em que a mudança comportamental, marca registrada da terapia comportamental de casal padrão, deixa de ocorrer ou não ocorre em nível compatível com o desejado pelo parceiro que a solicita. Este passa a vivenciar o comportamento de uma nova maneira, como forma alternativa da mudança comportamental por ele desejada. Enquanto antes essa forma de comportamento seria experimentada como intolerável, ofensiva e culpável, agora passa a ser vista no mínimo como compreensível e aceitável, embora não necessariamente desejável ou, por uma perspectiva de otimização, como algo que mereça ser motivo de apreço, embora nem sempre agradável. Enquanto a "mudança" refere-se a maneiras de ajustes e de compromisso com um parceiro, a "aceitação" tem o significado de uma libertação da luta encetada para gerar a mudança do parceiro e, quem sabe, acolher esses aspectos do outro que sempre se apresentarem como causadores de conflitos. Enquanto as estratégias orientadas para a "mudança" tentam resolver o problema apresentado pelo casal, o trabalho de "aceitação" diz respeito ao fato de existirem problemas que são insolúveis e tenta fazer com que as áreas de conflito dêem origem a graus maiores de intimidade e proximidade.

A terapia comportamental integrativa de casal, mais do que a terapia comportamental de casal tradicional, enfatiza o emprego dos princípios funcionais analíticos e a escolha de estratégias de intervenção. Isso significa que o "reforço" é utilizado da mesma forma como o era antes pelos comportamentalistas: mais como uma metáfora para as formas de comportamentos identificadas aprioristicamente como positivas ou negativas.

Deve-se notar que essa forma de terapia representa um pacote de procedimentos de caráter adjuntivo, mas de nenhuma forma incompatível com a terapia comportamental de casal tradicional. Ao contrário, inclui virtualmente todas as técnicas desta última, acrescentando-lhe novos procedimentos, em seu esforço para enfatizar a aceitação emocional e a mudança.

Enquanto a terapia comportamental integrativa de casal se utiliza de quase todos os procedimentos da terapia comportamental de casal tradicional, alguns desses procedimentos passam por uma alteração quando do seu emprego no âmbito da abordagem integrativa. Os procedimentos de mudança comportamental devem ser diferentemente usados aqui, eventualmente em estágios outros que não os do início da terapia e, ocasionalmente, com objetivos um tanto diversos. Em contraste com o uso tradicional dos procedimentos do intercâmbio comportamental, a terapia comportamental integrativa de casal não exclui, e de fato explicitamente inclui, áreas principais de conflito em conjunto com áreas de caráter mais trivial, não-conflitivas, de baixo custo, para serem focalizadas durante a mudança comportamental. Para evitar os ressentimentos e raivas que freqüentemente frustram de maneira precoce a mudança positiva em terapia, na maioria dos casos o intercâmbio comportamental se dá um tanto mais tarde na integrativa — depois do surgimento de um certo grau de aceitação ou simultaneamente às estratégias de aceitação emocional — com a finalidade de realçar integrativamente tanto a mudança como a aceitação. E, o que é mais importante: quando a terapia integrativa de casal emprega o intercâmbio comportamental, isso não apresenta caráter tão grande de influência sobre seus demais procedimentos. Embora seja de se esperar a ocorrência de mudanças comportamentais positivas, mesmo em sua falta adquire-se um importante nível de informação. Quaisquer das áreas em que as solicitações de mudança não sejam atendidas — ou o sejam de maneira ambivalente — tornam-se indicativas de que as intervenções de aceitação emocional devem ser enfatizadas.

Os procedimentos de comunicação e de resolução de problemas também são objeto de modificações quando utilizados no âmbito da abordagem integrativa. A terapia comportamental de casal tradicional utiliza-se das capacidades de comunicação e de resolução de problemas e das interações coercitivas — sendo seu objetivo último que os casais se utilizem efetivamente dessas capacidades quando do surgimento de futuros conflitos. A terapia integrativa, no entanto, é menos otimista em relação às possibilidades de mudança no que diz respeito às questões conflitivas. Embora não exclua esse tipo de possibilidades de mudanças e com freqüência as promova, essa terapia sugere que é necessário aceitar as diferenças e entender que um dos cônjuges pode não ser capaz de atender às solicitações de mudança que o outro lhe faz. Focaliza-se em ajudar os casais a compreender e tolerar suas diferenças e, eventualmente, a ter apreço por elas. No entanto, igual ênfase é dada à compreensão, ao reconhecimento e à aceitação das diferenças individuais e às dificuldades causadas por essas diferenças, quando do movimento para a mudança comportamental.

O treinamento em comunicação e resolução de problemas se faz de maneira integrada com as estratégias de aceitação emocional, durante toda a terapia. Por exemplo, a aceitação emocional pode ser enfatizada quando os casais apresentam dificuldades quanto à utilização do primeiro treinamento. Quando ocorre o aumento da aceitação como resultado da utilização das estratégias de aceitação emocional, o treinamento em comunicação e resolução de problemas pode ter continuidade. Mas, geralmente, o uso das estratégias de aceitação emocional antecede o treinamento formal das capacidades de comunicação e de resolução de problemas, podendo assim ser evitadas as dificuldades no treinamento.

Para estimular a aceitação emocional, a abordagem da terapia integrativa faz uso de três estratégias. Primeiro, promovemos a aceitação do problema presente ensinando os casais a discutir seu problema como um "objeto"; um inimigo que é comum a ambos, ao invés de um ato cometido por um deles ou um problema a ser resolvido. Quando os casais conseguem adquirir um repertório para discutir o problema de maneira a poder reconhecer seu caráter de insolvibilidade e unir-se contra ele, tornam-se conseqüentemente mais próximos e mais íntimos.

Segundo, incentivamos a aceitação aumentando os níveis de tolerância apresentados pelo casal diante das formas negativas de comportamento que ambos demonstram. A meta da intervenção é mudar o contexto em que ocorre o comportamento negativo, fazendo assim com que este se torne mais aceitável e menos provocador de rejeição. O terapeuta desta linha pode promover essas mudanças contextuais por meio de comentários feitos durante a sessão; apontando, por exemplo, os traços positivos desse comportamento negativo ou oferecendo instruções sobre métodos de interação em relação ao problema. Essas instruções podem incluir desde fazer com que o casal represente o problema na sessão ou em casa (mas em condições capazes de alterar o contexto) até as que possam levar à aceitação do problema. Um exemplo recente desse tipo de intervenção diz respeito a fazer com que o parceiro apresente o comportamento negativo quando este sinta nenhuma predisposição para fazê-lo. Isso permite ao parceiro observar a reação do outro com mais objetividade, promovendo-se, assim, maior compreensão e aceitação da reação alheia. E, o que é mais importante, essa intervenção ritualiza a interação de uma forma tal, que o comportamento passa a não apresentar o impacto negativo que antes apresentava.

Finalmente, promovemos a aceitação ajudando cada um dos cônjuges a ter cuidados para com eles mesmos, de maneira a se tornarem menos dependentes um do outro e, portanto, para que possam aceitar melhor seus respectivos defeitos.

SEÇÃO VI

A abordagem experiencial

Nesta seção apresenta-se o trabalho desenvolvido por Carl A. Whitaker e Virginia Satir. Embora os estilos desses autores sejam extremamente diferentes entre si, as formas de terapias por eles praticadas enquadram-se no mesmo título, ou seja, o das terapias familiares experienciais. O termo "terapia experiencial" foi empregado pela primeira vez em 1953 por Carl A. Whitaker e Thomas P. Malone em seu livro *The Roots of Psychotherapy*:[1]

> O psicoterapeuta age essencialmente de maneira empírica, à medida que seu interesse se volta para a relação entre a patologia e o crescimento. Nesse momento, o profissional parte para tentar compreender o aspecto psicodinâmico da psicopatologia de um determinado indivíduo, mas isso ocorre apenas como meio que lhe permita ensejar o desenvolvimento terapêutico dessa pessoa[1].

Para Whitaker e Malone, o crescimento de um indivíduo surge no decorrer da experiência emocional. A seus olhos, a terapia é um contexto em que o papel do terapeuta é central, em que a *experiência* vivida pelos diferentes membros do sistema terapêutico adquire aspectos de suma importância e em que o desenvolvimento do paciente se constitui no objetivo maior a ser alcançado.

Carl A. Whitaker nasceu em 20 de fevereiro de 1912 em Raymondville, no estado de Nova York. Até os treze anos viveu na fazenda de seus pais, onde convivia com poucas pessoas além das que compunham sua própria família que, em 1925, mudou-se para Siracusa a fim de lhe permitir dar continuidade a seus estudos. Formado em medicina em 1936, casou-se com Muriel VanderVeer Schram em 1937 (Muriel deu-lhe cinco filhos e desempenhou um importante papel no que diz respeito a seu crescimento profissional, principalmente por ter-se dedicado durante vários anos à prática de co-terapias a seu lado). Depois de ter-se especializado em obstetrícia e ginecologia, em 1937 e 1938, Carl Whitaker dedicou-se por dois anos à psiquiatria no hospital universitário de Siracusa, antes de trabalhar por um ano, de 1940 a 1941, em psiquiatria infantil em Louisville. De 1941 a 1944 foi professor na Kent School of Social Work, nessa mesma cidade e, em seguida, de 1944 a 1945, foi membro do departamento de psiquiatria do hospital de Oak Ridge, antes de tornar-se seu diretor, cargo em que permaneceu de 1945 a 1946. Em 1946, teve lugar um importante acontecimento: Carl Whitaker foi nomeado professor e presidente do Departamento de Psiquiatria da faculdade de medicina da Universidade de Emory, posto em que permaneceu por dez anos. Nesse período deu início a uma formação aprofundada em psicoterapia, tendo contratado para isso Thomas Malone e John Warkentin, que se tornaram seus colaboradores mais próximos nesse hospital. Foi também nessa época que escreveu em conjunto com Malone o *The Roots of Psychotherapy*.[1] Em seguida — depois de deixar o Emory em 1955 —, dedicou-se por mais dez anos à prática privada ao lado de seus colegas (foi nessa época que começou a atender famílias de esquizofrênicos). Em 1965, aceitou o cargo de professor de psiquiatria na faculdade de medicina da Universidade de Wisconsin, onde mais e mais se dedicou à prática das terapias familiares. Em uma obra publicada em 1967, organizada por Jay Haley e Lynn Hoffman, descreveu suas metas, que não negam os princípios da antipsiquiatria: "Diferencio o louco *(crazy)* do alienado *(insane)*. Os alienados são [...] os que vão todas as manhãs trabalhar, com os pescoços enterrados em seus ternos cinza".[2] Depois, em 1978, publica, ao lado de Augustus Napier, *Le Creuset familial*,[3] obra cuja impressão alcançou mais de cem mil exemplares e contribuiu para torná-lo célebre além do estreito círculo dos terapeutas familiares. Em 1982 deixa a Universidade de Wisconsin e, exceto por dois períodos de permanência na Child Guidance Clinic, da Filadélfia, desenvolveu basicamente suas atividades por intermédio de oficinas que passou a oferecer em vários países, bem como pela prática privada restrita. Seu desaparecimento, ocorrido em 21 de abril de 1995, privou o campo das terapias familiares de seu representante mais original e mais interessante.

Por ocasião de uma entrevista concedida a Haley e Hoffman (publicada em 1967, em *Techniques of Family Therapy*) Whitaker resume da seguinte maneira sua concepção de psicoterapia: "Não é a compreensão que faz mudar o paciente, pois a tomada afetiva da consciência não é senão um subproduto da mudança".[2] Reflexão à qual ele acrescenta, nessa mesma obra: "Estou convencido de que minha terapia opera essencialmente por meu inconsciente. É como se eu me encontrasse sobre uma ribanceira, pescando, sem procurar apanhar nada em particular; mas, de tempo em tempo, alguma coisa se engancha em minha linha e então eu a puxo".[2]

Tendo por hábito negociar por um bom tempo, antes da primeira sessão, a participação do conjunto da família com a finalidade de criar um "campo estéril antes de começar a intervenção",[2] Carl Whitaker afirma que: "A terapia se parece com uma intervenção cirúrgica. Sei o quanto haverá de dor. O que faz com que essa dor se torne suportável é a relação que se estabelece entre o terapeuta e os membros da família. E eu faço o que é possível para não ir mais longe do que lhes seja possível suportar".[2] Não objetivando controlar a vida dos membros das famílias que recebia em seu consultório, ele se considerava, por outro lado, responsável pela evolução das psicoterapias que conduzia. Longe de entrar em conflitos que viessem a despedaçar as famílias, preferia unir todos os seus membros numa batalha comum, dirigida contra ele mesmo. Pensava que uma psicoterapia digna desse nome devia visar, antes de mais nada, o fazer cair a máscara vestida pela família, pois de outra forma o processo caracterizar-se-ia como de terapia de apoio: Seu objetivo era o de permitir que os membros da família alcançassem seu próprio desenvolvimento por perceber a dimensão de sua própria importância; é por isso que em psicoterapia Whitaker insiste muito sobre o valor que atribui à sua própria pessoa e a seu próprio bem-estar. Tendo trabalhado acima de tudo como co-terapeuta, sempre defendeu esta prática:

> Duvido muito que seja possível a um só terapeuta atender toda uma família. Não penso que apenas um de nós, sozinho, possa ter poder suficiente para induzir a mudança em uma família e sair do processo sem se deixar engolfar por ele [...]. Mesmo nos casos em que penso que isto seja possível, em geral não me imagino correndo esse risco. Esta é a razão pela qual prefiro a segurança que me é oferecida por uma boa equipe, composta por dois terapeutas.[2]

Da mesma forma Carl Whitaker se empenha em ampliar a dimensão de certas regras disfuncionais, com a esperança de que estas cheguem a atingir uma altura tal capaz de fazê-las desmoronar por si mesmas, como se fossem Torres de Pisa imaginárias: é dessa forma que, para separar as gerações, ele pode chegar a propor a um filho que despose sua mãe para que seu pai, novamente livre, possa se casar com a própria mãe deste! Em outro exemplo, quando em 1981 simulava em Bruxelas um encontro familiar, Whitaker perguntou a uma jovem anoréxica casada, que vivia na casa de seus pais, sem o marido, se esta se havia separado deste; ao descobrir que não e que esse marido ainda morava no apartamento do casal, propôs aos pais da anoréxica que retornassem cada um à casa de seus respectivos pais para assim poderem "ajudá-los a fugir da solidão". Diante do espanto desses pais, Carl Whitaker contenta-se em afirmar que tudo o que desejava fazer "era somente ajudar". Esse aspecto de "zombaria" de Carl Whitaker é inseparável do calor humano que ele transmitia aos que entravam em contato com ele.

Enfim, ao provocar a interrupção das sessões nos momentos de maior intensidade afetiva, Carl Whitaker se apóia sobre o desequilíbrio assim criado para abrir novos caminhos, antes que se dilua o impacto causado pela situação terapêutica.

Tendo muitas vezes assistido o trabalho desenvolvido por Carl Whitaker e havendo colaborado com ele em diversos seminários por nós oferecidos, tive por várias vezes a sensação de que sua arte era devida em parte à maneira como este se apresentava às famílias, como se ele mesmo fosse o paciente, atitude que restituía aos seus membros suas aptidões terapêuticas, até então tolhidas. Carl Whitaker, para mim, foi um dos terapeutas mais cativantes e apaixonantes de nosso domínio.

Tomo de empréstimo um artigo de Jacqueline C. Prud'Homme,[4] em que ela descreve a carreira de Virginia Satir, e publicado em memória desta, a matéria que é o mesmo que uma prestação de contas e à qual passo a fazer referência. Nascida em 1916, no seio de uma família rural — ponto que tinha em comum com Whitaker — em que ocupava a posição de mais velha entre cinco irmãos, desde bem cedo Virginia Satir viu-se obrigada a se ocupar de sua mãe, freqüentemente enferma. Assim, com cinco anos, decidiu tornar-se uma "detetive de pais" (sic) para dessa forma melhor compreendê-los (em seu artigo, Jacqueline Prud'Homme traça um paralelo entre essa atitude e a de François Dolto, que desejou tornar-se um "médico da educação" em seu oitavo ano de vida). Depois de haver obtido seu diploma de pedagogia pela Universidade de Wisconsin, dedica-se ao ensino e torna-se diretora de uma escola. Casa-se e, em 1941, adota duas filhas, separando-se de seu primeiro marido em 1949. Dedicando-se em seguida aos estudos de assistência social na Universidade de Chicago, em 1951 começa a exercer a psicoterapia num contexto hospitalar, estabelecendo-se na Califórnia em 1958 ao lado de Norman Satir, com quem acabara de se casar. Foi então que fundou, com Don Jackson, o Mental Research Institute, de Palo Alto. Em 1963, torna-se diretora de formação no Instituto Esalen, do qual sai em 1965. Depois disso, em 1969, cria o International Human Learning Resources Network e, em 1977, o Avanta Network, constituído por terapeutas que ela mesma havia formado. Depois dessa época, nunca deixou de viajar pelos diversos continentes, tendo formado centenas de terapeutas ao longo de todos esses anos. Em 10 de setembro de 1988 apagou-se essa luz, após um mal fulminante que não necessitou senão de poucas semanas para levá-la.

Dotada de generosidade e abertura de espírito excepcionais, Virginia Satir propõe um modelo baseado no crescimento. Modelo este que relaciona a patologia que se apresenta num indivíduo à sua dificuldade em fazer desabrochar o próprio potencial de desenvolvimento. Uma metáfora que descreveria bem essa abordagem seria mais a de um botão ainda fechado do que a de uma flor que houvesse perdido suas pétalas. Virginia Satir sempre afirmou que os terapeutas não devem se preocupar com o que é bom para as famílias, mas, acima de tudo, devem se consagrar a dar origem a novas possibilidades para cada um de seus membros. Conseqüentemente, pedia aos terapeutas que confiassem em suas intuições, desconfiando das eventuais distorções que suas concepções e seus preconceitos pudessem correr o risco de induzir. Até o final manteve-se como a pessoa calorosa e generosa que sempre foi. Cinco dias antes de seu desaparecimento enviou a seus amigos, a seus colegas e à sua família uma carta em que lhes agradecia pelo importante papel que haviam desempenhado em seu desenvolvimento pessoal e no desabrochar de sua capacidade de amar, falando-lhes sobre o quanto lhes era grata pelo fato de ter podido viver, graças a eles, uma vida rica e plena. Com a morte de Virginia Satir, o campo das terapias familiares perdeu ao mesmo tempo sua egéria e sua melhor embaixadora.

A abordagem de Carl Whitaker e a de Virginia Satir possuem quatro aspectos em comum: conferem primazia à experiência; têm na personalidade do terapeuta uma parte essencial do processo terapêutico; abordam o passado apenas pela experiência do presente; enfim, têm como objetivo da terapia não a resolução de um problema específico, mas sim o de permitir a manifestação do desabrochar do paciente.

Muito embora Whitaker e Malone afirmem de maneira a mais precisa, na introdução de *The Roots of Psychotherapy*, que não sonhavam ensejar o desenvolvimento de uma nova escola de psicoterapia,[1] numerosas são as pessoas que optaram por se situar neste movimento. Dentre estas, Walter Kempler[5] fez uso das ferramentas originárias da Gestalt no tratamento de famílias, enquanto Bunny S. e Fred J. Duhl,[6] do Boston Family Institute, desenvolveram por sua vez uma abordagem experiencial que enfatiza as metáforas e a analogia.

Sob certos pontos de vista, meu próprio percurso recupera em parte as orientações dessa escola, pois minha insistência recai principalmente em relação à experiência vivida na terapia, à saúde do paciente mais do que à patologia por este apresentada, à personalidade do terapeuta e à vivência dos membros do sistema terapêutico (o conceito de ressonância, em minha mente, visava precisamente permitir ao terapeuta utilizar-se de sua vivência, sem por isso reforçar sua própria construção de mundo nem a dos membros da família ou do casal).

Situando-se em conformidade com a escola experiencial e, em particular, com a de Carl Whitaker — que exerceu uma enorme influência sobre ele —, Maurizio Andolfi também recolocou o distúrbio mental numa perspectiva de evolução do indivíduo e da família. Sob sua direção, a escola de Roma elaborou tanto o conceito de provocação (no sentido de que o terapeuta dá apoio ao indivíduo quando provoca o sistema e dá reforço à função do sintoma) como o do objeto metafórico (o qual exterioriza a função específica exercida num dado momento por este ou aquele membro da família). Extremamente sensível, à criança em terapia, como Whitaker, Andolfi usa a relação lúdica com a criança estabelece para auxiliar os membros da família a se tornar menos rígidos.

Jacqueline Prud'Homme,[4] dirigente do Instituto de Psicoterapia de Quebec, afirma a influência que recebeu de Virginia Satir. Considerando que as famílias não possuem somente problemas, mas também recursos, e, convencida de que os sentimentos, a necessidade de amar e ser amado — tanto quanto o medo à rejeição — estão no cerne das relações humanas, Jacqueline define-se como uma terapeuta que há 25 anos procura criar um contexto de formação em que o "saber-ser" possa ser desenvolvido e liberado, permitindo aos potenciais formadores dos estudantes e dos didatas evoluir em conjunto. A autora descreve-se como particularmente próxima a Virginia Satir, a Carl Whitaker e a mim mesmo. Sobre nós, afirma: "Não aprendemos; respiramos o que eles ensinam". Mas foi o conteúdo de Virginia Satir que ela mais reteve, particularmente no que diz respeito à autenticidade do terapeuta e à dificuldade que se lhe apresenta de ensinar, sem limitar a criatividade dos estudantes. A originalidade do instituto fundado Jacqueline Prud'Homme reside no fato de formar psicoterapeutas psicanalíticos e psicoterapeutas sistêmicos, simultaneamente: os dois grupos freqüentam um período básico inicial de um ano, depois do qual se separam para seguir cada qual uma formação específica; terminada esta segunda fase, reúnem-se por cinco vezes, nos cinco anos seguintes, para em conjunto participarem da apresentação de situações terapêuticas, que são analisadas tanto à luz da analítica quanto à da sistêmica. Não limitando seu campo de ensino apenas a Quebec, mas igualmente à Europa, Jacqueline Prud'Homme dedicou-se por dez anos à formação de várias gerações de terapeutas familiares na Grã-Bretanha.

Éric Trappeniers, presidente do Instituto da Família de Toulouse e diretor da revista de terapia familiar *Résonances,* desenvolveu uma abordagem que reivindicava influências tanto de Carl Whitaker como de Jay Haley. Tal como Whitaker, longe de ir de encontro a uma regra que deseja mudar, o autor opta por respeitar essa regra, ampliando-a, porém, a um ponto tal que ela se torna insuportável: "Nem por isso o terapeuta coloca-se na posição de um jogador de braço-de-ferro, mas sim na de uma pessoa qualquer, que se deixa levar pela lógica de um sistema e o amplia de maneira a fazer com que esta venha a se estilhaçar, permitindo que uma nova luz possa surgir pelos interstícios do estilhaçamento".[7] Como Jay Haley, Éric Trappeniers alia-se aos pais do paciente para auxiliá-los a reconstruir uma fronteira mais bem-definida entre as gerações e para permitir-lhes sair das verdadeiras situações de refém em que a inversão da hierarquia familiar os mantém aprisionados.

Phoebe Prosky, do Center for the Awareness of Pattern, de Freeport, estado do Maine, insiste sobre a "consciência intuitiva". Formando seus estudantes para abordar situações sob um ângulo ao mesmo tempo racional e intuitivo, esta autora desenvolveu para esse fim um conjunto de ferramentas que acentua o aspecto analógico da escultura familiar.

Kevin Peterson, responsável pela American Association for Marriage and Family Therapy no estado de Seattle, é um terapeuta dotado de excepcional talento. Influenciado por Carl Whitaker e pela escola romana, utiliza-se igualmente dos conceitos que apresentei como possuidores de duplo objetivo: o de analisar a função da vivência do terapeuta relacionando-a à expectativa da família e o de fazer com que essa vivência, mais do que uma limitação, transforme-se em um trunfo para ele.

Maria Cristina Ravazzola e Gaston Mazieres dirigem um instituto em Buenos Aires. Formados por Hugo Hirsch na abordagem estratégica e estrutural, e depois em Palo Alto, os membros de seu instituto e ela própria (com o apoio de Maria Rosa Glasserman) se voltaram para a escola experiencial. Graças a Estrella Joselevich, a equipe desse centro pôde familiarizar-se com os trabalhos de Whitaker e de Keith. Maria Cristina Ravazzola faz uso igualmente das contribuições da escola de Roma de Maurizio Andolfi, particularmente as relativas à "provocação", para a abordagem dos padrões repetitivos dos membros da família em terapia.

Essa insistência sobre a vivência do terapeuta também é típica da abordagem de Wanda Santi, diretora do Centro de Investigação Familiar, em Buenos Aires, em que a formação privilegia a importância da experiência do estudante em situação terapêutica.

Lieven Migerode e Peter Rober dirigem em Antuérpia o Institut Feelings and Context. Inspirados em Maurizio Andolfi, atribuem um lugar central à personalidade do terapeuta nas formações pelas quais são responsáveis; além disso, encontram em Tom Andersen, Harlene Andersen e em Harold Goolishian as teorias que os aproximam do movimento construtivista.

Por último, Jorma Piha, professor de psiquiatria infantil da Universidade de Turku, na Finlândia, neste momento tenta desenvolver uma abordagem experiencial, inspirada na escola romana e na prática de Carl Whitaker.

Estas poucas páginas não se pretendem exaustivas; ao descrever as escolas que se inserem em contextos culturais importantes, pareceu-me importante apontar para a extensão da influência de um movimento: a abordagem experiencial em psicoterapia, que em sua origem se constituiu como a antiescola por excelência.

Mony Elkaïm

REFERÊNCIAS BIBLIOGRÁFICAS

1. WHITAKER, C.A. e MALONE, T.P. *The Roots of Psychotherapy.* Nova York, Brunner/Mazel, 1981; 1ª ed.: Nova York, The Blakiston Company, 1953, respectivamente, 7, 65.
2. HALEY, J. e HOFFMAN, L. *Techniques of Family Therapy.* Nova York, Basic Books, 1967, respectivamente, 329, 265, 268, 289-90, 307, 282.
3. NAPIER, A. e WHITAKER, C. *Le Creuset familial.* Paris, Robert Laffont, 1978.
4. PRUD'HOMME, J.C. "En souvenir de Virginia Satir, 1916-1988". In: GOLDBETER-MERINFELD, E. (ed.) *Derniers Développements en thérapie familiale, Cahiers critiques de thérapie familiale et de pratiques de réseaux.* Toulouse, Privat, nº 11, 1990.
5. KEMPLER, W. *Experiential Psychology with Families.* Nova York, Brunner/Mazel, 1981.

6. DUHL, B.S. e F.J. "Integrative family therapy". In: GURMAN, A.S. e KNISKERN, D.P. (eds.) *Handbook of Family Therapy*. Nova York, Brunner/Mazel, 1981.
7. TRAPPENIERS, E., "Thérapie systémique en l'absence du patient designé". In: GOLDBETER-MERINFELD, E. (ed.) *Derniers Développements en thérapie familiale, Cahiers critiques de thérapie familiale et de pratiques de réseaux*. Toulouse, Privat, nº 11, 1990, p. 41.

*Gary M. Connell**
*Tammy J. Mitten***
*Carl A. Whitaker****

As raízes da terapia simbólico-experiencial

Introdução

A terapia simbólico-experiencial tem sua origem no trabalho clínico e nos escritos de Carl Whitaker, John Warkentin, Thomas Malone e outros. O modelo baseia-se numa concepção fenomenológico-existencial do desenvolvimento humano, o qual ressalta que é possível às pessoas aprender de modo mais eficaz por intermédio da experiência. O princípio básico subjacente a esse modelo é o de que a mudança de seus processos de vida é algo que não se pode ensinar às famílias. A terapia simbólico-experiencial se constitui numa abordagem baseada não na compreensão intelectual, mas sim num processo interativo, numa linguagem metafórica e na interação pessoal (Keith, 1982, p. 331).

---

* Gary M. Connell é membro clínico e *supervisor credenciado* da American Association for Marriage and Family Therapy.

** Tammy J. Mitten é membro clínico da American Association for Marriage and Family Therapy.

*** Carl A. Whitaker é um dos pioneiros da terapia familiar. Foi professor de psiquiatria na Universidade de Wisconsin e publicou várias obras, dentre as quais *The Family Crucible*, conjuntamente com A. Napier (1978).

As famílias são responsáveis por seu próprio crescimento e desenvolvimento. O terapeuta vê a si mesmo apenas como um catalisador do processo de mudança. A família torna-se apta à mudança quando seus membros se inclinam a mostrar uns aos outros sua própria vulnerabilidade, durante o espaço de tempo em que negociam quem são eles como indivíduos e em relação ao sistema familiar em que estão inseridos. A identidade de cada um desses membros se define nos limites de um contexto trigeracional. O modelo enfatiza que o comportamento só pode ser entendido no contexto em que ele ocorre. A compreensão das percepções, intenções e relacionamentos dos participantes inseridos nesse contexto é essencial para que se possa determinar o significado de qualquer forma de comportamento apresentado.

A contra-reação aos padrões ortodoxos da psicoterapia encontra-se profundamente enraizada no sistema da terapia familiar. Esta, nos primórdios de sua história como movimento, representa um esforço que foi estabelecido no sentido de uma forma de libertação em relação à preponderância teórica da psicanálise. A terapia simbólico-experiencial, portanto, está para a terapia familiar assim como o movimento existencialista está para a filosofia, uma espécie de antiescola de psicoterapia. É a reação da percepção diante do convencional. É uma pressão exercida contra qualquer sistema que venha a eclipsar a experiência subjetiva do terapeuta ou da família.

Os que propõem esse modelo não enfatizam a teoria e o emprego das técnicas. O relacionamento entre os participantes do sistema terapêutico é um componente terapêutico crucial. A mudança ocorre no contexto de um relacionamento íntimo. A meta primária da terapia é aumentar esse nível de intimidade, ou de envolvimento emocional, no sistema terapêutico. Enquanto várias técnicas têm sido identificadas com esta abordagem, Connell e Russell (1987) estabelecem um aviso contra o emprego de técnicas pré-planejadas e acentuam a importância da espontaneidade e da experiência, de caráter no "aqui-agora", dos participantes da terapia.

Filosoficamente, esse modelo de terapia pode ser entendido no âmbito do paradigma do construtivismo. Embora nossas crenças sobre a realidade eventualmente se alinhem mais com o pós-positivismo, nossa visão do processo terapêutico se dá por uma perspectiva construtivista. Em outras palavras, acreditamos que até certo ponto exista um mundo "real", e que a experiência que cada um de nós tem desse mundo será sempre, até certo ponto, diferente (pós-positivismo). Quando conduzimos uma terapia, porém, o que nos diz respeito é somente essa construção que a família faz da realidade. Acreditamos firmemente que não devemos impor a ela nosso sistema de valores e crenças. Compreendemos que jamais deveremos tentar fazer uma família judaica transformar-se numa família italiana ou vice-versa. Também entendemos que jamais seremos capazes de compreendê-la verdadeiramente, e que o terapeuta é um alienígena em meio à totalidade delas (Connell et al., 1990).

A terapia oferece a todos os membros da família a oportunidade de dividir com os demais as percepções ou construções que possuem em relação à realidade da vida familiar. Quando as percepções que cada um de seus membros alcança de uma experiência que lhes é comum diferem entre si, a família é estimulada a lançar um desafio a cada uma dessas crenças singulares. O resultado freqüentemente observado é o de que, à medida que essas experiências são reconstruídas, cada um desses membros tem acesso a uma parcela maior da visão coletiva da realidade. Nesse processo, o terapeuta atua como treinador. Ele pode obter algum entendimento do mundo da família pelos significados propiciados pela interação com ele. No entanto, ele permanecerá sempre um passo atrás da construção que a família faz da própria realidade, porque não é um de seus membros e não experienciou a história da família.

O papel do terapeuta como participante ativo no processo terapêutico reflete um movimento em separado daquele desempenhado pelo psicanalista, retratado como uma tela em branco. Em virtude da ausência de supervisão psiquiátrica observada no decorrer da Segunda Guerra Mundial, a primeira atividade profissional desenvolvida por Whitaker junto a pacientes crônicos não teve como base nenhuma teoria específica. Ao invés de fundamentar-se em técnicas, Whitaker comprometeu-se emocionalmente com o processo terapêutico utilizando-se de vários meios de auto-exposição. Quanto mais compartilhava de si mesmo, mais mudanças positivas notava em seus clientes. Isso o levou a acreditar que, mais do que a transferência, é o papel pessoal que o terapeuta exerce que constitui o ingrediente básico de cura pela terapia. Whitaker também se baseou em sua experiência anterior, ligada a jogos com crianças. Observou que a comunicação estabelecida no nível simbólico parecia apresentar um sentido significativo para seus pacientes, o que resultou em uma expansão da noção que possuía quanto à importância do papel dos processos primários em terapia.

Em parte, a evolução da terapia simbólico-experiencial deu-se a partir do trabalho psicoterapêutico realizado com esquizofrênicos. Acreditamos que todos somos esquizofrênicos em nossos sonhos, quando dormimos. A esquizofrenia — como denominamos o centro simbólico de cada pessoa — apresenta um aspecto saudável. É parte integral de nossa qualidade humana em expansão e, portanto, não pode ser curada. O trabalho psicoterapêutico que desenvolvemos com pacientes esquizofrênicos nos deu consciência de um contato poderoso que pode ser realizado no nível pessoal "de-inconsciente-para-inconsciente", uma intimidade comunicacional que se constitui como objetivo importante da psicoterapia, uma experiência simbólica, em grande parte, que se situou para além do alcance de qualquer forma de descrição, ainda que poética.

A patologia é um processo interativo não-racional, que envolve tentativas criativas que tendem a ensejar o crescimento familiar. Na terapia, a patologia é imediatamente redefinida sob a perspectiva da função que possui no âmbito familiar. Isso abrange a totalidade do sistema e estabelece uma perspectiva que lhe é própria. Os processos interativos não-racionais só têm sentido no contexto do sistema familiar. Um exemplo: um jovem esquizofrênico de 24 anos, que continuava vivendo na casa de seus pais, foi trazido por eles à terapia. Possuía uma extensa história psiquiátrica. Os pais afirmavam que não podiam fazer mais nada por ele. O terapeuta perguntou ao filho: "Por quanto tempo você pretende ser o Cristo de sua família? Você realmente pretende sacrificar sua vida para salvar o casamento de seus pais?". Dessa forma, a patologia é redefinida de modo criativo, o que tem como objetivo propiciar o crescimento interno do sistema. No caso, a patologia apresentada pelo filho faz com que os pais permaneçam unidos oferecendo-lhes algo que pode ser compartilhado: a inquietação que esta lhes causa. A problemática de que compartilham tem o poder de manter vivo o sistema, quem sabe de salvar o casamento, mas exige que o indivíduo seja sacrificado em função do todo.

Objetivo básico da terapia simbólico-experiencial

A terapia simbólico-experiencial concerne à integração entre os mundos da experiência e do símbolo (Conncll ct al., 1990). O primeiro, nós o conhecemos por meio dos sentidos. Adquirimos consciência dele pelas expressões do *self*, que se manifestam pelos relacionamentos que estabelecemos com os outros que significam algo para nós. O conteúdo do aprendizado que faremos por intermédio de nossa experiência depende da profundidade de nosso envolvimento. A evolução do universo simbólico é resultado da experiência. Gera a percepção e a identidade. Tudo o que nos vem sob a forma da experiência reverte-se em símbolos. Estes guardam significados que as palavras não têm o poder de expressar. São "pedaços da própria vida", imagens que se mostram totalmente ligadas entre si pela ponte em que se constituem as emoções (Jung, 1964, p. 87).

A estruturação simbólica é um processo mental constante da mente, da mesma forma que os batimentos cardíacos. Em uma família saudável observa-se um fluxo livre de interação entre o mundo da experiência e o dos símbolos. Nela desenvolvem-se pressupostos de caráter único, relacionados à existência que seus membros vivenciam em suas experiências diárias. A participação e o envolvimento que apresentam em relação a essa existência geram novas informações, que retroalimentam o inconsciente reforçando, alterando ou criando novas respostas simbólicas. Em uma família saudável, as experiências com que seus membros se defrontam reconfiguram continuamente o simbólico, e dessa forma a memória atual é constantemente realimentada. Portanto, a família saudável resguarda seu passado numa perspectiva de menor dimensão, mostra-se otimista em relação ao futuro, mas vive o "aqui-agora". Ao contrário, numa família disfuncional observa-se uma divisão entre o mundo da experiência e o do símbolo. Estas famílias são muito mais resistentes quanto à utilização de novas informações que levem à reconfiguração ou à criação de novos símbolos.

Por exemplo, a mãe de uma criança com seis anos de idade, morre; esta elabora um símbolo de relacionamento amoroso mais voltado para a evocação da dor do que do afeto. É possível que mais tarde venha a manifestar dificuldades em manter um nível próximo de relacionamento. Numa família saudável, essa criança experimentaria outros relacionamentos de caráter afetivo capazes de dar alívio à intensidade da dor que lhe é trazida pelo símbolo por ela desenvolvido em decorrência da morte parental. No entanto, numa família disfuncional, a mesma criança pode vir a passar por experiências de distanciamento emocional a partir de outros de seus membros, podendo também ser vítima de abusos ou de negligência. Essas experiências virão a reforçar o símbolo de relacionamento de caráter afetivo que mais do que tudo evoca a dor.

A tarefa do terapeuta é propiciar à família experiências capazes de provocar a alteração de seus símbolos disfuncionais. Sua participação e seu envolvimento no processo terapêutico podem gerar novas informações, as quais retroalimentarão os processos inconscientes não-racionais. Dessa maneira, os símbolos disfuncionais são alterados, criando-se novos deles. As famílias então se capacitam para se reorganizar em torno desses novos símbolos.

A intervenção no mundo simbólico — a utilização de uma tipologia de linguagens

Recentemente assistiu-se a uma tentativa feita no sentido de operacionalizar o papel do símbolo no processo terapêutico. Connell, Mitten e Whitaker (1991) estruturaram uma tipologia de linguagens que pode ser empregada na reconfiguração do mundo simbólico familiar e que abrange a linguagem da dor e a da impotência, a da inferência e a das opções.

Fazendo uso da linguagem da dor e da impotência, no início a família revela as batalhas que atualmente enceta. Enquanto esta discute seus problemas, o terapeuta volta sua atenção para as peças e fragmentos simbólicos incrustados nos relatos, de caráter mais verbal, que a família elabora de sua vida conjunta. Isso se faz saindo dos conteúdos para níveis processuais mais simbólicos. Os símbolos próprios à família disfuncional se expressam pela linguagem da dor e da impotência. Por exemplo, uma esposa culpa seu marido por tratá-la como sua escrava. Ela toma conta das crianças, cozinha, lava e não tem tempo para si mesma. Seu marido é exigente, descuidado e indiferente. Acusa-a de perfeccionismo. Oferece-se para ajudá-la em numerosas ocasiões, mas jamais consegue fazer algo que a agrade. Sente que ela o está criticando constantemente pela maneira como trata as crianças. Sente-se ele mesmo como uma criança em seu próprio lar e sente raiva pelo fato de que tudo o que a esposa faz é agir como se fosse sua mãe. "Escrava" e "mãe" são pedaços e fragmentos incrustados numa linguagem de dor e impotência. Simbolizam a irracionalidade.

À linguagem da dor e da impotência, o terapeuta responde com a da inferência e da ordem, para assim desafiar os símbolos familiares disfuncionais. A primeira permite a ampliação da ansiedade familiar pela inferência do caráter bilateral dos problemas apresentados. A patologia, portanto, não é própria apenas a um indivíduo, isoladamente. Por exemplo, o terapeuta poderia dizer ao marido que descreve o papel que desempenha no relacionamento conjugal como sendo o de uma "criança": "Como se sente sua mãe em relação ao fato de você a estar substituindo por uma nova?". Isso redefine os problemas conjugais como de caráter bilateral. A esposa pode ralhar com ele ou "maternalizá-lo". No entanto, é possível que o esposo possa encontrar-se bastante dependente dela acreditando, talvez, que não pode funcionar sem uma mãe. Tanto o marido como a mulher são ambos vítimas de suas próprias dinâmicas, as quais compartilham.

Numa fase posterior da terapia, o terapeuta faz uso da linguagem das opções, como meio de intervenção ativa no mundo simbólico familiar e com a finalidade de reconfigurar os símbolos familiares. O terapeuta provoca a família mostrando-se mais criativo e não-racional para fazer com que esta, assim, pense além dos limites da realidade ou além dos limites de sua experiência simbólica conjunta. O terapeuta pode apresentar suas fantasias sobre a forma como as coisas poderiam ser diferentes, por intermédio da linguagem das opções. Por exemplo, a esposa descreve seu marido afirmando: "Não posso nem falar com ele. Quando brigamos, ele sai. Geralmente, pega seu trator e vai trabalhar. Tentei de tudo. Não consigo me comunicar com ele". O terapeuta responde: "Por que você não pega um arco e uma flecha e ameaça usá-los caso ele não volte para casa e fale sobre o que sente? Ou que tal fazê-lo tropeçar quando ele passar pela porta? Quem sabe você não poderia possuir também um trator e continuar a discussão dirigindo-o, ao lado dele? Se for para piorar mesmo, você poderia achegar-se ao "seu velho marido" e ver se ele lhe daria um abraço. Ele até poderia gostar disso".

Com o progresso da terapia, o terapeuta passa a ressaltar as mudanças ocorridas na interação familiar que podem ser indicativas do alcance de uma alteração efetuada nos símbolos familiares. Pode dizer, por exemplo: "Seu marido permaneceu quieto quando você chegou brava ao invés de escalar uma briga, como ele fazia antigamente. Parece que desta vez ele está querendo se desculpar ou resolver a questão antes que as coisas escapem do controle. Você o entendeu assim?". À medida que os símbolos disfuncionais se alteram, também podem mudar as percepções dos membros da família. Mais tarde, essas mudanças operadas nas percepções ensejarão a reorganização ao redor de seus novos símbolos familiares.

Estágios da terapia

Whitaker e Keith (1982) identificaram quatro estágios no processo terapêutico. São eles: a batalha pela estrutura, a batalha pela iniciativa, a tentativa de trabalho e a finalização. Esses estágios se estabelecem segundo a maneira pela qual o papel do terapeuta passa por uma diferenciação, no decorrer da terapia e em relação à família.

Batalha pela estrutura

Na fase da batalha pela estrutura, a tarefa do terapeuta é comunicar à família que é ele quem se encarrega dos componentes administrativos da terapia. Isso inclui informá-la sobre a remuneração do trabalho terapêutico e o agendamento dos horários disponíveis. É ao terapeuta que cabe também estabelecer que é necessário que todos os membros da família estejam presentes na sessão inicial. É típico da família desafiar as solicitações que lhe são feitas pelo terapeuta. Freqüentemente surgem comentários do tipo: "Bom, meu marido não chega em casa do trabalho antes das seis da tarde e as crianças treinam basquete todas as noites depois da escola; assim sendo eu gostaria de vir sozinha e poder falar na primeira sessão". O terapeuta tem de vencer a batalha administrativa antes do começo da terapia, caso contrário a família não o perceberá como alguém diferente deles. Para desenvolver a mútua colaboração no processo terapêutico, a família deve acreditar que o terapeuta possui força e habilidade suficientes para agir em face da ansiedade associada aos problemas aparentemente caóticos que experienciam.

Uma vez que a família tenha concordado com as condições de tratamento que lhe são propostas, tem início o processo terapêutico. Nas primeiras sessões, o terapeuta continua a traçar limites para ela. Comunica que, embora se interesse em ouvi-los falar sobre o sofrimento que afeta a família, não tem nenhuma intenção de tornar-se parte desta. Isso significa o estabelecimento de fronteiras pessoais entre o terapeuta e a família. Por vários meios de distanciamento, o primeiro comunica que sua própria pessoa vem em primeiro lugar em sua própria vida. Pode oferecer exemplos disso levantando-se para tomar um café, indo ao banheiro, lendo suas anotações etc. No decorrer da terapia, o terapeuta estabelecerá uma série de combinações e de distanciamentos. No entanto, nessa fase inicial do tratamento, o distanciamento é ainda mais essencial. A família precisa saber que, embora o terapeuta se mostre imbuído do mais alto espírito de colaboração, não o move igualmente o desejo de ser cooptado como um pseudomembro da família.

Batalha pela iniciativa

Uma vez vencida pelo terapeuta a batalha pela estrutura, este pode assumir um papel bem menos diretivo. A família deve vir a reconhecer que, embora o terapeuta seja responsável pela estruturação administrativa, não o é da mesma forma responsável pelo processo terapêutico. Encoraja a família a tomar para si este encargo. Geralmente, a família tem dificuldades em assumir suas próprias responsabilidades. Seus membros dependem do terapeuta para dar o segundo passo. Fazem perguntas como: "De que vamos falar hoje?", ou "O que você quer saber?". O terapeuta pode responder: "Não sei. Sobre o que vocês gostariam de falar?", ou "Qual é a razão de estarem todos vocês aqui e como posso ajudá-los?". O silêncio pode ser usado, então, como um meio para aumentar a ansiedade do sistema. É comum que, nessa circunstância, um dos membros da família comece a revelar as lutas atuais que a família vivencia.

A iniciativa pela terapia deve vir da família. Durante a fase da batalha pela estrutura, o terapeuta assume um papel paternal fazendo perguntas, estabelecendo limites em relação aos assuntos sobre os quais se deve falar etc. Isso propicia sentimentos de transferência e o início do estabelecimento da aliança terapêutica. A batalha pela iniciativa implica uma significativa modificação do papel desempenhado pelo terapeuta. Durante esse estágio, ele retorna a liderança para os membros da família e se torna seu membro (parental) mais responsável. Uma das maneiras de forçá-la a assumir suas responsabilidades é recuar e permitir-lhe fazer perguntas, afirmações ou iniciar uma briga com o terapeuta. É possível também provocá-la, adulá-la e "empurrá-la", induzindo assim uma confusão que a obrigue a tomar a iniciativa de tentar reorganizar-se.

Tentativa de trabalho

Durante a tentativa de trabalho, o terapeuta funciona como um ativador de estresse, como um expansor de crescimento e como um estimulador de criatividade (Whitaker e Keith, 1982). A confrontação e a ampliação dos desvios são estratégias freqüentemente ligadas ao aumento de ansiedade. Por exemplo, o terapeuta pode se colocar em confronto com uma mãe, cuja superproteção inibe o crescimento de seus filhos, dizendo-lhe: "É por isso que eles cortaram o cordão umbilical". A ampliação dos desvios é um meio de aumentar a patologia até a autodestruição do sintoma. Se você conseguir enlouquecer mais do que eles, eles se tornarão os controladores ou assumirão uma posição mais sadia.

Por exemplo, no decorrer do tratamento um terapeuta sugeriu várias opções relativas às formas de mudança que a família poderia alcançar. Esta apresentou várias e repetidas formas de desculpar-se, afirmando que as opções sugeridas não funcionariam. Finalmente, o terapeuta disse-lhes: "Acho que as coisas ainda não se tornaram ruins o suficiente para que vocês desejem mudar. Talvez vocês devam deixar de ter esperanças. Concordo, parece que nada vai funcionar para vocês. Por que não desistem e se divertem com sua infelicidade?". A família mostrou-se inteiramente ofendida. A esposa comentou: "Mas isso é ridículo!". A família começou a apresentar algumas alternativas viáveis para sua vida. O terapeuta respondia balançando os ombros e dizendo: "Vocês podem tentar, mas eu sou cético quanto a isso".

A tendência da família era lutar contra o terapeuta. Nas sessões seguintes a família se uniu para provar que o terapeuta estava errado e fez isso discutindo o quanto as mesmas alternativas haviam conseguido produzir uma mudança em seu meio. Mostrando-se mais louco do que a família, o terapeuta fez com que aumentasse a ansiedade existente no interior do sistema, o que estimulou a criatividade de seus membros e expandiu o crescimento familiar.

Durante esse terceiro estágio do processo terapêutico o terapeuta concentra-se também no aumento do nível de proximidade entre os participantes. Conta consigo mesmo como catalisador. Responde pela família sem ser responsável por ela. É-lhe permitido compartilhar fantasias, sonhos e estabelecer associações livres com esse grupo. Pode inclusive revelar a dinâmica de sua própria família de origem ou relatar histórias capazes de oferecer mensagens cifradas para a família em tratamento.

Compartilhando suas fantasias e imagens absurdas, o terapeuta está alimentando o inconsciente. A família tem, então, liberdade para jogar com suas próprias idéias dando sentido a elas. O terapeuta não deve impor suas idéias à família, apenas compartilhar seus pensamentos e suas observações. Assim, a família decide o que fazer com estes.

Finalização

No estágio de finalização, os movimentos do terapeuta gradualmente se movem de dentro para fora do sistema. Ele não faz muito mais do que apenas proporcionar um horário e um espaço para que a família possa se reunir. Lembra a esta que não é parte do sistema. Quando a família se mostra mais afetuosa em relação a ele, pode dizer-lhe: "Sinto como se estivesse sendo adotado e tenho consciência de não pertencer a esta família". Pode oferecer-lhe um novo reforço, estabelecendo pequenas trocas de papéis e dizendo: "Agradeço por me verem dessa forma. Será que vocês poderiam me dar uma ajuda no sentido de meu próprio crescimento? Talvez existam coisas que vocês são capazes de ver em mim que eu eventualmente pudesse mudar, de forma a poder viver melhor com meus filhos e com minha mãe".

No estágio final é tentador — mas não é o correto — continuar a fazer interpretações. O terapeuta não deve fazer nenhuma tentativa a mais no sentido de intervir na maneira de viver da família. A situação analógica assemelha-se à de um adolescente, pronto para deixar o lar paterno quando sua mãe lhe diz: "Bom, para falar a verdade, você devia ficar alguns meses a mais para que eu pudesse ajudá-lo a refinar seus modos à mesa". Quando um filho ou filha se encontra prestes a deixar a casa paterna, o dever de seus pais consiste em fazer votos para que ele ou ela se dê bem em sua nova caminhada. No âmbito da terapia, toda a situação adquire um ritmo acelerado de movimento — do qual o terapeuta se empenha em sair — deixando a família com o que é próprio a ela.

Obstáculos à terapia

Geralmente, durante a terapia, ocorre uma interrupção da sua eficácia por causa do tédio, do pânico ou do desejo de continuidade que se verifica diante da pressão havida no sentido da mudança. Keith, Connell e Whitaker (1991) tiveram oportunidade de apontar alguns erros táticos que quase sempre ocasionam a interrupção do ritmo da terapia e sugeriram meios de anular a inércia resultante — e, portanto, de auxiliar o processo terapêutico a manter-se atuante. Os obstáculos e as estratégias foram divididos em duas categorias: 1) Questões emocionais: a) originárias do terapeuta e b) originárias da família; 2) Obstáculos de ordem técnica.

Questões emocionais

Os obstáculos emocionais desenvolvem-se na terapia nas ocasiões em que nesta se observa a existência de alguma forma de incapacidade para lidar com emoções intensas; quando da ocorrência de substancial ausência de emoções; e quando esta predomina (Whitaker, Warkentin e Johnson, 1960). Suas origens podem tanto partir da família como do terapeuta.

Os obstáculos que têm origem na figura do terapeuta podem ser:

1) Projeção das necessidades simbólicas deste no relacionamento terapêutico; 2) Sentimento de inadequação; 3) Delírios de onipotên-

cia; e 4) Métodos inadequados de auto-exposição. A distorção do processo terapêutico acarreta o surgimento de estresse por causa da projeção, pelo terapeuta, de necessidades simbólicas no relacionamento terapêutico. A incapacidade que ele demonstra em diferenciar suas próprias necessidades emocionais das da família induz à inércia. Por exemplo: o terapeuta pode equivocadamente assumir que a família apresenta o mesmo tipo de ligação emocional que ele possuía com a sua própria família. Caso essa estrutura de papéis venha a encobrir a necessidade de a família realizar uma regressão terapêutica, o terapeuta pode obstaculizar a mudança por ativar os medos que mantém em relação à sua própria família. Um exemplo: o pai de uma família começa a chorar em virtude de seu relacionamento conjugal; o terapeuta, confundindo o paciente/pai com o seu próprio, em vez de prover-lhe o apoio maternal exigido para a regressão, começa a pensar que se trata de uma depressão que exige medicação. Os problemas que cercam essas necessidades podem ser solucionados ou reduzidos a um grau mínimo com a utilização do trabalho conjunto com um co-terapeuta, buscando-se o auxílio da supervisão, convidando-se um consultor ou partindo-se para uma experiência psicoterápica com a própria família de origem do terapeuta.

Em geral os potenciais obstáculos à terapia resultam de sentimentos de inadequação que se observam no terapeuta. Vários são os fatores que podem levar a família a percebê-lo como inadequado: ou é muito negro ou não suficientemente negro; ou muito judeu ou não suficientemente judeu; ou maduro demais ou não suficientemente maduro. Como resultado, o terapeuta sente-se intimidado e, para manter o *status quo* e assim evitar que a agressividade da família o atinja, pode reprimir emoções. Isso limita sua liberdade e altera o desenvolvimento do processo terapêutico, pois o terapeuta se vê paralisado em decorrência da transferência negativa.

Um meio de o terapeuta lidar com as confrontações caracterizadas por inadequação é dar-lhes sua honesta expressão, expandi-las ou mostrar uma atitude de pseudo-indiferença em relação a elas (Whitaker e Keith, 1982). Por exemplo, a uma paciente que considere inadequado seu terapeuta ser um homem, pode-se responder: "Dona Joana, a senhora está certa! Eu não sou uma mulher e não existe nenhum meio de eu me transformar em uma. Posso oferecer-me para ouvir seu ponto de vista sobre as experiências pelas quais passou — talvez eu possa entendê-la. Se quiser me falar mais sobre você, podemos ver como andarão as coisas". Essa forma de responder permite a edificação de um relacionamento honesto, baseado no reconhecimento de um limite e, portanto, abre ao paciente a oportunidade de uma aliança significativa, mesmo que não sem falha ou defeito.

Os obstáculos também podem surgir por causa de um delírio de onipotência ou de excesso de responsabilidade por parte do terapeuta. Isso ocorre quando este acredita que possui as "respostas" ou que "deve" oferecer ajuda a um paciente. Assumindo um grau menor de responsabilidade na identificação dos fatores causadores dos problemas familiares ou na definição de eventuais resultados de qualquer ação em particular, o terapeuta tem maiores chances de sucesso do que por se focalizar em sua própria participação em um processo terapêutico pleno de significados. Esse obstáculo pode ser superado por um processo de consulta direta. Comumente, ao discutir o caso com um consultor, o terapeuta obtém um maior entendimento, e pode assim apresentar alternativas.

A auto-exposição torna-se problemática quando se transforma numa forma de manifestação da onipotência do terapeuta ("Você devia viver como eu vivo.") ou sua fome de dependência ("Você me amará se eu lhe provar que sou igualzinho a você."). A auto-exposição é inadequada quando serve a um propósito de gratificação emocional do terapeuta. Pode constituir-se no relato de uma experiência pessoal, mas esse relato não deve ser usado para fazer com que a família o conheça mais. A auto-exposição deve ser usada apenas para servir como uma metáfora para a compreensão mais imediata da estrutura de uma experiência de caráter pessoal ou terapêutica, ou para aumentar o foco interpessoal da terapia, nos casos em que a interação venha a tornar-se demasiadamente previsível ou repetitiva.

Os obstáculos que se originam na família são: 1) a predisposição emocional desse sistema; 2) suas experiências de vida negativas; 3) o excesso de objetividade; e 4) rigidez excessiva. A família pode fazer retrair sua afetividade ensejando a deterioração do processo familiar. Essa deterioração pode fazer com que a família venha a assumir um menor grau de responsabilidade pelo processo e busque uma maior liderança do terapeuta. Pode continuar em terapia, mas seu retraimento emocional impede seu progresso.

Nos casos em que suas experiências de vida tenham-se mostrado muito negativas, a família pode se ver incapacitada para tolerar a regressão. Quando no processo terapêutico predomina o retraimento emocional, o terapeuta necessita colocar claramente a responsabilidade que cabe à família. Pode dizer, por exemplo: "Cabe a vocês, como família que são, decidir onde querem chegar. Parece que a dor residual que sentem é tão excessiva que vocês não ousam nem se aproximar mais nem se distanciar uns dos outros, temendo sentir mais dor. Vocês também devem saber que eu posso suportar que nada venha a mudar". Sempre que a terapia perder seu ritmo, o trabalho do terapeuta será o de reconhecer a inércia, mas não o de oferecer-lhe um reestímulo. Não lhe cabe tornar-se o líder emocional da família. Ao invés disso, deve encorajá-la para assumir a responsabilidade pela reestruturação de sua própria resposta à vida.

Outro obstáculo à terapia ocorre nos casos em que a família acentua em demasia um componente específico de sua situação como meio de fuga à experiência de determinados aspectos emocionais. Por exemplo, uma família pode focalizar-se sobre os componentes somáticos de uma doença física em vez de falar sobre suas respostas emocionais (não-verbais) ou sobre a confusão que essa moléstia provoca. Essa focalização equivocada retarda o livre fluxo do afeto e subtrai à família um envolvimento emocional mais profundo (regressão), necessário a seu crescimento. O terapeuta pode lidar com o enfoque excessivo de conteúdo prestando atenção e reconhecendo seu próprio fluxo interior de imagens e idéias. Pode expor seu raciocínio não-racional, engajar-se numa comunicação paradoxal ou absurda, em confusão, no jogo ou no emprego de metáforas como meios de induzir respostas emocionais na família.

Os padrões comportamentais rígidos e repetitivos exibidos pela família podem constituir ainda outro obstáculo à terapia. As estratégias voltadas para provocar a evolução de tais padrões interacionais abrangem o reconhecimento do poder que possuem esses comportamentos repetitivos, o fato de se assegurar à família que ela é capaz de agir de modo diferente e o apoio aos esforços individuais voltados para a interrupção dos processos disfuncionais (Metcoff e Whitaker, 1982). O fato de se chamar freqüentemente a atenção dos membros da família para um padrão rígido de comportamento que apresentem pode ser suficiente para fazer com que um ou dois deles parem de tomar parte nessa interação. Por exemplo, o terapeuta pode dizer: "Tenho a impressão de que no instante em que vocês se sentem ansiosos em relação a si mesmos, à sua mãe ou a seu pai, imediatamente começam a criticar a escola". A mãe responde: "Bom, o que eu posso fazer em relação a isso?". O terapeuta sugere: "De momento, a melhor coisa a ser feita é suspeitar de si mesma quando sente vontade de 'demolir aquela escola'".

Obstáculos de ordem técnica

O objetivo das técnicas é estimular o afeto ou potencializar um processo que se apresente em "câmara lenta" (Whitaker e Malone, 1981). São de grande importância nos casos em que os membros da família não apresentam expressão afetiva suficiente para o progresso da terapia. E são eficazes em levar à expressão os sentimentos mais profundos e em ajudar os participantes a se comunicar uns com os outros de forma direta. Sua correta utilização pode ser de auxílio quanto ao estabelecimento de uma ponte capaz de unir o distanciamento antes observado entre os membros da família e, por catalisar a regressão, podem ajudar a propiciar respostas de caráter emocional.

Quando usadas inadequadamente tornam-se um obstáculo à terapia, interrompendo o fluxo da interação e provocando a quebra da espontaneidade interativa. Certas técnicas podem ser apropriadas para uma fase desse processo, mas danosas para outra. Por exemplo, o fato de começar uma confrontação antes de se agrupar adequadamente a família pode implicar uma experiência de apropriação ou de humilhação para um de seus membros.

Podem surgir problemas também em decorrência de intervenções não cuidadosamente acompanhadas pelo terapeuta. Por exemplo: numa sessão o terapeuta pediu aos pais para que trocassem de cadeira, mas não fez nada a mais para dar relevo ao processo — e a sessão se manteve no mesmo ponto. Mais tarde, quando lhe perguntaram o porquê de haver feito aquilo, o terapeuta disse: "Não sei, mas uma vez vi fazerem isso em uma sessão com Minuchin".

Nos casos em que as intervenções técnicas não funcionam, o terapeuta deve antes recuar do que entrar em confronto com as defesas da família. Quando esta se mostra demasiadamente ansiosa diante do silêncio, uma resposta que se aplica a todos os casos poderia ser: "Também não consigo lembrar-me de nada. Alguém aqui tem alguma idéia sobre de que poderíamos nos estar esquivando?". Seja qual for a resposta que receber, cabe ao terapeuta aumentar o investimento aceitando dividir a responsabilidade pelo empate.

Consultoria

A terapia simbólico-experiencial, orientada como é para o afeto, sem dúvida alguma defronta-se com obstáculos a seu processo terapêutico. Quando este passa a ter diminuída a intensidade de seu ritmo ou sofre uma "parada", ocorre um impasse que tem como resultado a deterioração da relação terapêutica, na qual a interação se torna rígida e repetitiva. A intervenção de maior âmbito, e um modo de lidar com esse impasse, é feita por uma consultoria.

A consultoria em terapia com um colega tem sido utilizada no âmbito da terapia simbólico-experiencial desde o início da década de 1940, como técnica de avaliação da aliança terapêutica. Foi desenvolvida para que tanto terapeutas como famílias pudessem dispor de uma segunda opinião, nos casos em que as complexidades apresentadas por um sistema não tivessem sido compreendidas de modo claro, por seus participantes. Esse tipo de consultoria é de caráter essencialmente clínico. Tem o significado de um esforço voltado para a intensificação da organização e da competência assertiva de um sistema terapêutico, de maneira a que melhor se possa lidar com a dinâmica do relacionamento por este apresentado. Representa um nível organizacional mais alto, mais complexo do que a terapia e exige uma visão geral mais ampla, capaz de ativar a interação observada no sistema maior.

A consultoria em terapia difere das outras abordagens pelo fato de o consultor se apresentar à entrevista para oferecer uma amostragem pelas interações que estão em curso. Sua meta é auxiliar o sistema terapêutico envolvendo-se com ele de forma direta — para assim modificar as correntes emocionais que se observam na terapia atual e que podem estar contribuindo para o impasse. Um segundo objetivo desse tipo de consultoria é a remoção dos obstáculos que se colocam no caminho do crescimento relacional do sistema.

A consultoria em terapia é diferente do restante do processo da terapia familiar. Embora possa vir a ser útil em termos terapêuticos, ou mesmo se colocar como um de seus episódios, não se trata de terapia familiar. Constitui-se uma forma de relacionamento que se estabelece entre uma pessoa que atende e um sistema que sofre. Postula um tipo de "preocupação maternal" e a utilização dessa preocupação como forma de se oferecer à família a segurança de que esta necessita, para que possa trabalhar na reconstrução de soluções de comprometimento diante das formas de estresses que a vida apresenta e que, em última análise, se mostram capazes de inibir o crescimento e desenvolvimento atuais do sistema. A terapia em consultoria postula um tipo de "indiferença paternalmente preocupada". A figura estranha à família possui mais objetividade e tem mais liberdade para se voltar à realidade e assim cumprir seu papel de estimular a individuação na família.

A consultoria em terapia dá fundamento à importância do enfoque sobre o processo e o sentimento, acerca do conteúdo e do pensamento. Processo é o caminho do acompanhamento e da compreensão do curso e da direção dos relacionamentos. Envolve uma seqüência sistemática de ações dirigidas para algum fim. Mantém as coisas como são e constitui a chave de abertura quanto à forma pela qual devem estas ser deslocadas.

Quando o terapeuta se encontra muito enredado ou muito apartado em relação à família, é possível que ocorram duas das formas mais comuns de impasse (Smith e Corse, 1986, p. 255): nas ocasiões em que este se integra de tal forma à família que se torna parte dela e quando é incapaz de manter uma instância objetiva, encontrando-se muito misturado com o sistema familiar. Por outro lado, naqueles em que este não consegue unir-se à família e se mantém demasiadamente distanciado do sistema, é provável que esteja muito apartado dele.

Apresentamos a seguir um exemplo de caso em que uma terapeuta se tornou "superlimitada" em relação à família. Esta profissional trabalhou com uma família, cujos membros se mostravam temerosos de expressar suas emoções: tinham medo de constranger alguém. Todos os seus membros admitiam que sentiam uma forte necessidade de "proteger" uns aos outros. A terapeuta tentou acessar o sistema familiar emocional subjacente. A família, porém, resistia totalmente. Mostrava-se crítica em relação à terapeuta. Fazendo isto, podiam distraí-la e ao mesmo tempo se proteger reciprocamente quanto à experiência da ansiedade envolvida no contato com qualquer tipo de emoção intensa. Com o passar do tempo a terapeuta tornou-se cada vez mais relutante em inquirir sobre os sentimentos que pudessem estar afetando um dos membros dessa família. Assim, a maneira pela qual a terapeuta passou a se relacionar com a família assumiu características de isomorfismo em relação à forma como os membros da família se relacionavam uns com os outros. A família tentava "proteger" cada um de seus membros esquivando-se de expressar suas emoções. A terapeuta, da mesma forma, inconscientemente tentava "proteger" a família, evitando dirigir-lhes perguntas que pudessem dar relevo a sentimentos relacionados com os problemas familiares.

Para tratar desse impasse, a terapeuta agendou uma consultoria. O consultor, ao entrar no sistema, pôde dispor de uma visão binocular deste e, portanto, de uma perspectiva mais ampla do processo terapêutico. Estava capacitado para manter um sentido de "indiferença", uma vez que não se encontrava emocionalmente envolvido com a família como estava a terapeuta. E isso é necessário para que se possam dizer coisas até então não ditas. Por exemplo, o consultor comentou que a família parecia ter conseguido um bom resultado ao se propor a ensinar à terapeuta como esta poderia "protegê-los". O consultor fez várias perguntas relacionadas tanto aos sentimentos experienciados pela terapeuta quanto àqueles experienciados pela família em relação ao tratamento. Essas perguntas tinham como objetivo acessar as emoções subjacentes a todo o sistema terapêutico. O consultor tentava, assim, desalojar a ansiedade que se havia incrustado no subsistema da terapia.

Foi mais fácil para o consultor, que permaneceu fora do sistema, não se preocupar em "proteger os membros da família". Quando esta se mostrou crítica em relação a ela, como uma forma de distraí-la, a terapeuta persistiu em seu empenho em acessar as emoções. Como resultado, toda a terapia tornou-se emocionalmente investida no processo e, uma vez mais, colocou em movimento o sistema.

O consultor observa a existência de obstáculos que podem estar contribuindo para o impasse. Funciona como um catalisador que facilita a mudança no interior do sistema. A experiência que a família tem do consultor é a de um intruso. Na maior parte dos casos sente-se contrariada ou enraivecida em relação a ele. Expressam emoções negativas em relação a este último, enquanto as emoções positivas são expressas em relação ao terapeuta. Geralmente culpam o consultor de ser um causador de problemas pela coisas irritantes que diz. No entanto, ali são colocadas questões até então subjacentes. O processo pode ser semelhante àquele em que uma família é atingida por uma crise. O consultor, que de alguma forma dá origem a uma crise, faz com que o sistema tenha necessidade de se reorganizar.

A consulta geralmente tem a duração de 90 minutos e consiste em quatro estágios: 1) apresentação do histórico; 2) definição dos problemas; 3) aumento horizontal da ansiedade; e 4) finalização. Acreditamos ser melhor que o consultor não disponha de nenhuma informação prévia sobre a família. Dessa forma, ele terá maior probabilidade de entrar no processo sem nenhuma noção preconcebida sobre aquela. Na fase de apresentação do histórico (de 10 a 15 minutos), o consultor explica que o terapeuta lhe pediu para vir até eles. Pede a este que faça uma revisão dos aspectos mais importantes do histórico familiar, enquanto a família ouve sem interrompê-lo. Em seguida, pede à família que acrescente qualquer outra informação relevante e corrija qualquer percepção errônea.

Durante o estágio de estruturação (de 10 a 15 minutos), o consultor solicita ao terapeuta que aponte os problemas, metas e métodos terapêuticos acordados. São anotadas as discrepâncias de percepção. O consultor também fala em particular com cada membro da família para assim poder ter acesso ao funcionamento familiar. Durante esses dois estágios iniciais do processo de consultoria, o consultor faz um esforço consciente no sentido de ir ao encontro da família. No decorrer do terceiro estágio, porém, seu papel exige que ele se distancie do sistema, para dessa maneira atuar como um ativador de estresse.

Durante o terceiro estágio (que dura de 35 a 40 minutos), o consultor ativa horizontalmente o estresse, com o objetivo de ensejar o envolvimento ativo de todos os participantes. O terapeuta é solicitado a falar diretamente com os membros da família, a identificar os problemas que contribuem para o impasse e a identificar o que ele deseja daquele grupo. A família também é encorajada a definir, sob sua própria óptica, em que os problemas contribuem para o impasse e a apontar as formas pelas quais o terapeuta poderia atuar de modo diferente.

A tarefa do consultor consiste em identificar quais os obstáculos mais significativos em relação ao encontro e tentar quebrá-los. Quando o consultor é capaz de efetivamente ativar o estresse dentro do sistema, os participantes terão, igualmente, probabilidade de viver a experiência de uma gama mais ampla de emoções, tanto positivas quanto negativas. Quando se apresenta um aumento do nível de intimidade, os participantes se reinvestem no processo. A terapia, que se havia tornado "rançosa" por causa do impasse, novamente se torna "ativa", facilitando o movimento e a mudança.

Quando o consultor sente que fez o sistema avançar o mais possível, move-se abruptamente para fora dele. Entra para o estágio de finalização, que geralmente dura de 10 a 15 minutos. A idéia é que o consultor faça parte do sistema por um período suficiente apenas para colocá-lo em movimento. Necessita então retirar-se dele de forma abrupta, deixando a família novamente nas mãos do terapeuta. Durante esse último estágio, o terapeuta apresenta suas observações, agradece à família por sua boa vontade em ver-se vulnerável e solicita um *feedback* da consultoria efetuada.

O consultor a seguir informa à família que continuará a discussão com o terapeuta, em profundidade, depois que esta se houver retirado. Isso restabelece a hierarquia, realçando o fato de que é o terapeuta quem se encontra no comando. A família toma consciência da forte coalizão existente entre o terapeuta e o consultor. Quando se vê diante do terapeuta, o consultor pode se voltar para o enfoque sobre os meios de trabalhar com os obstáculos surgidos, apontando para a necessidade de uma co-terapia ou para o agendamento de outras consultorias ou, caso necessário, recomendar que o caso seja encaminhado.

Formação

Sendo um processo, a supervisão é diferente do ensino (que acrescenta informação) e da terapia (que estimula o crescimento de todo um sistema). Tal como a concebemos, constitui um processo que dá suporte e contribui para o aumento da maturidade estrutural de um desempenho profissional: o do terapeuta familiar.

Trata-se de um processo complexo que atende cinco áreas de interação: 1) a dinâmica pessoal do psicoterapeuta; 2) o funcionamento de seu desempenho profissional; 3) o processo da psicoterapia, que apresenta dois principais componentes: a) o processo da entrevista (o que acontece durante a sessão de intervenção) e b) o processo administrativo (colocar as famílias em interação com outras disciplinas de caráter profissional, modalidades de atuação e de terapia); e 4) compreensão da dinâmica familiar (que face apresenta a família: como funciona?). Este padrão de supervisão dá destaque especial ao desenvolvimento de uma identidade profissional: ao oferecimento de uma linha mestra que deve guiar o funcionamento do desempenho do terapeuta e, em segundo lugar, ao processo da psicoterapia e à forma como este pode tornar-se mais efetivo.

O supervisionado aprende basicamente por dois modos de experiência: a supervisão individual e a de grupo. A primeira implica o treinamento em si e se baseia numa relação de mentor, estabelecida entre supervisor e supervisionado. A formação assemelha-se à terapia, visto que seu objetivo não é uma compreensão intelectual dos fatos. Ela é ensinada no contexto do relacionamento de co-terapia, que se dá entre supervisor e supervisionado, "como uma experiência pessoal, não como uma função ou como uma técnica" (Whitaker, 1981). Compartilhando com seu supervisor o trabalho que desempenha junto às famílias, o supervisionado pode investir pessoalmente no processo terapêutico. Isso o possibilita a alcançar os conceitos mais abstratos e realçar a dinâmica que está associada a essa abordagem.

Acreditamos que a boa supervisão dá apoio a todos os componentes de criatividade do terapeuta — a inovação terapêutica que vemos como parte integral da terapia familiar. Portanto, mais que todo um conjunto de técnicas, o terapeuta aprende a utilizar a si mesmo como o mais importante instrumento da mudança. Aprende a ter acesso ao mundo simbólico da família fazendo relatos, utilizando-se de metáforas e dividindo experiências pessoais, fantasias e livre-associações. Isso exige que o supervisor tenha acesso e não se assuste com seus próprios processos primários.

No começo da formação, enquanto reúne informações e oferece sugestões quanto à forma como a família deve mudar, o supervisionado tende a relacionar-se com ela num nível mais cognitivo. O co-terapeuta, ou supervisor, dirige seu enfoque para o deslocamento que sofre o processo, de um nível mais cognitivo para outro, mais simbólico. Faz isso compartilhando suas próprias fantasias, imagens absurdas, livre associações e relatos com o supervisionado e a família. O supervisionado, que vivencia muitas vezes esse deslocamento no próprio contexto da supervisão, pode começar a notar a diferença entre esses dois níveis de comunicação. Encontra-se, assim, livre para experienciar o processo por vários modos de deslocamento, que se apresentam dos níveis mais cognitivos para os mais simbólicos, a partir de sua própria iniciativa. Isso geralmente é difícil para o terapeuta iniciante. Requer, ao mesmo tempo, baixar a guarda e delimitar fronteiras.

Em comparação com outros modos de supervisão, a co-terapia dá ao supervisionado mais liberdade para fazer experiências e ser criativo. Caso tenha problemas, pode contar com a presença do supervisor. A co-terapia também oferece ao supervisionado a oportunidade de, periodicamente, sair do sistema e refletir sobre a experiência que acaba de ter, enquanto o supervisor move-se para dentro daquele e o assume. O supervisionado tem, então, oportunidade de estudar o processo em curso com o supervisor e com a família.

A co-terapia evita que o supervisionado se relacione com seu supervisor como se este fosse um guru. Ela destrona o supervisor. O supervisionado conscientiza-se dos sentimentos de inadequação que o próprio supervisor experimenta e de suas lutas com as famílias. Observa que o supervisor comete erros, vai ao encontro de impasses e lida com famílias que fogem ao tratamento.

O supervisor oferece ao supervisionado um constante e imediato *feedback* durante todo o processo terapêutico. Este é também encorajado a criticar o trabalho do supervisor, uma vez que ambos desenvolvem um trabalho cuja natureza é marcada pela colaboração. Mais do que sobre a dolorosa ruminação de teorias e técnicas abstratas, o enfoque que se dá é sobre o processo em si. Tendo vivido uma experiência em comum, ambos se ligam de maneira muito mais significativa e pessoal ao processo familiar e ao relacionamento interpessoal do que aquele permitido pela psicoterapia (Whitaker, 1982).

Enquanto a supervisão individual oferece ao supervisionado uma "visão de dentro" da terapia simbólico-experiencial, a supervisão de grupo permite ao supervisor desenvolver ainda mais a sua identidade profissional. Pela discussão do trabalho clínico — e da incorporação da supervisão com a consultoria em terapia — o grupo atua como um laboratório de terapia familiar e possibilita aos seus membros um ambiente propício à tomada de consciência. A segurança que o grupo oferece lhes dá força para definir com clareza as metas da terapia familiar. O grupo é o campo básico que dá sustentação para a aventura encetada pelo supervisor, quando este se une às famílias para depois separar-se ou reindividualizar-se delas. Na supervisão de grupo, este se torna o consultor — e o supervisor/líder, seu membro participante mais experiente.

A supervisão de grupo difere da terapia pelo fato de não se tratar de uma terapia de grupo. Não trata de questões relativas à pessoa como um todo ou à forma como esta se vincula a seu mundo pessoal. Não se trata de um processo grupal. No entanto, os estágios da supervisão de grupo são similares aos da terapia. As primeiras quatro a seis sessões exigem assistência tal como o aprendizado numa auto-escola. O instrutor torna-se menos ativo à medida que o estudante convive com as nuances de sua experiência com o automóvel e com a estrada. Depois disso, o supervisor começa a romper a relação mestre-aluno recusando o papel de liderança que lhe é imposto pelo grupo (o instrutor de direção opta por mudar-se para o assento detrás).

Em seguida, o grupo passa para um período de confusão que tanto pode ser longo quanto breve. Alguns grupos logo se abrem a idéia de que o grupo deverá se basear na colaboração mútua. Outros, no entanto, podem mostrar-se cínicos, dividir-se em subgrupos, criticar o líder ou se criticar mutuamente, buscar "pêlos em ovo" etc. Ocasionalmente, um desses membros tentará desempenhar o papel de líder ou fazer com que o grupo de supervisão se transforme num grupo de processo terapêutico. Pode ocorrer de alguns deles se empenhar em definir os motivos inconscientes que movem o líder, ou em tomar conta e proteger o supervisor. Nessa altura, não é incomum que alguns deles se retirem do grupo.

O supervisor deve tomar cuidado para não se deixar seduzir por tomar iniciativas demasiadas referentes ao aprendizado grupal. Esse estágio possui um objetivo inconsciente. Vai além da confusão que qualquer investimento no campo da experiência possa desenvolver. Assemelha-se ao processo observado em muitas famílias que se submetem a terapia. A confusão é a resposta que se apresenta de forma imediata, diante da perda da estrutura ou diante de universos didáticos desconhecidos; tem o jogo e a gradual descoberta da liberdade como moldura — mas, na verdade, é parte essencial do caminho para a mútua colaboração.

Nesse período o supervisor é o pai nutridor calmo, que dá apoio ao grupo sugerindo que as sessões se mantenham no nível do trabalho clínico e o foco se estabilize sobre o processo terapêutico, isto é, sobre o relacionamento do terapeuta com a família e sobre os efeitos que a terapia pode ou não provocar sobre a dinâmica interfamiliar.

Às vezes, alguns membros do grupo tentam fazer com que o trabalho desenvolvido seja objetivo, factual e teoricamente consistente. E isso em virtude seja da ocorrência do aumento do nível de ansiedade familiar, seja do medo do desconhecido que repousa além do reconhecimento dos sentimentos de impotência que advêm da descoberta de que o saber apenas não é suficiente. Essa exigência interrompe o processo criativo necessário para manter vivos os componentes simbólicos e experienciais da terapia. O supervisor gerencia essa demanda por objetividade, norteando a discussão para o trabalho clínico e para as experiências a serem vividas.

Uma vez que o grupo se mostre mais autodirigido, o supervisor estará livre para apontar suas próprias falhas e compartilhar com os demais suas experiências pessoais e profissionais. Essa mostra de autenticidade leva à compreensão de que o investimento que se realiza sobre a vida do grupo é o mesmo para os dois lados do relacionamento (Schwartz, 1981). Emprega-se, também, o relato de histórias, como holograma experiencial para a descrição de eventos. Essas histórias não são traduzidas, mas deixadas em aberto, propiciando, assim, a reflexão.

Os membros do grupo também podem trazer para a consulta as famílias com as quais lidam em sua atividade clínica. Ambos têm seu encontro no mesmo aposento para que este possa realizar a entrevista. Metade do tempo é dedicado a esta; depois, a família sai e o grupo faz um levantamento do encontro. Nossa experiência com esse método tem sido altamente compensadora, tanto para o grupo de supervisão quanto para as famílias. Nas ocasiões em que o supervisor apresenta ao grupo as famílias perante as quais vê seu trabalho entravado por um impasse terapêutico e procura pela ajuda do grupo, o sentimento de mútua colaboração recebe um impulso profundo. Este último assume, então, o papel de terapeuta consultor e a experiência se mostra enriquecedora para todas as partes.

Conclusão

A terapia simbólico-experiencial surgiu basicamente a partir da experiência prática. Os princípios teóricos dessa escola de terapia familiar apresentam-se claramente definidos. Um dos conceitos mais difíceis de ser transmitido é o de que ninguém pode ensinar a uma pessoa como tornar-se um terapeuta familiar simbólico-experiencial — esse processo deve ser aprendido pela experiência. Nosso padrão terapêutico tem suas raízes profundas na crença de que toda a forma de psicoterapia é um jogo e que a liberdade de jogar com a maior seriedade está implícita em tudo o que vimos de discutir. Este capítulo descreve uma parte da complexa infra-estrutura composta pelos elementos centrais da terapia familiar simbólico-experiencial. Esperamos que os conceitos e os casos apresentados sirvam como um mapa para a integração de arte e ciência em que se constitui este tipo de terapia familiar. Mas lembre-se: o mapa nunca será equivalente ao território!

REFERÊNCIAS BIBLIOGRÁFICAS

CONNELL, G.M., MITTEN, T.J., WHITAKER, C.A. "Reshaping family symbols: A symbolic-experiential perspective". Divulgado no *Journal of Marital and Family Therapy*, 1991.

__________. e RUSSEL, L.A. "Interventions for the trial of labor in symbolic-experiential family therapy". In: *Journal of Marital and Family Therapy*, 13 (1), 1987, pp. 85-94.

__________, WHITAKER, C.A., GARFIELD, R. e CONNELL, L.C. *Journal of Strategic and Systemic Therapies*, 9 (1), 1990, pp. 32-8.

JUNG, C.G. *Man and his symbols*. Nova York, Dell Publishing, 1964.

KEITH, D.V. e WHITAKER, C.A. "Symbolic-experiential family therapy". In: NEILL, J.R. e KNISKERN, D.P. (eds.), *From psyche to system: The envolving therapy of Carl Whitaker*. Nova York, Guilford, 1982.

KEITH, D.V., CONNELL, G.M. e WHITAKER, C.A. "Group supervision in symbolic-experiential therapy". In: *Journal of Family Therapy*, 3 (1), 1992, pp. 95-112.

__________. "A symbolic-experiential approach to the resolution of therapeutic obstacles in family therapy". In: *Journal of Family Psychotherapy*, 2 (3), 1991, pp. 41-35.

SMITH, K. e CORSE, S. "The process of consultation: Critical issues". In: MANNINO, F., TRICKETT, E., SHORE, M.L., KIDDER, M. e LEVIN, G. (eds.), *Handbook of Mental Health Consultation*. Maryland National Institute of Mental Health, 1986.

SCHWARTZ, R.C. "The trainer-trainee relationship in family therapy training". In: LIDDLE, H.A., BREUNLIN, D.C. e SCHWARTZ, R.C. (eds.), *Handbook of family therapy training and supervision*. Nova York, Guilford Press, 1988, pp. 172-82.

WHITAKER, C.A. "Multiple therapy and its variations". In: NEILL, J.R. e KNISKERN, D.P. (eds.), *From psyche to system: The envolving therapy of Carl Whitaker*. Nova York, Guilford Press, 1982.

__________. e KEITH, D.V. "Symbol-experiential family therapy". In: GURMAN, A.S. e KNISKERN, D.P. (eds.), *Handbook of family therapy*. Vol. I. Nova York, Brunner/Mazel, 1991.

__________. e MALONE, T. *The Roots of Psychotherapy*. Nova York, Brunner/Mazel, 1981.

__________, WARKENTIN, J. e JOHNSON, M. The psychotherapeutic impasse. In: *American Journal of Orthopsychiatry*, 20, 1960, pp. 641-7.

LEITURA COMPLEMENTAR

BUMBERRY, W.M. e TENNENBAUM, S. *A different kind of caring: Family therapy with Carl Whitaker*. Nova York, Brunner/Mazel, 1986.

GARFIELD, R., GREENBERG, A. e SUGARMAN, S. "Symbolic experiential journeys: A tribute to Carl Whitaker". In: *Contemporary Family Therapy*, 9 (1 e 2), 1987.

KEITH, D.V e WHITAKER, C.A. "Play therapy: A paradigm for work with families". In: *Journal of Marital and Family Therapy*, julho, 1981, pp. 243-54.

WHITAKER, C. A. e BUMBERRY, W. M. *Dancing with the family*. Nova York, Brunner/Mazel, 1988.

__________. e NAPIER, A.Y. *The family crucible*. Nova York, Harper & Row, 1978.

__________. *Midnight musings of a family therapist*. Nova York, W.W. Norton & Co., 1991.

Joan E. Winter*

O Modelo Processual de Virginia Satir: fundamentos teóricos

Este capítulo tem como objetivo apresentar uma visão geral da teoria que fundamenta o Modelo Processual de Satir[1]. Os métodos que definem sua prática foram extensivamente publicados em outras oportunidades. A teoria que dá fundamento ao tratamento no Modelo Processual de Virginia Satir, porém, não foi ainda analisada e explicada nem suficientemente detalhada. Assim, o presente capítulo volta-se para oferecer uma visão geral dessa teoria.

O Modelo Processual de terapia familiar desenvolvido por essa autora (Satir, 1972) é de caráter sistêmico com ênfase sobre a capacidade de integridade e criatividade, sobre a auto-estima e a comunicação. O desenvolvimento e integração do *self* como um processo contínuo são intrínsecos a esse modelo. A pessoa madura reconhece que crescimento e assimilação possuem uma natureza inevitável. Satir (1988a) afirmou que as partes que compõem o ego de um indivíduo operam de maneira sistêmica. A despeito de o fato de cada um desses aspectos desempenhar seu próprio e único papel, podendo ser examinado como um componente distinto, cada um deles se encontra inevitavelmente inter-relacionado e interdependente de todos os outros. Sendo assim, a interface entre essas partes ocorre sem solução

* Joan E. Winter, diretora do Family Institute, de Virginia, e supervisora credenciada da American Association for Marriage and Family Therapy.

de continuidade e nada afeta uma delas sem correspondentemente influenciar todos os demais aspectos que compõem uma pessoa.

Pressupostos teóricos e constructos

Esta seção apresenta a teoria que embasa o Modelo Processual de Satir. Examinaremos primeiramente seus vários princípios subjacentes. Os princípios básicos desse modelo dizem respeito à *concepção de humanidade* elaborada por Satir, a uma *orientação sistêmica* e ao entendimento que a autora tinha dos conceitos de mudança e aprendizado. Serão descritos em segundo lugar os constructos básicos do modelo. Constructos são conceitos ou teorias desenvolvidos para a integração ordenada dos diversos dados de um fenômeno. Os constructos da teoria de Satir abrangem o conceito de *self*, de *auto-estima*, de *triângulo primário* e de *comunicação*. Esses conceitos servem para organizar e dar coerência ao vasto campo do comportamento humano.

Concepção de humanidade

Esta visão geral teórica inicia-se pelo exame da concepção filosófica do conceito de humanidade de que Satir se achava explicitamente convicta. Sua teoria baseia-se em questões fundamentais, que dizem respeito tanto à natureza da humanidade quanto ao processo de mudança. O primeiro princípio subjacente desse modelo processual (que se origina na estrutura filosófica da autora) diz respeito ao potencial do bem e de integridade que os seres humanos apresentam. Para Satir (1988a), a "impressão digital" única que distingue cada pessoa nada mais é do que a representação simbólica de sua "perfeita" integridade e de suas numerosas capacidades individuais no universo que a circunda.

Segundo seu ponto de vista, no que diz respeito à natureza humana existem duas perspectivas filosóficas que se opõem. No decorrer da História, essas concepções tiveram representação nos conceitos de bem e de mal. Embora Satir não empregue esses rótulos de forma explícita, suas premissas filosóficas subjacentes os aplicam. Para efeito de ilustração, essas duas posições são apresentadas como dicotômicas, embora, na realidade, permitam mais apropriadamente ser encaradas como componentes de um *continuum*. Em uma das pontas dessa linha encontra-se a Visão Hierárquica, que se baseia na idéia de que as pessoas estão classificadas em ordem de posição social, grau ou classe e onde as regras e o poder determinam o porvir. Na outra ponta encontra-se a Visão Orgânica, composta de partes sistemicamente ligadas, isomórficas e possuidoras de uma organização que lhes é inerente.

Quando ensinava esses conceitos, Satir apresentava a Visão Orgânica em contraposição à perspectiva oposta de humanidade, a Visão Hierárquica. Essas duas visões são descritas segundo as diferentes maneiras pelas quais definem as pessoas e as relações, explicam os fatos e se posicionam frente à mudança (ver Figura S1.1).

Na *Visão Hierárquica*, a humanidade é vista como provida de uma natureza fraca e "inerentemente má" (Satir e Baldwin, 1983, p. 165).

Assim, para que se obtenha o controle sobre o assim chamado "mal", constrói-se uma hierarquia pela qual são prescritos e mantidos determinados padrões de comportamento. Quando controlam a obediência a esses padrões fazendo uso de prêmios e de ameaças de punição, as pessoas que se mantêm no topo dessa hierarquia agem, acreditam elas, pelo bem dos demais. Essa visão das coisas não é intencionalmente má. Ao contrário: os que se colocam no topo da hierarquia levam a sério sua responsabilidade de mostrar aos outros os caminhos corretos e produtivos de se administrar a sociedade. Essa atitude dá origem a papéis baseados ou na dominação ou na submissão.

As pessoas são definidas de acordo com sua conformidade aos padrões estabelecidos pela hierarquia. E, uma vez que as primeiras são classificadas segundo sua conformidade às leis ditadas pela hierarquia, não se definem a si mesmas como indivíduos, mas, antes, assumem sua identidade a partir dos papéis prescritos pela hierarquia. Segue-se que seus relacionamentos se baseiam nesses papéis especificamente delineados e nas normas que os mantêm. Essa maneira de se relacionar é artificial e impede que as pessoas investiguem e expressem sua individualidade. As escolhas que dizem respeito a cada um e aos demais se vêm limitadas pelos papéis prescritos pela hierarquia. As conseqüências desse modo de definir pessoas e seus relacionamentos vão da desesperança à rebelião, ao desespero, à culpa, ao medo e à estagnação dos se encontram nos níveis mais baixos da hierarquia; enquanto que os que se encontram em seus níveis mais altos podem parecer mais satisfeitos, ainda que igualmente limitados por seus papéis e responsabilidades prescritos.

Visões Hierárquica e Orgânica

Visão Hierárquica	Visão Orgânica
Definição de Pessoa	
Humanidade vista como intrinsecamente "má"	A humanidade é potencialmente boa
A conformidade a normas e padrões determina a identidade	A identidade é determinada pela unicidade de cada indivíduo
As diferenças não são toleradas	A diferença é valorizada
Conseqüências: Estagnação, sentimentos de inadequação, desespero, desesperança, culpa, rebelião.	Conseqüências: ampliação dos sentimentos de esperança, abertura, aceitação, valor e unicidade.
Símbolo: Um em cima/ Um embaixo 	Símbolo: Igualdade 
Definição de Relacionamento	
Relacionamentos inadequados, baseados em papéis e padrões estreitos	Relacionamentos satisfatórios, baseados no mútuo reconhecimento de unicidade própria e alheia
Estimula-se a dependência baseada no poder. As diades apresentam-se em posições de submissão/dominância	Estimula-se a liberdade de escolha baseada na aceitação. As díades apresentam-se em posição de igualdade
Conseqüências: Relacionamentos fragmentados, de caráter manipulatório e tênues.	Conseqüências: relacionamentos de longo prazo, seguros e com caráter de igualdade.
Símbolo: Conformidade 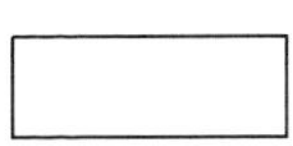	Símbolo: Unicidade 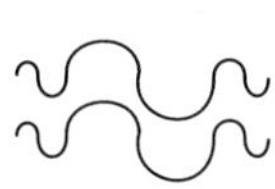

Figura S1.1 O Modelo Processual de Satir

Visões Hierárquica e Orgânica (cont.)

Visão Hierárquica	Visão Orgânica
Modo de Explicação dos Acontecimentos	
Linear, simplista, de causa e efeito	Sistêmica, múltiplas variáveis se apresentam inter-relacionadas
Centrado em motivos inconscientes e conscientes	Centrada em conhecimentos e expectativas conscientes
Conseqüências: desconfiança, culpa, hostilidade e atitudes voltadas para julgamentos	Conseqüências: confiança, aceitação, esperança
Símbolo:	Símbolo:
Raciocínio linear A → B → C	Raciocínio sistêmico 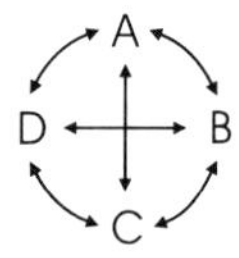
Atitude em Relação à Mudança	
A mudança é vista como uma traição à hierarquia	A mudança é encarada como um processo natural, contínuo, fundamental para o crescimento
A energia é investida na resistência à mudança	A energia é investida na promoção da mudança
A ambigüidade e a não-conformidade não são toleradas	A ambigüidade é tolerada
A assunção de riscos é desencorajada	A assunção de riscos é estimulada
Conseqüências: fadiga, abatimento, segurança	Conseqüências: energia, saúde, crescimento e criatividade
Símbolo:	Símbolo:
Pare! Mantenha o *status quo*! 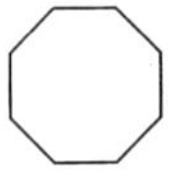	Bem-vindos, mudança e aceitação dos riscos! 

Figura S1.1 O Modelo Processual de Satir

A Visão Hierárquica é, basicamente, uma premissa linear em que o processo disfuncional é tido como resultado da falência da hierarquia em manter adequados os níveis de conformidade que levam as pessoas a agir corretamente. De acordo com Satir, essa visão de mundo, de caráter de causa e efeito, conduz com facilidade à culpa e à pesquisa de falhas. Nessa perspectiva despende-se uma grande quantidade de energia na resistência à mudança, uma vez que o comportamento não-complacente constitui uma ameaça à manutenção da ordem e do *status quo* presentes.

A *Visão Orgânica* apresenta-se em contraste com a anterior. Aqui, as pessoas são vistas como portadoras de um potencial de bem e integridade. As diferenças são estimuladas. As pessoas são definidas em termos de suas características únicas de indivíduos, as quais fomentam nestas o desejo de se conhecer bem a si mesmas. Sob a perspectiva orgânica, os relacionamentos baseiam-se no mútuo reconhecimento da singularidade própria e alheia. Desde que tanto a singularidade como a individualidade são ilimitadas, as opções e as possibilidades de exploração de si mesmo e do outro mostram-se igualmente ilimitadas. Assumem-se e gerenciam-se adequadamente tanto o ato da escolha como a inevitabilidade da mudança. O *reframing* das pessoas e de seus relacionamentos num todo orgânico gera um potencial de esperança, aceitação, abertura e orientação para o crescimento.

A partir da premissa orgânica, os relacionamentos são de natureza igualitária, uma vez que nela se valoriza a singularidade de cada pessoa. O fato de definir as pessoas mais em termos de sua individualidade do que segundo papéis e regras a serem desempenhados e obedecidos dá ênfase mais ao processo da relação do que à posse de poder, que leva ao domínio e à submissão. Toda contribuição é reconhecida, sem que se leve em conta a posição ou o papel de quem a realiza.

A natureza sistêmica do paradigma orgânico baseia-se no fato de as coisas estarem relacionadas entre si e existir uma estrutura subjacente similar ou idêntica, ou isomórfica. Os acontecimentos são vistos e explicados como o resultado de um complexo conjunto de interações, que abrangem múltiplas variáveis. Somando-se a isso, nessa visão a mudança é valorizada e encorajada. Nesse contexto, a mudança é tida como um processo natural e constante pelo qual os indivíduos vêm a conhecer a si mesmos, realizar seu potencial e podem vincular-se aos demais.

Os valores que dizem respeito à humanidade, no âmbito da Visão Orgânica, encontram-se no cerne do Modelo Processual de Satir. Quando se parte do princípio de que cada pessoa, a despeito das dificuldades que possa manifestar, apresenta um potencial de integridade, tanto os indivíduos como as famílias passam a ser vistos como detentores da capacidade do bem e dos recursos de saúde de que necessitam. A singularidade de cada um, seja ela funcional ou disfuncional, passa a ser reconhecida. Considera-se nas relações humanas uma base recíproca de respeito pelas diferenças individuais. Os acontecimentos surgidos na vida dos indivíduos e das famílias são explicados não em termos de culpa, mas em termos de múltiplas variáveis, que interagem de modo complexo. Mais ainda, a mudança, reconhecida como um fenômeno natural na Visão Orgânica, é bem-vinda porque traz consigo a oportunidade da autodescoberta, da criatividade e do crescimento.

O processo sistêmico

O segundo princípio subjacente ao modelo de Satir postula que os processos apresentam-se como resultado de variáveis múltiplas e inter-relacionadas. Enquanto a Visão Hierárquica mantém uma explanação dos eventos ocorridos nas relações humanas baseada em uma visão linear de causa e efeito, o Modelo Processual de Satir faz uso de uma orientação sistêmica em que aqueles são explicados como o resultado de uma complexa interação de fenômenos. Com efeito, a ordem apresenta-se como inerente a todos os sistemas vivos. A assertiva de Satir era a de que as pessoas são dotadas de ordem assim como o universo e, embora as formas e padrões desse ordenamento não sejam imediatamente aparentes, nelas existe, sim, um processo sistêmico. A partir dessa perspectiva, "os terapeutas que não reconhecem os sistemas são como os geneticistas que não reconhecem o DNA" (Satir, 1975b). Aplicando essa premissa às famílias, Satir e Baldwin (1983, p. 191) afirmaram que:

> [...] todas as partes se relacionam com as demais, de maneira tal que a mudança que se apresente em uma delas acarreta a mudan-

ça de todas as outras. De fato, na família tudo e todos sofrem e causam impacto sobre e a partir de todas as pessoas, acontecimentos ou coisas. Assim, quando do acesso a uma família, é importante entender os múltiplos estímulos e os múltiplos efeitos que se encontram atuando dentro de um dado sistema familiar.

O Modelo Processual de Satir incorpora em seu conjunto o princípio de *homeostase familiar* desenvolvido em 1954 por Don Jackson (Satir, 1967). A homeostase reflete a tendência natural aos organismos vivos na busca de um equilíbrio dinâmico entre condições de flutuação e as relações. Para Don Jackson e outros (1967), a homeostase é vista como "estado constante ou estabilidade de um sistema, o qual é geralmente mantido por mecanismos de retroalimentação negativa". Nas famílias, esse equilíbrio se revela pelo comportamento complementar de seus membros e nos padrões repetitivos, circulares e previsíveis de sua comunicação. Seja o que for que venha a ocorrer em um relacionamento, não se tratará de algo fortuito nem simplesmente de uma questão de causa e efeito; representará sempre uma tentativa lógica e compreensível de manutenção do nível de sobrevivência e do equilíbrio do sistema familiar.

De acordo com Satir, as famílias criam vários modos de se adaptar e de se ajustar, com a finalidade de manter a homeostase. Durante os períodos de transição, os ajustes instituídos para essa manutenção podem, na verdade, produzir um comportamento disfuncional. Ao invés de restaurar a homeostase, tal comportamento de fato contribui para desequilibrar ainda mais o sistema familiar. Segundo a autora, quando isso acontece o sintoma revela o estresse que a família está suportando e representa as tentativas feitas pela família para corrigir o desequilíbrio que existe tanto em seus membros como no sistema familiar.

A perspectiva sistêmica traz à pauta os princípios de auto-organização inerentes aos organismos. Aplicados aos seres humanos, esses princípios mostram a família como um organismo ou sistema em si. No Modelo Processual de Satir, eles se expressam pelos padrões habituais ou regras de comportamento e de comunicação utilizados pelos membros da família com o objetivo de restaurar o equilíbrio do sistema familiar. Satir afirmava que a chave para compreender o sistema reside no reconhecimento de que os padrões são muito mais importantes do que o tema ao redor do qual são ativados. A despeito do *conteúdo*, assunto ou acontecimento que possam estressar o sistema familiar e ameaçar sua homeostase, esses padrões habituais se mantêm largamente entranhados. Nas ocasiões em que o foco é dirigido para o conteúdo de um problema, as pessoas podem ser presas por disputas de poder e terão dificuldades para solucionar seus conflitos subjacentes. No entanto, se o foco for dirigido para o *processo* pelo qual se administra o problema, a questão relativa a quem está certo ou quem está errado será de pouca relevância. Aqui, ao contrário, a forma de administrar esse problema pode ser analisada e alterada de maneira a se poder estabelecer um processo pelo qual se chegue à sua solução. Mais ainda, ao se estabelecer um processo efetivo de resolução de um problema em particular, estabelecem-se também os meios de se resolver outras dificuldades, não importando qual seja seu conteúdo. Assim, Satir destaca mais a atenção que se dá ao processo, ou à maneira como ocorre e é mantido esse padrão, do que ao enfoque sobre o conteúdo que este possa apresentar. Como freqüentemente dizia aos clínicos: "o problema não é o problema; o problema é o processo" (Satir, 1975b).

Mudança e aprendizado

A Visão Orgânica, em que se baseia o Modelo Processual de Satir, considera o processo de mudança natural e constante como algo que destaca o crescimento e o desenvolvimento de relações funcionais. A crença que animava esta autora — as pessoas podem certamente mudar e crescer e podem fazer isso aprendendo novas maneiras de pensar e de fazer —, ocupa uma posição central nesta abordagem. Fundamentalmente, Satir observou que a "mudança é outra forma de se falar sobre a vida" (Satir, 1987c). Para ela, a capacidade de aprender pela aquisição de um novo conhecimento e novas experiências é basilar em sua abordagem voltada para a mudança. Seus métodos terapêuticos e de formação se fundamentam na criação de novas experiências, nas quais as pessoas têm a oportunidade de ver o mundo de maneira diferente. As *novas aprendizagens*, tal como ela denominava o resultado desses esforços, proviam a essência da evolução. Mais ainda, não se trata apenas do fato de as pessoas poderem mudar. Quando se encontram disponíveis recursos construtivos e se processa a expansão da consciência, os seres humanos passam a desejar a mudança e a buscar ativamente por novas formas de aprendizagem que lhes possam promover o crescimento saudável.

O processo que conduz à aquisição da consciência e à intencional iniciativa de mudança é denominado *processo de transformação e de atrofia*. Satir afirmava que as "velhas aprendizagens", ou comportamentos, não necessitavam ser extintas para que a mudança fosse promovida. As novas aprendizagens podem funcionar como uma "varinha de condão" abrindo novas possibilidades. Quando as novas aprendizagens se somam às antigas podem eventualmente mostrar-se tão eficazes que os antigos caminhos se tornam naturalmente obsoletos e desaparecem. Atrofiam-se por causa do desuso — e uma nova vida se inicia.

Constructos básicos

Satir definiu vários constructos básicos, que servem para integrar premissas subjacentes do modelo que concernem à natureza da humanidade, aos seus sistemas de orientação e ao processo de mudança. Esses constructos delineiam a teoria em termos da experiência que os indivíduos têm do *self*, dos valores que estes dão a si mesmos (ou sua *auto-estima*), das relações formativas do *triângulo primário*, entre os membros da família, e da maneira como as pessoas interagem ou entram em *comunicação* umas com as outras. Embora, artificialmente, os constructos básicos possam ser examinados como entidades dotadas de existência autônoma, seu significado repousa na inter-relação. Para ilustrá-lo: a comunicação incorpora os sentimentos de autovalidação que uma pessoa possui, seu sentido de *self* e seus relacionamentos formativos familiares; da mesma forma, a autovalidação se manifesta pela imitação e comunicação, envolvendo os relacionamentos formativos familiares e a experiência do *self* de cada um. Tal como se dá em relação à teoria dos sistemas, para que se possam entender os conceitos de Satir é necessário que se entenda não apenas as partes, mas o todo — que é maior que a soma de suas partes.

O self

Satir via no *self* o centro, o "eu sou" de todo indivíduo. Esse núcleo, ou a mais íntima estrutura de cada ser, é o centro do crescimento e do desenvolvimento, a partir do qual emanam todos os outros aspectos da personalidade. Metaforicamente, na teoria de Satir ele ocupa o lugar do centro de uma *mandala*, composta de oito aspectos da interação corpo-mente. A opção de Satir pela mandala (figura que desde a Antiguidade tem sido usada para representar o Universo) como o símbolo gráfico dos elementos que compõem o *self* vem sublinhar, uma vez mais, a relação sistêmica entre todas as partes da experiência humana. Embora cada faceta possa ser vista como autônoma em relação aos demais aspectos, é a interação dinâmica que se estabelece entre todos esses elementos que dá constituição ao *self* como um todo. Além disso, cada um desses elementos dá origem a uma avenida, ou fronteira aberta, pela qual pode ocorrer o intercâmbio de informação e energia de um indivíduo com os outros e com o seu meio ambiente (ver Figura S1.2).

Segundo Satir, os oito aspectos inter-relacionados do *self* constituem o mapa conceitual básico de seu Modelo Processual, sendo eles os seguintes: 1) o Físico; 2) o Intelectual; 3) o Emocional; 4) o Sensorial; 5) o Interacional; 6) o Nutricional; 7) o Contextual; e 8) o Espiritual.

O *aspecto físico* diz respeito ao organismo, ao relacionamento e às atitudes que o indivíduo estabelece com seu próprio corpo. A proposição de Satir é que a relação que uma pessoa apresenta com este tem reflexos sobre o sentido que esta possui do *self*: quanto mais sadio for o organismo e também a atitude que a pessoa mantém em relação a ele, mais amplo o sentido de seu próprio *self* que esta chegará a alcançar.

O *aspecto intelectual* diz respeito ao raciocínio de que são dotados os seres humanos. Em geral, esse aspecto pode ser descrito em termos de função do "lado esquerdo do cérebro", função que está associada ao processamento racional e analítico das informações recebidas. A capacidade de acessar e considerar os dados recebidos de forma analítica e reflexiva é intrínseca ao ser humano. Cabem ao aspecto intelectual do *self* o desenvolvimento e a modificação de regras, crenças e conclusões. Esse aspecto se constitui como parte essencial do *self*, pois possibilita as interpretações objetivas que são indispensáveis ao efetivo funcionamento do ser humano no mundo que o cerca.

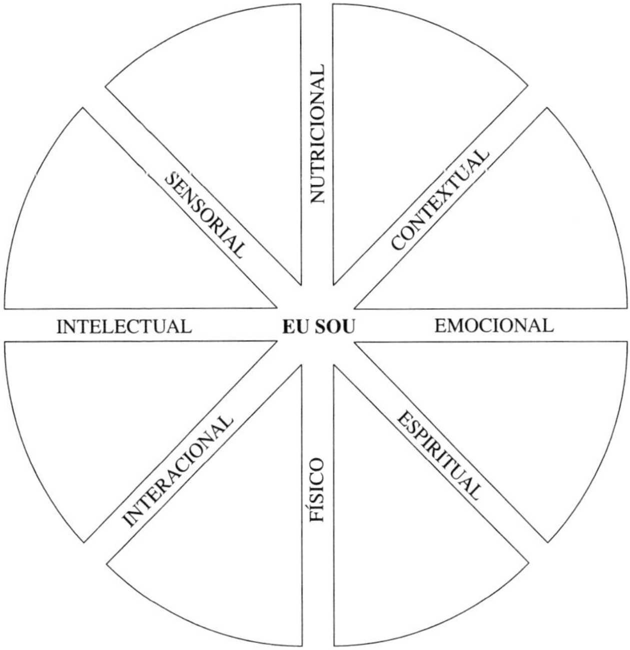

Figura S1.2
O Modelo Processual de Satir
Mandala do *self*: os aspectos que o compõem

Esta mandala representa os caminhos pelos quais se propiciam as capacidades individuais de abertura de fronteiras e de intercâmbio de energia e informações com os demais e com o meio circundante. A esse respeito, esta mandala difere das comumente apresentadas (cf. Satir et al., 1991; Buckbee, 1990).

O *aspecto emocional* do *self* diz respeito aos sentimentos. Pode ser definido em termos de função do "lado direito do cérebro", função que está associada ao processamento intuitivo e de síntese das informações recebidas. Embora o aspecto emocional tenha sido por vezes desvalorizado pela cultura ocidental, Satir acreditava que este se constitui num complemento vital do aspecto intelectual. É importante que as pessoas reconheçam e dêem o devido valor aos seus sentimentos e sintam-se livres para expressá-los e da maneira adequada. No

Modelo Processual de Satir, mais do que isso, porém, os sentimentos que as pessoas experimentam em relação a seus próprios sentimentos são elementos-chave importantes para o sentimento que esta virá a possuir do seu próprio sentimento de auto-estima.

O aspecto emocional constitui uma fonte de criatividade que amplia a consciência e energiza os seres humanos. Tomado em conjunto com o aspecto intelectual de processamento e interpretação de informações, possibilitam ambos o necessário equilíbrio para o funcionamento humano.

O *aspecto sensorial* diz respeito à dimensão dos sentidos da experiência humana, que contribuem para a percepção singular holística do universo. As sensações corpóreas constituem o veículo primário para a experiência e para o contato prazeroso com a vida. As interpretações e reações que se fazem presentes a partir das sensações táteis, visuais, cinestésicas, auditivas, olfativas e sexuais recebidas são altamente pessoais e por isso representam uma outra parte do *self*, que é única a cada indivíduo.

O *aspecto interacional* diz respeito à comunicação do *self* com o próprio *self* e com o outro. Esse aspecto enseja o reconhecimento dos vários pontos em que os indivíduos tanto podem assemelhar-se como diferir uns dos outros, bem como a singularidade de suas mútuas interações. Somando-se a isso, Satir observou que os componentes interacionais do *self* permitem determinar a forma pela qual uma pessoa faz uso do poder. O fato de uma pessoa conferir poder a outra para tornar-se uma vítima desse poder, agarrar-se a ele para se tornar um ditador ou gerenciar adequadamente seu equilíbrio nas diversas situações que se apresentam são exemplos disso.

O *aspecto nutricional* diz respeito à nutrição do organismo por uma série de processos pelos quais a pessoa toma e assimila o alimento, propiciando assim o desenvolvimento e a substituição dos tecidos desgastados ou feridos. "A parte nutricional é a parte que se converte em energia. Sem esta, o sistema entra em caos [...] Cada parte despende e requer energia para que tenha possibilidades de manter o equilíbrio" (Buckbee e Gross, 1991, p. 8). Aqui, Satir leva em consideração não apenas a natural propensão apresentada pelo corpo humano para buscar por saúde, mas também os efeitos danosos provocados na personalidade por comportamentos não-saudáveis, tais como os de abuso de substâncias e os de caráter alimentar.

O *aspecto contextual* é constituído por aquela parte do *self* que se adapta e reage ao meio ambiente. Luz, som, cor, temperatura, espaço, tempo e "atmosfera" são dimensões pelas quais o meio ambiente altera a experiência que cada indivíduo capta de uma determinada situação. O processo a que nos referimos se dá em duas dimensões de tempo: a do passado e a do presente. Portanto, o aspecto contextual do *self* abrange uma miríade de "indiretas" que nos vêm do passado e se fundem com as do presente. Uma terceira dimensão, a do futuro, também pode vir a influenciar o componente contextual.

O *aspecto espiritual* constitui aquela qualidade do *self* que concerne ao sentido da existência. Satir afirmava que a dimensão espiritual, única em cada indivíduo, representa uma experiência de "força vital", bem como a maneira como cada ser humano interpreta essa experiência. Basicamente, Satir acreditava que o crescimento é "a força da vida que se revela a si mesma, é o espírito que se manifesta" (Satir, 1988a, p. 334). O aspecto espiritual do *self* desenvolve-se a partir da reverência perante a vida.

O processo de síntese pelo qual o *self* elabora a integração das partes que o compõem é denominado maturação, "o conceito mais importante em terapia, pois e constitui a pedra de toque de todo o resto" (Satir, 1967, p. 91). Segundo a autora, a maturação é evidente nas pessoas que são "capazes de fazer opções e tomar decisões baseadas em uma acurada percepção que têm de si mesmas, dos outros e do contexto em que se encontram; que reconhecem essas opções e decisões como sendo delas mesmas; e aceitam a responsabilidade advinda do resultado que venham a apresentar" (Satir, 1967, p. 91). O desenvolvimento da maturação possibilita ao indivíduo comunicar-se de maneira congruente não apenas com os outros mas também com suas próprias mensagens interiores; fazer a distinção entre o seu próprio *self* e o dos demais; responder à diferença vendo-a mais como uma oportunidade exploratória do que como uma ameaça; reconhecer o contexto real de uma situação, ao invés de vê-la pelas lentes distorcidas das experiências do passado ou das expectativas de futuro; aceitar a responsabilidade por seus próprios pensamentos, sentimentos e ações; e ter a capacidade de monitorar de modo adequado os significados que intercambia com os que o cercam.

Satir via na maturação um fator decisivo para o funcionamento individual, fator esse representativo dos oito aspectos do *self*. Como tal, o desenvolvimento do *self* se apresenta como intrínseco ao Modelo Processual. A pessoa madura reconhece a natureza inevitável do crescimento e da assimilação. Em resumo, Satir (1988a, p. 46) postulava que:

> Cada uma dessas oito partes desempenha diferentes tarefas e pode ser compreendida em separado. No entanto, no que diz respeito ao indivíduo, nenhuma dessas partes tem condições de funcionar por si mesma. Todas se encontram em mútua e contínua interação. E esta é outra maneira de se afirmar que o que quer que seja que aconteça com uma delas, afeta a todas as demais.

Auto-estima

A auto-estima é outro constructo essencial do Modelo Processual de Satir. Auto-estima é o valor que cada pessoa confere a si mesma. Representa o amor e o respeito que um indivíduo devota a si mesmo, separada e independentemente das percepções que os demais possuem em relação a ele. Satir acreditava que "todos viemos ao mundo dotados de um valor igual e intrínseco. Desta forma, a questão que se coloca não diz respeito a possuirmos ou não este valor, mas como o manifestamos. O valor que damos a nós mesmos se encontra sempre dentro de nós, lutando para ser reconhecido, considerado e validado" (Satir et al., 1991, p. 19).

O sentimento de auto-estima que uma pessoa apresenta desenvolve-se a partir das experiências básicas que a esta se apresentam no seio de sua família de origem. Satir afirmava que são menores as chances de um indivíduo maduro vir a apresentar problemas nesta área, nos casos em que a auto-estima positiva se estabelece e é mantida durante seus primeiros cinco anos de vida. No entanto, a autora reconhece que o estabelecimento da auto-estima positiva neste período tende a ser mais raro do que freqüente. Satir propôs que os fatores subseqüentes a ele, tais como a presença do outro significativo, o esforço terapêutico conjunto e um meio ambiente benéfico, podem provocar uma alteração positiva no âmbito da auto-estima. Mais ainda, os triângulos nutridores, discutidos mais adiante, podem oferecer possibilidades alternativas para o desenvolvimento de uma crescente auto-estima

As pessoas com *baixo índice de auto-estima* mostram-se ansiosas e inseguras em relação a si mesmas. Em virtude de não se sentirem seguras em relação a si mesmas e não poderem apreciar sua própria singularidade, tendem a preocupar-se em demasia com o que os outros pensam a seu respeito. Segundo Satir, o atentar constante às sugestões que partem dos demais com relação ao próprio valor se constitui num processo exaustivo que estimula a dependência e causa o aumento da ansiedade. Esta se manifesta por intermédio de diferentes níveis de tensão e desconforto físico e pelas discrepâncias de comunicação verbal e interpessoal apresentadas pelo indivíduo. Observa-se neste a existência de uma incongruência entre o que realmente sente e o que comunica, baseado numa percepção e numa expectativa que lhe são exteriores. O processo natural de inclusão e exclusão, que se observa em todos os tipos de relação, tende a ser interpretado como rejeição pelas pessoas que apresentam um baixo nível de auto-estima. Esse sentimento de exclusão, por sua vez, dá origem a um aumento dos níveis de ansiedade e de incerteza apresentados pela pessoa, o que provoca dependência e tende a incrementar a incongruência comunicacional.

> O bebê, cuja sobrevivência depende dos que o cercam, transforma-se na criança cuja identidade depende dos demais. Desde a fase de recém-nascida, quando se encontra aberta a tudo, a criança logo aprende a esquivar-se de situações de dor, incluindo-se aí as de desaprovação [...] Com essa finalidade, cultivam e obstaculizam vários aspectos de sua essência humana. (Satir et al., 1991, p. 22)

As pessoas com baixos índices de auto-estima geralmente apresentam também os oito aspectos do *self* inadequadamente desenvolvidos e integrados. Uma vez que esses indivíduos não se encontram voltados para o crescimento e, de fato, resistem à mudança e tendem para a conformidade, neles o desenvolvimento dos vários aspectos do *self* sofre uma limitação. E, de acordo com a orientação sistêmica, quando uma parte sofre uma limitação, o todo também é atingido por esse fato.

Nas famílias, o baixo índice de auto-estima apresenta um caráter infeccioso. Satir tinha como postulado que as pessoas que o possuem casam-se com outras que também assim se apresentam e dão nascimento a filhos nas mesmas condições. Uma geração em cujos membros se observem ansiedade e insegurança em relação a si mesmos (com sua conseqüente falta de auto-estima pela própria singularidade) se transformará no *modus operandi* da que lhe seguirá. Não é de surpreender, portanto, que a estrutura hierárquica permeie as famílias com baixo índice de auto-estima. Como apontamos anteriormente, em tais famílias a conformidade em relação aos papéis e regras familiares torna-se o meio pelo qual a pessoa virá a definir o *self*. E, uma vez baixo o nível de auto-estima, será do outro que a validação do *self* deverá ser adquirida. A energia será investida na aquisição do poder e do reconhecimento dentro da família; as relações passam a se caracterizar por uma base de submissão e domínio.

A mudança é desestimulada, uma vez que representa uma ameaça ao equilíbrio do poder familiar. O estresse pressiona de tal modo o grupo familiar que se dá um aumento no sentimento de baixa auto-estima. A comunicação sofre distorções e torna-se incongruente. Surgem numerosas manifestações de baixos índices de auto-estima, tais como delinqüência, abuso de crianças, doenças e abuso de substâncias. No Modelo Processual de Satir:

> Atrás de toda postura defensiva e de toda resposta incongruente, apresenta-se em cada um de nós a auto-estima que faz sempre a mesma exigência: "Eu só quero ser amado". Todos os relacionamentos que estabelecemos no seio de nossa família, com nossos amigos e com os nossos amantes, nos negócios que entabulamos etc. se baseiam no amor e na confiança. Quando um acontecimento põe em dúvida a questão da real existência destes últimos, ativamos nossas reações de sobrevivência. E, subjacente à questão da sobrevivência, geralmente está posicionada a crença de que os outros são responsáveis por nossa vida, que sem eles não podemos agüentar e são eles os que nos definem. (Satir et al., 1991, p. 23)

Por outro lado, as pessoas que apresentam um *alto índice de auto-estima* não dependem dos demais para estabelecer sua identidade. Apreciam sua própria singularidade e a dos demais, dirigindo sua energia para a manutenção construtiva de sua individualidade e dos vínculos que estabelece. Uma vez que a distinção que fazem entre seu próprio *self* e o dos demais tem contornos precisos e a validação que apresentam é gerada pelo primeiro — e não pelos últimos —, essas pessoas têm mais facilidade para estabelecer relacionamentos, mostram-se mais desejosas de revelar suas vulnerabilidades e com maior freqüência assumem os riscos desses relacionamentos. Observa-se nelas uma maior tolerância ao estresse, e a comunicação é marcada pela clareza e pela congruência. A manutenção do equilíbrio entre a individualidade e a vinculação ocupa um lugar central no Modelo Processual de Satir. O conceito de auto-estima, em sua teoria, implica que todo o indivíduo é capaz de amar e de nutrir a si mesmo. Ao realizar isso, minimiza sua dependência em relação aos demais e acentua seu funcionamento autônomo. E ainda mais: é pela via da separação e da autonomia que um indivíduo torna-se capaz de verdadeiramente vincular-se ao outro. Reconhecendo e aceitando sua própria competência e sua auto-suficiência, este alcança sua capacidade de relacionar-se profundamente com o outro sem sentir-se ameaçado de ser por ele engolfado.

Fazendo uso da metáfora da mandala: para as pessoas que apresentam uma auto-estima positiva, os oito aspectos do *self* possibilitam a manutenção de um equilíbrio fluido e dinâmico. Isso não quer dizer que essas pessoas não têm problemas, mas, sim, que elas fazem bom uso de seus recursos, reconhecem e dão boas-vindas às mudanças, investem nas experiências que lhes possibilitam crescimento e administram seu estresse agindo e se comunicando de maneira congruente.

A auto-estima positiva é igualmente contagiosa nas famílias. O processo natural de exclusão e inclusão, indicadores de rejeição ou culpa e inerente a todos os relacionamentos, não se deixa perceber nas famílias cujos membros apresentam um alto índice de auto-estima. Ao invés disso, tanto a inclusão quanto a exclusão são consideradas como parte do contínuo processo sistêmico, próprio aos relacionamentos. Apresentam um menor número de problemas e isso se deve em parte ao fato de não dependerem com exclusividade do outro para suas necessidades físicas e emocionais relativas à sobrevivência de seu sentido de *self*.

O Triângulo Primário

A maior fonte de experiências precoces de aprendizado ocorre no que Satir denominou como *Triângulo Primário*, formado por mãe, pai e criança. Contrariamente a outros teóricos (Bowen, 1958; Minuchin, 1974; Haley, 1962a, 1962b; Aponte, 1976a; Zuk, 1966, 1971) que primeiro descreveram os aspectos disfuncionais dos triângulos, a posição de Satir é no sentido de considerar que estes são inerentemente dotados da possibilidade de tornar-se origem de auto-estima, aprendizado, apoio e crescimento. Quando essas condições estão presentes nos triângulos, a autora denomina-os como *tríades nutridoras*. É no Triângulo Primário, constitua-se ele ou não em uma tríade nutridora, que a criança começa a desenvolver seu sentido de *self* que, com o tempo, culminará com um coerente conceito de *self* (Satir, 1987a).

Uma vez que a vida humana se desenvolve pela união do esperma masculino com o óvulo feminino embrionário, criando-se assim uma terceira vida, as pessoas encontram-se de modo inato harmonizadas com ambos os níveis conscientes e inconscientes do conceito de triângulos. Dado que a preservação das espécies se desenvolve a partir de padrões triádicos, surge a hipótese de que as pessoas são predispostas a reconhecer esse conceito e a formalizar externamente esse saber interior. A existência e o poder dos triângulos são pedra fundamental sobre a qual Satir edificou sua teoria e suas intervenções. "Para Virginia Satir, as tríades SÃO" (Jacobs, 1991, p. 47). Com efeito, as tríades consistem em sistemas de aprendizado compostos por três pessoas. O Triângulo Primário representa:

> ...o primeiro de uma série de sistemas dos quais nos tornamos parte... Em seu interior, a criança torna-se tanto o agente como a manifestação da mudança... Ao nascer [...] encontramos-nos todos abertos a todos os estímulos, por meio de todos os nossos sentidos... Isso significa que nos encontramos vulneráveis ao meio ambiente que nos cerca e pouco protegidos em relação a este. O que recebemos tanto pode ser o caos, composto de peças que não se encaixam umas às outras, como experiências que nos nutrirão. No contexto do triângulo primário, para além das exigências de ordem física de que necessitamos para nossa sobrevivência, necessitamos da nutrição que nos permita transformar-nos

> em seres humanos mais plenamente conscientes [...] Nos primeiros nove meses [...] nosso aprendizado é essencialmente corporal. Aqueles que se dedicam aos nossos cuidados nos ensinam mais por sua respiração, seu toque e seus movimentos do que por suas palavras. (Satir et al., 1991, pp. 19-20)

Utilizando-se dos dados que lhe são fornecidos pelo meio ambiente, especialmente aqueles que se fazem presentes nos limites do Triângulo Primário, o bebê aprende os rudimentos da comunicação, inferindo primeiramente seus significados. Dessa maneira, a criança em sua fase pré-verbal começa a criar seus conceitos de *self* e sua consciência de si mesma no âmbito dos relacionamentos. É possível que esse conhecimento precoce venha a se constituir nas percepções mais básicas e duradouras que são permitidas aos seres humanos, em todo o decorrer de sua existência. O Triângulo Primário é tão importante que Satir considerava-o como a "origem essencial da identidade do *self*. Na base de sua experiência de aprendizagem junto à tríade primária, a criança determina como se dará seu ajuste ao mundo e o quanto de confiança lhe será possível depositar em seus relacionamentos com os demais" (Satir e Baldwin, 1983, p. 170). No Modelo de Satir, Baldwin (1991) observou que "a terapia pode ser considerada como a arte da recuperação do triângulo original. À medida que são compreendidas em seu contexto original, as questões originárias da tríade primária mais servem para iluminar do que para contaminar o presente" (p. 28).

As características do Triângulo Primário serão analisadas nas próximas seções deste capítulo; foram divididas em três temas: a) inclusão e exclusão; b) congruência e incongruência e c) regras. Acrescenta-se a eles uma descrição da tríade nutridora.

INCLUSÃO E EXCLUSÃO. No Triângulo Primário estabelecem-se as bases essenciais do aprendizado relativo aos relacionamentos significativos — e este aprendizado se faz pelo modelo de relação que se apresenta intrínseco à unidade familiar. Todas as tríades são compostas pelos mesmos elementos relacionais: *self* com *self* (pessoas A, B e C, por exemplo); *self* com o outro (A-B, A-C, B-C) e *self* com os outros (A-B-C). O Triângulo Primário apresenta todos esses elementos, como: criança com *self*; criança com mãe; criança com pai; mãe com pai e criança com pai e mãe. Uma vez que o Triângulo Primário se constitui como fonte original do aprendizado sobre as relações, o conhecimento que a criança adquire sobre estes, no Triângulo Primário, em larga escala virá a determinar a forma pela qual, como adulto, irá interagir com o *self* e com as demais díades e tríades, no universo externo ao da família. Mais ainda, como observou Satir, "as questões não resolvidas no Triângulo Primário continuarão a se observar nos demais triângulos. Ele se constitui, portanto, em uma fonte de transformação" (Satir, 1988b).

Enquanto o Triângulo Primário representa uma oportunidade de a criança dominar as características tanto diádicas como triádicas das relações, os atributos triádicos apresentam uma circunstância especial: permitem a inclusão e a exclusão do *self* nas relações. Faz parte da anatomia da interação humana o fato de o indivíduo só ser capaz de estabelecer um nível pleno de contato com apenas uma pessoa por vez. Em virtude de os seres humanos serem dotados de apenas dois olhos na parte frontal da cabeça, por exemplo, uma pessoa que se sente ao lado dele literalmente pode não ser vista. Se esta levar a sério esse fato, poderá ser tocada por um sentimento de exclusão ou rejeição emocional. Mesmo que na realidade viesse a ser incluída na consciência do outro, o sentimento de ser ignorada ou menosprezada poderia se fazer sentir de maneira reflexa. Dessa forma, numa relação triádica apresentam-se duas pessoas que são "incluídas"; simultaneamente a esse fato, uma outra será "excluída" do foco primário das duas primeiras.

O contexto pode determinar também variantes relativas a quem será incluído e a quem será excluído, num determinado momento. Por exemplo: o pai, costumeiramente, não é incluído no processo de escolha que se dá na ocasião em que a menina recebe seu primeiro sutiã. Essas opções de inclusão não têm como base o fato de a pessoa ser ou não amada. Baseiam-se naquilo que é mais ajustado. Ao longo do tempo, as mudanças contextuais passam por desenvolvimentos e modificações.

Satir assevera que não existe nada que seja inatamente mal ou errado no que diz respeito às flutuações de inclusão e exclusão observadas no interior do processo triádico, uma vez que todos esses são fatos de ocorrência natural na existência humana. No entanto, cada indivíduo da tríade reage distintamente em relação aos níveis de distanciamento e proximidade que nessa mesma tríade mantém em seus relacionamentos com os demais. As respostas emocionais de todos os seus componentes são ditadas pela natureza do nível de auto-estima de cada pessoa e pelo grau de proximidade e de conforto que cada um experimenta em relação aos demais. Satir via cada indivíduo componente de um triângulo saudável como "responsável por si mesmo e capaz de valorizar e aceitar os outros e a si mesmo, manifestando relações de caráter nutridor e não-competitivo" (Satir, 1988b). O desafio que se apresenta para as pessoas componentes do triângulo se faz no sentido de estas serem suficientemente individualizadas e flexíveis no processo da tríade, o que lhes possibilitará vincular-se às outras duas e ter apreço pelos níveis de relações que venham a estabelecer-se entre estas. Em relação à tríade saudável, Baldwin (1991, pp. 35-6) afirmou que:

> A formação de pares ocorre sem maiores riscos. O pai sente-se feliz por observar os cuidados que a mãe devota à criança; quando se sente deixado de lado, tem a possibilidade de comentar o fato ao invés de canalizar esse sentimento para uma experiência de baixa auto-estima. A mãe pode sentir prazer em ver o filho e o marido felizes por compartilharem juntos de uma atividade, e a criança pode saber que seus pais têm direito de compartilhar seu tempo juntos, sem sua interferência. Em uma tríade como esta, a formação dos pares tem um caráter de fluidez e ocorre em todos os três conjuntos de tríades. A pessoa a quem caberá ocupar o lugar do "indivíduo estranho", em qualquer dado momento, sabe que, passado um certo tempo, também poderá ocupar o primeiro plano. Subjacente a essas características se encontra a consciência (de que é dotado cada indivíduo desse triângulo) da posição que ocupa como centro de seu próprio universo e a compreensão de que isso também se aplica em relação aos demais. Existe uma aceitação do dilema básico apresentado pela tríade: como dar espaço para três pessoas, quando apenas duas podem interagir de modo significativo, em cada momento dado.

Satir afirmava que, se uma criança é capaz de aprender os meios congruentes e positivos de estabelecer e manter suas relações no seio do Triângulo Primário, também será capaz de gerenciar com sucesso outras relações diádicas e triádicas em seu universo mais amplo. "Se você for capaz de dominar as dinâmicas que se apresentam em sua tríade primária, será capaz de lidar com qualquer relação" (Satir, 1988b).

O que orienta as lições fornecidas pelo Triângulo Primário é a firme crença de Satir na mudança que pode ser operada nos padrões disfuncionais, pela adição a eles de novos aprendizados e dos processos de transformação e de atrofia desses padrões. Específico a seu Modelo é o princípio de que, uma vez que aqueles são adquiridos na tríade, conseqüentemente os padrões mais funcionais poderão ser aprendidos com mais eficácia nesta última. Esses novos aprendizados podem ter lugar no Triângulo Primário original ou em outras relações triádicas. Sem se levar em conta qualquer contexto em particular, a tríade oferece os meios para o estabelecimento de padrões de relações funcionais com o *self*, com o outro e com os outros. Longe de ser um fator negativo das relações, a tríade — e em especial o Triângulo Primário — representa uma rica fonte de recursos para a melhoria das relações e para o desenvolvimento de um sentido de *self* saudável.

É importante notar que, enquanto alguns Triângulos Primários podem se constituir em tríades nutridoras, nem todos os Triângulos Primários podem servir de apoio para a nutrição. Da mesma forma, as tríades nutridoras podem ser observadas fora do Triângulo Primário, em formas de relações que envolvem três pessoas e oferecem as características de produção de apoio e de crescimento peculiares à tríade nutridora. Na teoria de Satir, o objetivo da tríade nutridora é fazer realçar a autonomia e a auto-estima entre os membros da tríade até o limite que estes possam alcançar para aplicar esses novos aprendizados nos futuros Triângulos Primários que venham a compor. Na verdade, nesta questão está presente o velho enigma do ovo e da galinha. O que vem primeiro: o Triângulo Primário nutridor, que dá origem a pessoas dotadas de auto-estima, ou é a pessoa que desenvolveu sua auto-estima que contribui para dar origem ao Triângulo Primário nutridor? O Modelo de Satir aplica uma abordagem do tipo "tanto um quanto outro" ao destaque dado à auto-estima que uma pessoa possa apresentar. A intervenção terapêutica tende a ocorrer mais nos casos daqueles que, por não terem experimentado um grau suficiente de nutrição em seu próprio Triângulo Primário, partem para criar condições dessa natureza em sua vida atual.

CONGRUÊNCIA E INCONGRUÊNCIA. Ao entrar para o mundo, o bebê é pequeno, indefeso e dependente. A realidade dessa condição de uma ou de outra forma se apresenta bem cedo na vida da criança e se observa em relação a seus pais, que são maiores, estão no controle e atuam de modo independente. Entre pais e filho, portanto, ocorre um estado de incongruência física. Na geometria, a *congruência* se dá por definição quando duas figuras apostas coincidem exatamente em forma e tamanho. Entre pais e filho, e por causa do desenvolvimento humano, há evidente ausência de congruência física. Inicialmente, a consciência de tais discrepâncias — ou *incongruências* — é experienciada pelos sentidos, e à medida que a criança percebe o toque, o olhar, ou o tom de voz dos que a cercam. "Você vive até o momento que fala. Quando você fala, já alcançou sua definição de si mesmo. Antes de entrar na posse de seus símbolos, você já possuía uma imagem de si mesmo; você já possuía um autoconceito" (Satir, 1975b). Mais tarde, quando se estabelece a linguagem, a infinita variedade de interações verbais, com seus diferentes níveis de significado, a determinação da congruência, para a criança, se faz de maneira ainda mais complexa. Para sobreviver, a criança deve desenvolver vários meios de reconhecer a congruência e de se adaptar a qualquer incongruência no Triângulo Primário. É postulado da teoria de Satir que, muito antes da consciência que existe de comportamento autodirigido, a criança tem considerável experiência com a incongruência no sistema familiar.

REGRAS. O Triângulo Primário também serve como matriz para a elaboração das regras familiares. Segundo Satir, as famílias delineiam seu conjunto singular de padrões e de expectativas concernentes aos comportamentos, o qual vai de regras abertas sobre pontos, como hora de ir para a cama e de atender aos afazeres domésticos, a regras fechadas que dizem respeito a questões sensíveis, tais como o comentar sobre o hábito de beber da mãe ou mencionar o suicídio ocorrido na família. As regras familiares determinam o modo como as pessoas que se encontram nos limites do sistema definem e conduzem a si mesmas. A incorporação das regras existentes no seio da família de origem de uma pessoa determina amplamente as expectativas que esta virá a ter em relação às demais pessoas e comportamentos que se lhe apresentem. Com efeito, essas regras oferecem uma linha de conduta em um sistema. Quando empregadas de maneira rígida, podem contribuir para o surgimento de padrões de disfunção.

As regras ajudam os pais a ensinar aos filhos como sobreviver em várias circunstâncias. São forças vitais e influentes no âmbito da vida familiar. Oferecem, assim, meios necessários e de auxílio para o estabelecimento de normas de comportamento úteis para os seus membros. No entanto, Satir observou que os problemas surgem nos casos em que a essas normas falta flexibilidade, quando passam a mostrar-se demasiadamente restritivas ou rígidas. Podem tornar-se ultrapassadas ou fora de lugar. Nesses casos, deixam de servir como um mecanismo de proteção e, ao invés disso, transformam-se no fundamento do agir ou do não-agir. A regra permanece, mas sem o seu porquê. A vida torna-se uma questão de "se", "nunca", "deveria" e "deve", que Satir denominava como "não-liberdades".

Satir apontava para o fato de toda as regras possuírem um elemento de utilidade ou de proteção. O importante não é jogar o bebê com a água do banho. O desafio consiste em transformar as regras em guias que podem propiciar o crescimento e o centrar-se na realidade e, ao mesmo tempo, dar continuidade à proteção e ao atendimento às necessidades de sobrevivência. Referia-se a esse processo como "descobrir o ouro" que se encerra nos antigos aprendizados e regras (Satir, 1975b). Pelo uso de seu conceito de transformação e atrofia, é possível modificar a regra acrescentando-lhe opções. Tais transformações evoluem para um processo mais funcional e útil de pensamento.

Satir considerava a liberdade que cada pessoa tem de dar expressão a si mesma e de explorar o universo que a cerca como um componente essencial das relações saudáveis e plenas (Satir, 1975a). Afirmou essa sua crença no que denominou como *Cinco Liberdades*:

1. Liberdade de ver e ouvir o que está aqui, ao invés do que deveria estar, o que estava ou estará.
2. Liberdade para dizer o que sente e pensa, ao invés do que se deve.
3. Liberdade para sentir o que sente, ao invés do que deveria.
4. Liberdade de pedir o que deseja, ao invés de sempre esperar permissão para querer.
5. Liberdade de assumir riscos por sua própria conta, ao invés de optar pela "segurança" apenas — e não conduzir o barco ao mar.

O Triângulo Primário é a fonte original e a mais formativa do estabelecimento de regras concernentes às relações voltadas para e no mundo. Nos casos em que as regras que atuam nele se mostram flexíveis e fundamentadas na realidade, estas mantêm sua utilidade como linhas de conduta, mesmo quando passam por uma adaptação a uma variedade de situações, permitindo às pessoas livremente experienciar e tecer comentários sobre o mundo que as cerca. No entanto, quando essas regras se apresentam rígidas ou obsoletas, perdem qualquer sentido e contribuem para o estabelecimento da disfuncionalidade nas relações, inibindo a capacidade que as pessoas têm de vivenciar livremente o universo que as cerca. O fato de obedecer a regras que já não se adaptam a nada pode ter como resultado restrições de ordem física e emocional, enquanto a habilidade para transformá-las em guias de atuação pode dar origem a um alcance e a uma flexibilidade antes indisponíveis. Essa mudança pode produzir resultados visíveis:

> É um processo em que o laço fisiológico que une as palavras ao físico se mostra bastante claro e nítido. À medida que as pessoas dão espaço à caminhada que lhes permitirá acrescentar opções a suas regras, sua respiração se mostra mais profunda, seus músculos relaxam e toda uma mudança fisiológica faz-se visível. Todo o seu ser passa a demonstrar uma nova liberdade e harmonia de mente, corpo e sentimentos. (Satir et al., 1991, p. 309)

Na tríade composta por pai, mãe e filho está a origem da experiência que o filho tem do *self*, do outro e do mundo (Winter e Aponte, 1987; Aponte e Winter, 1987). O Triângulo Primário, com suas características de inclusão e exclusão, congruência e incongruência e regras familiares, dá o lastro para o estabelecimento da base de toda a interação humana. Mais ainda, a tríade nutridora, que pode existir no Triângulo Primário ou pode ser criada nas relações triádicas subseqüentes, também pode dar nascimento à auto-estima e à interação funcional.

Comunicação

Satir concluiu que a chave da vinculação entre os seres humanos reside na característica de flexibilidade e funcionalidade da comunicação que estes estabelecem. À medida que os efeitos recíprocos da comunicação estabelecida no seio das famílias se tornaram evidentes, Satir identificou os padrões que governam os sistemas familiares. A compreensão aprofundada do caráter de reciprocidade inerente aos padrões de comunicação originou a perspectiva sistêmica do comportamento humano, própria de Satir. A teoria dos sistemas parte do princípio de que os organismos devem sua manutenção ao intercâmbio de energia e informação que estabelecem com o ambiente em que se encontram; os sistemas vivos, portanto, realizam as adaptações necessárias à sua própria sobrevivência. Da mesma forma, dentro de um critério de seleção, cerram suas fronteiras aos estímulos externos para assim integrar as novas informações que recebem e sobreviver como entidades distintas e individualizadas, em seu meio. Para tanto, devem possuir flexibilidade tanto para criar fronteiras quanto para fechar-se à energia ou à informação.

O enfoque sobre a comunicação no interior dos sistemas de Satir coincide com o conceito de intercâmbio de energia da teoria geral dos sistemas. Nos sistemas vivos, a informação é peneirada, filtrada e padronizada de maneira seletiva, o que permite a seus elementos reagir de modo aberto ou fechado, absorvendo e limitando a troca de energia, com a finalidade de atender à sua própria sobrevivência. Alguns deles, no entanto, desenvolvem uma limitada capacidade de processamento de energia ou de informação. Podem tentar fechar-se ao intercâmbio de informações que se dá entre eles mesmos e o meio. Quando um organismo consegue manter fechada uma de suas fronteiras, limitando assim severamente sua capacidade de troca de energia, pode vir a morrer. São os chamados sistemas fechados. Os sistemas abertos, ao contrário, ao permitir a troca recíproca de informações, adaptam-se e ajustam-se de várias maneiras e em vários pontos para assim fazer uso da informação de acordo com o seu contínuo crescimento. O processo de intercâmbio seletivo de energia e informação, portanto, se constitui numa variável crítica para a sobrevivência do sistema. Nas relações humanas, incluindo-se aí os sistemas familiares, esse intercâmbio se chama *comunicação*.

No Modelo Processual de Satir, a comunicação disfuncional revela e contribui para relações disfuncionais (sistemas fechados); a comunicação funcional revela e contribui para relações funcionais (sistemas abertos). Nessa abordagem terapêutica, dá-se ênfase à capacidade individual de abertura às novas informações e ao intercâmbio de energia. O método de Satir diz respeito mais aos procedimentos de "soma" do que de "subtração". Na teoria geral dos sistemas, as emoções são conhecidas como fronteiras abertas, enquanto o pensamento serve para o fechamento das mesmas (Durkin, 1981). O pensamento de Satir volta-se para os processos que facilitam a transformação, pela abertura de fronteiras. Portanto, um dos componentes básicos de seu Modelo Processual associa-se com o desenvolvimento e a manutenção da comunicação funcional e aberta entre os seres humanos.

Parte-se do princípio de que a comunicação ocorre em numerosos níveis, por intermédio do intercâmbio de energia e de informação. Satir afirmava que a maneira pela qual os dados são apresentados e recebidos dizem mais respeito ao significado, que de fato é intercambiado, do que aos dados específicos em si. A comunicação traz consigo uma complexa rede de sinais verbais e não-verbais, de intenções, de símbolos, de uma variedade de significados, de entonações, de sensações e de padrões que permitem que duas ou mais pessoas configurem um sentido, entre elas mesmas, a esses conjuntos. Segundo esse modelo, a comunicação ainda pode ser definida como a maneira pela qual "as pessoas transmitem informações, conferem significados umas às outras, e reagem — interna e externamente" (Satir et al., 1991, pp. 31-2). Assim, a comunicação disfuncional tem início a partir do momento em que os significados passam a apresentar-se de modo obscuro, incongruente ou distorcido; e solidifica-se a partir do instante em que deixa de existir espaço suficiente para que os que dela participam possam esclarecer seu significado. Por outro lado, a comunicação funcional ou congruente ocorre quando "a intenção e o resultado da comunicação se igualam ou, quando tal não acontece, faz-se possível o esclarecimento" (Satir e Baldwin, 1983, p. 197).

Satir deu um enfoque específico à necessidade, dentro das interações humanas, de os participantes possuírem liberdade de ver, ouvir, sentir e tecer comentários sobre qualquer coisa que viessem a experienciar. Admite-se que esta é uma tarefa difícil, uma vez que a comunicação humana é um empreendimento de imensa complexidade. A natureza intrincada da interação humana se compõe quando, para além da "simples" comunicação entre duas pessoas, ocorre uma outra, que se dá entre mais de duas delas. Em uma família, por exemplo, observa-se um número infinito de variáveis que se associam às interações estabelecidas entre as tríades.

Dentro dos limites das interações humanas freqüentemente se faz presente o medo ou a necessidade. Satir deu a essas necessidades humanas a denominação de anseio (*yearning*), que tem o sentido de uma profunda ânsia por contato e vínculo: "O nível de anseio é a ânsia que cada pessoa tem de ser amada, aceita, validada e confirmada. Este anseio de amar a si mesmo, de amar o outro e de ser amado pelos outros é universal" (Satir et al., 1991, p. 151). O anseio constitui-se numa força poderosa, se bem que muitas vezes inconsciente, das relações. Na teoria de Satir, a necessidade humana de contato tem forte influência sobre o processo de comunicação. O poder da sugestão afetiva e não-verbal pode sobrepujar o sentido aparente das palavras. O arcabouço de todo esse complexo processo é inerente ao Modelo de Satir. O entendimento da estrutura interna, bem como do padrão geral da comunicação e o estabelecimento da ligação que existe entre essa compreensão e o contexto mais amplo da relação, é ponto crucial para a compreensão da comunicação humana. Satir elucidou ainda mais a complexidade do processo comunicacional ao apontar três componentes adicionais da interação sistêmica:

COMPONENTES DA INTERAÇÃO. Segundo o Modelo Processual de Satir, em toda interação que se venha a estabelecer se fazem presentes os três componentes da experiência humana: o comunicador, ou *Self*; o indivíduo para o qual a comunicação é dirigida, ou *Outro*; e a situação na qual se dá a interação, ou o *Contexto*. Cada um desses três elementos, representados em toda transação humana, adquire maior ou menor ênfase segundo os padrões individuais de comunicação. No entanto, todos têm influência igual tanto sobre o processo quanto sobre o resultado que apresentam. Os indivíduos diferem quanto à consciência que possuem do subsistema do *self*, do outro e do contexto em que se encontram, mas a influência que exercem é constante.

A comunicação funcional torna-se possível a partir do momento em que se reconhecem as dimensões do *self*, do outro e do contexto. Fronteiras permeáveis permitem o equilíbrio harmônico e flexível desses três componentes, possibilitando assim o atingimento de um nível ótimo de comunicação.

Mecanismos de Imitação. Satir caracterizou a comunicação (com seus três componentes de interação: *self,* outro e contexto) como uma forma de manifestação de vários padrões de caráter universal. Esses padrões, ou mecanismos de imitação, são os meios habituais pelos quais as pessoas reagem aos fatores de estresse que ameaçam seu sentido de auto-estima ou sua sobrevivência. As pessoas que apresentam baixo índice de auto-estima mostram-se inseguras de si mesmas e inclinam-se a permitir que outros as definam, fazendo uso para isso de mecanismos de imitação que, momentaneamente, provocam uma redução da ameaça, mas que têm como efeito o surgimento de incongruências na comunicação. As pessoas que apresentam um alto nível de auto-estima, mais seguras de seus próprios sentimentos e pensamentos, fazem uso de mecanismos de imitação que tendem a resultar em uma comunicação congruente. Os mecanismos de imitação disfuncionais são: *apaziguamento*, *culpa, ultra-razoabilidade* e *irrelevância.* O mecanismo de imitação funcional recebe a denominação de *congruência.*

Esses mecanismos de imitação têm origem no Triângulo Primário, em que se apresentam como métodos de lidar com o estresse familiar. Segundo Bernhardt (1991, p. 22):

> A presumida dicotomia existente entre dependência e autonomia geralmente assume os contornos de uma questão ligada à sobrevivência. O caráter do indivíduo desenvolve-se a partir do processo de aprendizado de sobrevivência e de enfrentar as realidades de uma determinada família. É a partir desse processo que a pessoa aprende a apaziguar, a culpar, a computar ou a destratar, como métodos primários de autopreservação. A cada um deles, assevera Satir, fazem-se presentes certos correlatos de ordem somática. O estresse que provém da manutenção de um modo característico de comportamento se faz sentir fisicamente e vem a se somar a ou a intensificar determinadas fraquezas ou moléstias orgânicas.

Suas posições sofrem uma alteração à medida que os seres humanos crescem e se desenvolvem, mas na grande maioria dos casos não se diferenciam em muito dos mecanismos de imitação originalmente empregados durante a infância (ver Figura S1.3).

Situações de Comunicação

MECANISMO DE IMITAÇÃO	COMPORTAMENTO	COMUNICAÇÃO	AFETO	VOZ ÍNTIMA	SINTOMAS PSICOSSOCIAIS	SINTOMAS FISIOLÓGICOS	RECURSOS	TROCA COMUNICACIONAL
APAZIGUA-MENTO	Dependente Mártir Sempre se desculpando Olhar de defesa "choramingar"	"É tudo minha culpa" "Eu não sou nada sem você" "Existo para fazer você feliz"	Indefeso Apaziguador Fraqueza	"Me sinto um nada" "Não tenho nenhum valor"	Depressão Neurose Suicídio "Agarramento"	Do trato digestivo: úlceras, náuseas, intestino preso, enxaquecas, por exemplo	É cuidador Tem sensi-bilidade	Descarta o *SELF* 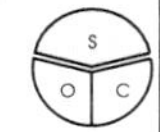
CULPAR	De ataque Discordância Julgamento Procura por falhas	"Você nunca faz nada direito" "É culpa sua" "O que está acontecendo com você?"	Culpa os demais Poderoso Estrito	"Estou sozinho e vencido" "Tenho medo de ser machucado"	Paranóia Delinqüência Autocracia Rabujice	Problemas conjuntivos e musculares: pressão alta, asma, dores nas costas, por exemplo	Autoproteção Afirmação	Descarta o OUTRO 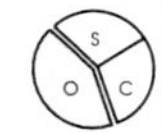
ULTRA-RAZOA-BILIDADE	De racionalização Compulsivo Rigidez Manipulador	Expressa-se em termos ultra-razoáveis, referindo-se ao que é direito, a regras e à correção	Calmo e imperturbável Pode não ter afeto Controlado Assemelha-se a um computador	"Me sinto muito vulnerável" "Tudo pode ser arranjado, se eu estiver no controle"	Obsessivo-compulsivo Intelectual Isolamento Catatonia Sociopático	Problemas ligados aos fluidos orgâ-nicos: cânceres, problemas de mucosas, distúrbios linfáticos, ataques cardíacos, por exemplo.	Intelecto Raciocínio analítico	Descarta o *SELF* e o OUTRO 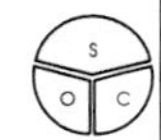
IRRELE-VÂNCIA	Destrata Hiperativo Interrompido Inadequado	A conversação não é pontuada nem faz sentido Comunicação irrelevante	Em constante movimento Solto Atitude de "desligamento"	"Ninguém liga" "Não há lugar nenhum para mim"	Psicose Confusão Comportamento inadequado Hiperativo Errático	Problemas que afetam o sistema nervoso central Tontura, por exemplo	Criatividade Esponta-neidade Senso de humor	Descarta o *SELF* e o OUTRO e o CONTEXTO 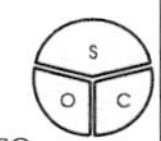
CON-GRUÊNCIA	Singular Criativo Competente Vivo	Palavra, corpo, posturas, humor e tom harmo-nizam-se com os sentimento que são sentidos e expressos	Fluxo constante, que demonstra harmonia e equilíbrio	"Estou satisfeito comigo"	Gerencia sua saúde	Gerencia sua saúde	Total capacidade de acesso ao *self*	Equilibra o *SELF*, o OUTRO e o CONTEXTO 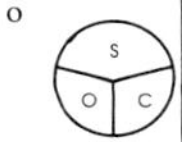

Figura S1.3 Modelo Processual de Satir

Quando da reação de *apaziguamento*, os sentimentos de baixos índices de auto-estima se observam pela tentativa de agradar os demais à custa do *self*. O comportamento, geralmente, manifesta-se como passivo, fraco ou dependente, podendo ser diagnosticado como depressivo, neurótico ou suicida. A comunicação mostra-se incongruente à medida que o *self* ou não é levado em conta ou é negado, enquanto o outro e o contexto recebem grande prioridade. Esse mecanismo de imitação esconde os sentimentos de invalidação geralmente experimentados no modo de aplacamento. No plano físico, o corpo desenvolve problemas que afetam o sistema digestivo, tais como úlceras ou intestino preso.

Quando da reação de *culpar*, os sentimentos de baixa auto-estima se observam pela tentativa de controlar os demais e pelos fracos esforços no sentido de estabelecer a auto-estima, por intermédio de atitudes de discordância e de subjugação dos demais. Esse comportamento é quase sempre classificado como hostil, rabugento e tirânico, podendo ser diagnosticado como paranóico ou delinqüente. A comunicação mostra-se incongruente, visto que, nela, a participação dos demais é ignorada em favor do *self* e do contexto. Esse mecanismo de imitação tende a disfarçar sentimentos de falência e de vulnerabilidade. A reação de culpar pode ter como resultados problemas físicos que afetam tecidos e músculos, tais como pressão sangüínea ou dores nas costas.

Quando da reação de *ultra-razoabilidade*, os sentimentos de auto-estima observam-se pela negação dos sentimentos e da intelectualização da comunicação. O comportamento é quase sempre classificado como rígido, cerebral ou manipulador e, em alguns casos, pode ser diagnosticado como obsessivo-compulsivo ou sociopático. A comunicação mostra-se incongruente à medida que o *self* e o outro são suprimidos em favor da concentração sobre o contexto. Esse mecanismo de imitação esconde sentimentos de vulnerabilidade. Segundo Satir, a reação de ultra-razoabilidade pode manifestar-se por cânceres, doenças linfáticas e de limitação das secreções glandulares.

Na reação de *irrelevância*, os sentimentos de baixos índices de auto-estima se observam pelo fingir que c estresse não existe. Tal comportamento é quase sempre classificado como errático ou inadequado, podendo ser diagnosticado como hiperativo ou, em extrema instância, como esquizofrênico. A comunicação mostra-se incongruente à medida que o *self*, o outro e o contexto, todos são negados. Esse mecanismo de imitação tende a disfarçar sentimentos de ansiedade e solidão. No campo físico, os distúrbios estomacais ou problemas que afetam o sistema nervoso central, tais como tonturas e enxaquecas, freqüentemente apresentam-se como resultado dos mecanismos de imitação de irrelevância.

A reação de *congruência* é o reflexo de sentimentos positivos de auto-estima, que se mostram pela correspondência entre os sentimentos e a comunicação. Essa se faz clara, raramente distorcida, apresentando oportunidades de esclarecimento e de correção. Esse mecanismo de imitação representa uma escolha consciente de reconhecimento do estresse e de tolerância à diversidade, embora se destine a manter um harmônico equilíbrio entre o *self*, o outro e o contexto. Um efeito colateral da congruência pode ser a solidão temporária, pois esses indivíduos se tornam "iniciadores do espaço para onde se dirigem" (Satir, 1975b). O isolamento que a situação de congruência enseja, como postulava Satir, corresponde à descrição feita por Maslow da pessoa auto-atualizada. Este autor observou que esses indivíduos dão preferência a períodos extensos de isolamento e privacidade (Corey, 1991). Embora Satir reconhecesse que o fato de estar sozinho não é a mesma coisa que estar só, ela notou também que na congruência existe um componente de solidão.

Aprender a interpretar-se e desenvolver a consciência da própria falta de flexibilidade é o início da aquisição de uma opção de mudança. No entanto, "assumir seus próprios riscos pode se constituir em liberdade, mas as pessoas no mais das vezes se sentem mais certas e seguras na não-liberdade para buscar nos outros o sentido e a tomada de decisão" (Satir et al., 1991, pp. 62-3). Como a autora afirmou, "a maioria das pessoas prefere a certeza da miséria do que a miséria da incerteza" (Satir, 1987c). Prever que todos os membros da família podem fazer uso o tempo todo do mecanismo de imitação congruente não é uma atitude realista. Aprender a ter consciência dos três componentes (*self*, outro e contexto) é um passo vital para dar relevo à comunicação consciente, por meio de respostas mais funcionais.

Satir notou que as pessoas são capazes de utilizar todas ou qualquer uma das situações comunicacionais, mas geralmente dão preferência a apenas uma forma de se comunicar. As situações, empregadas como defesas de sobrevivência, seguem essencialmente um dos três padrões de comunicação: de negação, de ignorar ou de projeção. Mais ainda, a situação disfuncional apresenta-se como complementar e sistêmica. Por exemplo: em um sistema, as atitudes de culpar e de apaziguar não sobrevivem muito uma sem a outra. Portanto, em um sistema familiar existe freqüentemente um padrão complementar de situações de sobrevivência. No entanto, "para obter o alívio por permanecer em um tipo de atitude de sobrevivência, as pessoas no mais das vezes trocam de instâncias... A maioria de nós não consegue suportar estar na mesma situação o tempo todo" (Satir et al., 1991, p. 52). Os efeitos de se manter persistentemente numa situação por um longo período de tempo implica que se despenda uma grande dose de energia e um aumento dos níveis de ansiedade e de vulnerabilidade apresentados pela pessoa. É importante sublinhar a posição de Satir, segundo a qual a adoção de uma situação habitual de comunicação não significa a presença de uma situação não passível de mudanças. Uma vez que o emprego de um determinado mecanismo de imitação é, em sua origem, uma reação adquirida, é possível aprender também respostas alternativas a ele.

À medida que essas situações autoprotetoras são simbólicas da capacidade que as pessoas possuem de sobreviver e à medida, também, que têm sido empregadas como meios de funcionamento em face das ameaças que são por elas percebidas, devem ser consideradas como dignas de respeito. Embora incongruentes, tornam "possível viver no mundo de vida e morte dos relacionamentos" (Satir, 1988b). A autora afirma que "sempre que você ouvir uma pessoa falar a partir de duplos níveis, você saberá que ela estará lhe dizendo como aprendeu a sobreviver. E qualquer meio de sobrevivência é digno de respeito" (Satir, 1975b). A comunicação incongruente deve ser considerada, no mínimo, como o melhor que uma pessoa é capaz de oferecer em um dado momento; representa sua autovalidação e seu desejo de viver. Como tal, a comunicação incongruente representa fronteiras fechadas.

Satir observou que no cerne de todo comportamento estão contidos potenciais tanto positivos como negativos (Winter e Parker, 1991; 1992). Conseqüentemente, embora as situações possam emergir como uma expressão de vulnerabilidade, possuem em seu interior recursos que podem ser utilizados para um funcionamento congruente. Dessa forma o apaziguamento, quando transformado, representa uma manifestação de cuidado e de sensibilidade. O núcleo do culpar é a capacidade de autoproteção e de afirmação. O recurso que pode ser encontrado na estância da ultra-razoabilidade é a inteligência e a capacidade de raciocinar analiticamente. Somando-se a isso, a irrelevância pode gerar criatividade e senso de humor espontâneo.

Segundo o conceito de transformação e atrofia de Satir, não é necessário destruir um comportamento disfuncional, que já não é necessário à sobrevivência. Ao invés disso, se a ele forem acrescentados entendimento e informação, ele poderá ser reconhecido, apreciado e corrigido; assim, novas possibilidades surgem a partir de velhos padrões. Satir possuía uma maneira muito simples de ilustrar essa idéia: fazia notar que o calor somado à água produz vapor. Então, "nunca nos devemos empenhar em nos livrarmos de nada. A idéia é somar uma nova consciência, um novo saber, uma nova manifestação à experiência, para fazermos com que surja algo novo. Cada situação já guardou em seu núcleo a semente da integridade e da congruência" (Satir et al., 1991, p. 88). Como é do conhecimento de todo mestre-cuca experiente, uma vez salgada a sopa, toda tentativa de se tirar o sal é inútil. A melhor solução consiste em adicionar-lhe mais ingredientes, transformando-se, assim, essa salgada infusão numa refeição palatável e deliciosa.

Resumo

Os temas que ressaltam do Modelo Processual de Satir dizem respeito ao valor inerente dos seres humanos e à certeza de que a mudança é possível. Acreditando que todas as pessoas são, fundamentalmente, um milagre "pleno de riquezas" esperando para ser descoberto, Satir voltou seu enfoque para o modo como os indivíduos e os sistemas familiares poderiam aprender a transformar os velhos padrões, comportamentos e formas de comunicação em mais altos índices de auto-estima, congruência e crescimento.

A capacidade que os sistemas vivos possuem de abrir suas fronteiras e absorver novas informações é parte integrante da teoria de Satir. A utilização consciente dos processos que dão acesso às estruturas emocionais, nesse Modelo, foi delineada para dar realce à energia e à informação. A esse respeito, as emoções encenam uma reação complexa, que se traduz em manifestações de caráter tanto físico quanto mental. Com efeito, o processo emocional acentua a abertura de fronteiras. Ao incorporar o princípio da homeostase familiar, o processo sistêmico reflete a tendência natural, observada em todos os organismos vivos, de levar a efeito um estado de equilíbrio entre um meio ambiente sempre em mutação e as permeáveis fronteiras de que são dotados. Os princípios sistêmicos abrem-se ao crescimento e à autonomia. A capacidade de permear fronteiras e promover a transformação é característica do Modelo de Satir. Essa autora reconhece também que, para sobreviver, os sistemas vivos fecham suas fronteiras aos estímulos adicionais, restringindo dessa forma o intercâmbio de energia. Embora dê espaço a esses processos de abertura e fechamento, a orientação em direção à mudança de Satir baseia-se em uma noção de abundância. Dessa forma, a "adição de mais ingredientes à sopa" — informação e energia — institui a via direta na direção da mudança. Fundamental ao trabalho da autora é a compreensão intuitiva de que as emoções abrem fronteiras. Esse conhecimento se encontra na origem da aplicação clínica do modelo, em que as novas maneiras de pensar e de ser promovem a evolução e a transformação.

A auto-estima do indivíduo é considerada outro constructo seminal da teoria de Satir. De início, ela é amplamente forjada como modo de reação ao outro e ao meio ambiente. Sofre a influência básica das experiências mais precoces oferecidas pela família de origem. O respeito e o valor que o indivíduo vem a oferecer a si mesmo determinarão se alta ou baixa será a qualidade de sua autovalidação. Nessa teoria, a comunicação diz respeito não apenas aos intercâmbios verbais produzidos entre as pessoas, como também a todos os dados de caráter não-verbal que se apresentem disponíveis. Muitos são os canais que possibilitam o intercâmbio de significados. Segundo Satir, todo o corpo, com todos os seus sentidos e a especial capacidade humana de formalizar símbolos, é utilizado no trabalho de transmissão e de decodificação da comunicação.

Tanto a teoria como a prática estabelecidas por Satir foram dedicadas à provocação da mudança no indivíduo, na família, na sociedade e no mundo. O desenvolvimento de um contexto por meio do qual as pessoas e as culturas pudessem tornar-se plenamente humanas foi sua meta de vida. Hoje, todos podem dispor do legado de seus ensinamentos, voltados que estão para o movimento no sentido de novas possibilidades, para o estreitamento dos laços entre pessoas de diferentes culturas e para o desenvolvimento de maior comunicação entre os indivíduos no seio de suas próprias famílias. Em sua abordagem da família humana, Satir dirigiu seu foco para a força vital, que preenche o indivíduo com potencial e conecta todas as pessoas. "Nós somente ativamos a vida, não a criamos" (Satir, 1987). Embora reconhecendo a relação de dependência que se observa entre as pessoas, sua teoria destaca o espírito singular que anima cada uma delas. É uma de suas características a contribuição feita de esperança e alegria em relação à mudança e no sentido de permitir que as negações se transformem em positividade. Nela, o processo de transformação tem início no indivíduo pleno de possibilidades, que abre fronteiras e se permite à absorção de novas informações pelo intercâmbio de energia e de emoções. O efeito catalisador do intercâmbio tanto físico como mental ativa o potencial que cada um possui de ser "mais plenamente humano".

*Maria Gomori**
*Joan E. Winter***

O Modelo Processual de Virginia Satir: implicações práticas

As intervenções de Satir tinham como resultado significativas transformações nas pessoas. Essa capacidade muitas vezes foi creditada a seu carisma, à sua magia pessoal ou à sua intuição. Muitos pensavam que seu trabalho não poderia ser desempenhado por aqueles que não tivessem suas qualidades pessoais. A própria Satir discordava desse ponto de vista e desenvolveu meios de ensinar as idéias que davam sustentação a seu trabalho, para que assim outros pudessem empregar em sua prática a teoria e as capacidades clínicas dessa autora.

No início da década de 1970, Satir começou a ensinar com base na idéia de que esses novos praticantes poderiam usar a sua abordagem de mudança à sua própria e única maneira, durante e além da existência da autora. Satir desenvolveu essas atividades fazendo uso de abordagens experienciais, o que permitia aos que com ela se formavam aprender sobre e resolver as questões pertinentes às suas próprias famílias. Somando-se a isso, Satir adiantava que a habilidade

---

* Maria Gomori é professora-assistente da Universidade de Manitoba e diretora do Avanta Network, que foi criado por Virginia Satir em 1977. É *supervisora credenciada* da American Association for Marriage and Family Therapy.
** Joan E. Winter, diretora do Family Institute, de Virginia, e supervisora credenciada da American Association for Marriage and Family Therapy.

técnica do terapeuta se constitui um componente vital da eficácia terapêutica (Aponte e Winter, 1987b). Com esse propósito, ela formou terapeutas clínicos para que fizessem uso do *self* em suas condutas terapêuticas (Satir, 1987a).

À medida que a autora desenvolvia essas atividades e compartilhava seu sistema subjacente de crenças, de princípios básicos e de conceitos, seu mapa teórico foi adquirindo contornos cada vez mais claros, o que lhe tornou possível ministrá-lo a outros. Sua "mágica" tornou-se algo possível de ser ensinado, permitindo às pessoas encontrar e utilizar de modo único sua própria magia.

O que é terapia?

A metáfora que Satir elaborou para a terapia era a seguinte: às vezes, épocas difíceis e dolorosas obscurecem nossas vidas. Nesses períodos, os pacientes podem não se aperceber de que possuem em si mesmos o poder da mudança. É possível que esperem o terapeuta para "acender suas velas". No entanto, segundo o ponto de vista terapêutico de Satir, os terapeutas fornecem aos pacientes a luz que os guiará ao acesso a suas próprias velas, para que possam eles mesmos acendê-las. Juntos, paciente e terapeuta, iluminam o caminho que conduz à mudança. Esse é um processo de comunhão e igualdade que dá força ao cliente, ao invés de conduzi-lo à dependência.

O *self* do terapeuta é um dos componentes centrais do processo terapêutico. A formação baseada na teoria de Satir dedica um considerável período de tempo para auxiliar os terapeutas a se tornar congruentes e a se comunicar com congruência. Ela os estimulava a estabelecer com seus pacientes um contato baseado na igualdade de valor como seres humanos. Isso implica o fortalecimento de ambos e reforça o vigor interno da pessoa. Os terapeutas necessitam também passar por um processo de conscientização em relação a seu próprio crescimento e espera-se que tenham aceito e se vinculado com seus próprios pais no nível de "pessoalidade" de cada um.

Quanto mais integrado e consciente de si mesmo é o terapeuta, tanto maiores são as probabilidades de a terapia alcançar um nível mais profundo, essencial para a mudança básica. Escreveu Satir:

Aprendi que, quando me encontro plenamente presente junto ao paciente ou à família, posso mover-me terapeuticamente com muito mais facilidade. Tenho a possibilidade de, ao mesmo tempo, atingir as profundezas para onde necessito ir e de honrar a fragilidade, o poder e a sacralidade da vida que se manifesta no outro. Quando estou em contato comigo mesma, com meus sentimentos, meus pensamentos, com o que vejo e ouço, cresço no sentido de me tornar um *self* mais integrado. Passo a ser mais congruente, mais "todo" e sou capaz de estabelecer um contato mais amplo com a outra pessoa [...] Resumindo, o que acabo de descrever são terapeutas que colocam em primeiro lugar sua personalidade e a de seus pacientes. É o contato positivo com as pessoas que pavimenta o caminho para os riscos que devem ser assumidos. (Baldwin e Satir, 1987, p. 23)

A terapia como processo de transformação

A terapia de Satir vai ao encontro da transformação, ou nível de mudança profundo, focalizando não a superfície do problema apresentado, mas o processo que está atrás dele. Satir usa o conceito de processo como o caminho básico para a mudança. O processo é o modo como as coisas acontecem numa relação ou terapia, mais do que o conteúdo. Por exemplo, se duas pessoas discutem sobre um assunto, este assunto é o conteúdo apresentado ao terapeuta como o "problema" que precisa ser mudado. O processo, no entanto, corresponde às respostas internas que cada uma apresenta à discussão e o modo como cada uma tenta solucionar o problema. Satir, portanto, desencorajava as pessoas a se focalizar na história do problema. Para analisar o processo, seu tratamento orientava-se num movimento para além dos níveis do comportamento ou do conteúdo, buscando esclarecer os processos internos e interpessoais de cada um dos indivíduos envolvidos: seus anseios, expectativas, percepções, sentimentos e enfrentamentos.

O exemplo a seguir serve para ilustrar as camadas mais profundas da experiência, que constroem o processo situado por detrás de um problema:

Um profissional de 35 anos queria sentir-se melhor a respeito de si mesmo. Chegara à conclusão de que nunca havia sido amado em condições de igualdade por seus pais porque percebia que seu irmão fora muito mais querido do que ele, à época do crescimento de ambos. Chegara a essas conclusões a partir de vários episódios, tais como o fato de seu pai levar apenas seu irmão para pescar e de sua mãe ajudar o irmão, mas não a ele, em seus deveres de casa. Seu anseio era o de ser valorizado e amado. Sua expectativa era a de que, caso seus pais o amassem, deveriam tê-lo provado realizando com ele as mesmas atividades que desenvolviam com seu irmão. Suas percepções de infância haviam-se formado essencialmente pelo emprego de comparações. Quando seus pais não tratavam os dois irmãos exatamente da mesma forma, sua interpretação era a de que estes não o amavam. Sentia-se rejeitado, desapontado, não amado e, portanto, invalidava-se a si mesmo. Mesmo a despeito do que conquistara como adulto, sua auto-estima era baixa. A conclusão a que chegara cedo na infância se estendera à sua vida adulta.

A terapia de Satir investiga o processo de identificação dos múltiplos níveis da experiência humana. Ao paciente oferecem-se vários tipos de oportunidades para que expresse seus sentimentos como os de mágoa, para que expanda suas percepções recordando outras experiências com seus pais, assim como para separar as suas necessidades das de seu irmão. Esse processo se destina a ajudá-lo a identificar suas qualidades únicas mais do que levá-lo a continuar comparando-se a seu irmão. Apossando-se de suas expectativas insatisfeitas, libera-as para desvencilhar-se das fantasias não-realistas. Esse processo conduz a um novo entendimento e a uma nova aceitação de seus pais, permitindo-lhe considerar como preencher suas expectativas insatisfeitas no aqui-agora, sem culpar os demais por não havê-las divisado no passado.

Pesquisando os problemas com freqüência encontramos padrões que se baseiam no passado. Satir enfatizava que necessitamos considerar nossos velhos mecanismos criados para enfrentar situações difíceis, como nossos próprios e corajosos esforços para sobreviver. No entanto, já não necessitamos mais ser vítimas de antigos acontecimentos e percepções. Tendo a oportunidade de lidar, em diferentes níveis, com o material do passado e tendo separado do momento presente essas percepções, a pessoa se encontra livre para começar a mudar o que já não lhe é mais útil, desenvolvendo e realizando a integração de novas escolhas. Liberado de confrontar o passado, o paciente está livre para viver o presente de modo mais pleno e responsável.

Alguns tipos de terapia se focalizam apenas na mudança comportamental, esperando que isso possa mudar todo o sistema familiar. Algumas delas trabalham apenas com o nível dos sentidos. Satir defendia o trabalho terapêutico em todos os níveis do *sentimento*, do *pensamento e* da *ação*. Esses níveis, para ela, são interdependentes e não operam em separado. Cada camada exige ser acessada, embora a intervenção possa ter início em qualquer nível. O comportamento, então, muda como conseqüência das novas experiências e percepções. A abordagem de Satir volta-se para esses níveis levantando questões sobre como o paciente se sentiu, quais foram seus anseios, expectativas e percepções, bem como o que deve ser mudado para que se enfrente a situação. A substituição dos padrões de sobrevivência pelos de reações saudáveis de enfrentamento faz surgir transformações da maior importância.

A cognição, apenas, não é suficiente para permitir a transformação. A combinação criativa das abordagens de Satir incluía não apenas os processos cognitivos, como também aqueles não-cognitivos, tais como o humor, o transe, a meditação, o toque e a sonorização musical e vocal. Satir tornou mais abrangente o processo de mudança acrescentando o aprendizado vivencial ao processo cognitivo. Como resultado, os veículos de mudança de Satir abrangem a dramatização experiencial, o método da escultura e da metáfora. A capacidade cognitiva do paciente é importante para fornecer o contexto informacional e para promover a integração de um novo entendimento sobre o *self* e as relações. No entanto, Satir acreditava que a mudança mais efetiva ocorre por intermédio da inclusão de abordagens experienciais, do lado direito do cérebro, que conduzem a transformações mais profundas.

Na perspectiva do Processo de Mudança de Satir, os pacientes e as famílias se movem em direção à meta de alcançar um nível mais alto de auto-estima e de congruência (Satir et al., 1991; Winter, 1992). Auto-estimar-se é mais do que se sentir bem. Diz respeito a estar em consonância com todos os níveis da personalidade. Permite que o indivíduo seja mais inteiro, em harmonia, e congruente dentro do *self*. O processo de tratamento de Satir emprega vários métodos de mudança, cujo objetivo é o de fazer ressaltar a auto-estima e a congruência.

Veículos da mudança

Serão discutidos aqui dois dos principais veículos de mudança de Satir: o da Reconstrução Familiar e o da Reunião das Partes, que visam explorar o que, na visão de Satir, se constituía nas duas forças mais importantes do funcionamento individual e familiar. São elas: o impacto trigeracional da família de origem sobre a formação do *self* e o impacto causado sobre o *self* e sobre os outros relacionamentos que têm origem nos mecanismos de sobrevivência adotados na família nuclear.

Reconstrução Familiar

O processo de Reconstrução Familiar trigeracional apresenta um potencial tanto terapêutico como de crescimento. Trata-se de um poderoso processo psicodinâmico que tem como objetivo reexperienciar acontecimentos-chave e aprendizados ligados à história familiar. Oferece às pessoas uma oportunidade de recriar um quadro dos acontecimentos e dos relacionamentos ocorridos nas gerações passadas de suas famílias, abrindo novas perspectivas de visão dos padrões geracionais, relacionamentos e regras familiares. Além disso, o processo de Reconstrução retrata os eventos da história mais ampla que afetam o sistema familiar e permite que os indivíduos percebam os membros da família como pessoas reais e não simplesmente como figuras que desempenham papéis estereotipados. Dessa forma, iluminam-se os efeitos residuais deixados por várias gerações e histórias. O processo faz emergir o que Jung denominou "inconsciente coletivo" (Jung, 1973).

A Reconstrução Familiar incorpora elementos de psicodrama, Gestalt, análise transacional, imagens dirigidas, escultura e experiências individuais, diádicas, triádicas e de grupo. Não existe uma receita já pronta relativa a quando e como empregar cada um desses elementos. O processo baseia-se nos princípios centrais do arcabouço teórico de Satir, que dizem respeito ao impacto causado pelos sistemas familiares trigeracionais sobre o funcionamento pessoal. A descrição completa dos métodos de Reconstrução Familiar está além do escopo deste capítulo. Para mais detalhes, sugerimos ao leitor fontes mais abrangentes: Nerin, 1989; Satir et al., 1991; Winter, 1992. A descrição a seguir é uma visão geral dos elementos que lhe são inerentes.

O processo de Reconstrução Familiar tem lugar sob a forma de um drama em que o "Astro" ou a "Estrela", o indivíduo cuja família está sendo descrita, estabelece novas ligações com seu passado e com as pessoas que o povoaram. A reconstrução clássica se dá em grupo e leva de seis a doze horas. O Astro ou a Estrela seleciona um grupo de participantes para atuar como membros de sua família e outras pessoas significativas de sua infância. Durante esse processo, o Astro ou a Estrela começa a libertar-se dos velhos padrões de enfrentamento que já não lhe servem e assume crescente responsabilidade por seus processos de vida intra e interpessoais.

O trabalho do "Guia", ou terapeuta, consiste em empregar o material que lhe é oferecido pelo Astro ou Estrela na reconstrução dos quadros familiares selecionados. Dessa maneira, partes da vida do Astro ou Estrela até então recônditas tornam-se visíveis e ganham expressão os pensamentos e sentimentos que até esse momento não podiam ser ditos. O objetivo do processo é fazer com que o Astro ou a Estrela veja e entenda o sistema familiar e venha a aceitar a personalidade de seus pais. A Reconstrução Familiar revela a fonte de antigos aprendizados e pavimenta o caminho que leva ao encontro da personalidade única de cada indivíduo. Trata-se de um processo estimulante e poderoso, uma experiência espiritual em múltiplos níveis.

Em seus últimos cinco anos de vida Satir desenvolveu uma versão mais curta da Reconstrução Familiar clássica. Baseia-se no modelo arquetípico e usa o mesmo processo de mudança e as mesmas metas gerais. O processo abreviado focaliza-se em questões selecionadas que dizem respeito à sobrevivência, relacionadas às metas pessoais de vida do Astro ou da Estrela. Exige cerca de três a quatro horas e se concentra sobre uma ou duas questões principais em relação às quais o Astro ou a Estrela se sente bloqueado.

Os princípios básicos e a orientação trigeracional subjacente da Reconstrução Familiar permitem que estes sejam aplicados ao trabalho com indivíduos, casais e famílias. O processo oferece uma rara oportunidade para o Astro ou a Estrela, bem como aos participantes, alterar e mudar os antigos estados de transes, de hipnose profunda, herdados de sua família de origem.

Reunião das Partes

Outro dos maiores veículos de mudança de Satir é a Reunião das Partes. O objetivo desse processo é oferecer às pessoas a oportunidade de identificar, reconhecer, se apossar, aceitar, transformar e integrar seus próprios recursos interiores. Isso, por sua vez, possibilita-lhes tornarem-se mais completas, equilibradas e congruentes. O constructo de Satir, de que o indivíduo possui muitas partes, ou "faces", tem paralelo na teoria de psicossíntese de Roberto Assagioli, na qual as diferentes partes recebem a denominação de subpersonalidades (Assagioli, 1973).

A maioria de nós rotula as partes que constituem nossa personalidade com etiquetas de "positivo", "negativo", "bom" ou "mau". Ao realizarmos esse tipo de separação, temos geralmente como objetivo nos livrarmos das partes rotuladas como "más", ignorando-as, negando-as ou distorcendo-as. Dirigimos assim nossa energia no sentido de evidenciar nossas partes "boas". Escondendo as que consideramos como más, eliminamos nossas possibilidades de crescimento e de mudança. À medida que sufocamos, escondemos, rejeitamos, expelimos ou negamos algo sobre nós mesmos, não podemos usar nossa energia livremente. Para podermos dispor de todas as nossas partes como recursos, ao invés de rotulá-las como inaceitáveis, necessitamos transformá-las.

Algumas pessoas acreditam não possuir muitos recursos pessoais que lhes possibilitariam enfrentar os desafios da vida. Quando descobrem seus variados recursos, descobrem também muitos dos quais não tinham consciência, partes adormecidas de si, que necessitam despertar. Freqüentemente, essas partes lutam entre si a ponto de incapacitar a pessoa. Examinar como essas várias partes operam evidencia os processos internos do indivíduo e fornece os meios para aumentar a efetividade das partes quando a pessoa começa a encarregar-se delas.

Nossas regras podem nos impedir de reconhecer, integrar e transformar essas partes. Aprendemos nossas regras na infância, geralmente pelos relacionamentos que temos com nossos pais. Durante a infância essas regras de sobrevivência são integradas, guiam nosso comportamento e constituem uma tentativa de preencher as expectativas deles. Por exemplo, se temos diante de nós uma regra que diz que não devemos ter raiva, nós a reprimimos. Ao negá-la, não reconhecemos a nossa capacidade de auto-afirmação e continuamos a sentir raiva e desamparados. Rejeitar uma parte de nós é o mesmo que nos mutilarmos. As partes que decidimos não expressar eventualmente emergem sob a forma de meios destrutivos, às vezes desviantes, e geralmente se manifestam pela dor física ou emocional, ou ambas.

Satir criou um contexto de aprendizagem dramática para a Reunião das Partes. A autora dava grande importância ao estabelecimento de um contexto de bom humor e alegria. Em seu trabalho, a alegria muitas vezes levava à dramatização e ao humor. Ela também usava o paradoxo e o *reframing*. Quando tratava de questões sérias sob um enquadramento lúdico, de jogo ou de festa, Satir criava um paradoxo ao solicitar às pessoas que descobrissem os aspectos humorísticos de experiências que poderiam ser ameaçadoras.

A maneira clássica de conduzir uma Reunião das Partes era formar um grupo de oito a dez pessoas dispostas a representar os vários aspectos do "Convidado", ou da pessoa cujas partes deveriam ser transformadas e integradas. A descrição detalhada deste processo pode ser vista em outras obras (Satir et al., 1991; Winter e Parker, 1991; 1992). Oferecemos a seguir um breve resumo geral dos cinco passos que a compõem:

1. Preparação, que abrange diferentes aspectos da personalidade do Convidado, associando-os a personagens históricos bem-conhecidos; seleção e classificação dos adjetivos que caracterizam cada personagem e escolha dos atores.
2. Direção das partes, para que se encontrem e comecem a interagir. Em determinados pontos, solicita-se às partes que congelem a ação em determinados momentos e identifiquem seus sentimentos ou continuem interagindo e exagerem o que sentem.

3. Desenvolva um conflito, solicitando-se às diversas partes que tentem dominar o jogo. Durante essa parte, são identificados os sentimentos e as áreas de conflito vêm à tona.
4. Transformação do conflito, fazendo vir à tona os recursos positivos e de proteção que são inerentes à parte. Os personagens começam a cooperar, compreendendo que necessitam uns dos outros para atingir seu objetivo específico. Como resultado, as partes desenvolvem maior aceitação e harmonia entre si.
5. Condução de um ritual de integração, no qual cada uma das partes reconhece sua transformação e apresenta os recursos especiais que guarda em si. Cada uma delas pede ao Convidado que aceite a contribuição única que lhe está sendo oferecida. Ele é então convidado a aceitar, reconhecer e integrar todas as partes, com uma nova consciência e energia.

Muitas variações criativas são possíveis a partir da idéia central de que todos temos partes que podem ser transformadas para podermos nos aproveitar melhor dela. Uma delas, por exemplo, constitui-se nas técnicas de resignificação demonstradas por Bandler e Grinder (1982) em seu programa de neurolingüística. No contexto da terapia individual é possível ao Convidado ter a experiência das partes que o compõem pelas técnicas de visualização e de imagens dirigidas. O emprego da Reunião das Partes é de particular impacto no âmbito do relacionamento conjugal:

> Adaptando o processo da Reunião das Partes ao casal, Satir criou um estatuto experiencial do que cada pessoa traz para o *self* e para a relação. A Reunião das Partes permite ao par conjugal visualizar o que existe dentro do *self*; aprender como esses elementos interagem com os do cônjuge; observar de que forma os diferentes aspectos de cada parceiro têm um impacto simultâneo sobre o outro; e transformar em um padrão de maior apreço e entendimento a antes disfuncional interação apresentada pelo casal. (Winter e Parker, 1991, p. 62)

Os grupos de formação fundados por Satir

A complexidade dos processos de Reconstrução Familiar e da Reunião das Partes, bem como de outras intervenções de Satir, exige um terapeuta capacitado formado seja como pessoa, seja como profissional. Compreendendo a natureza multifacetada do desenvolvimento das competências clínicas, Satir desenvolveu dois grupos de formação que poderiam mais tarde desenvolver seu trabalho e se dedicar à formação de mais terapeutas, após sua morte. Essas duas organizações de formação oferecem um trabalho de profundidade na teoria e nos métodos de Satir. Para obter mais detalhes sobre as possibilidades oferecidas, consultar The Avanta Network, Margarita Suarez: 310 Third Avenue, Suite 126, Issaquah, WA 98027, telefone: 206-391-7310. Somando-se a esse existe também o International Human Learning Resources Network. Mais informações poderão ser obtidas por intermédio de Michele Baldwin, 1550 Lakeshore Drive 18G, Chicago, IL. 60610, telefone: 312-337-0506.

Conclusão

Em todos os lugares do mundo que visitou, Satir foi entusiasticamente recebida por profissionais, didatas, estudantes universitários e público em geral. Seus processos terapêuticos são de aplicação universal a despeito de diferenças culturais, étnicas, religiosas, de sexo ou de nacionalidade. Sua abordagem está voltada para os anseios humanos básicos, para sentimentos por todos conhecidos e para os enfrentamentos humanos que universalmente caracterizam todas as relações.

A teoria e prática de Virginia Satir foram elaboradas com a finalidade de gerar mudança no indivíduo, na família, na sociedade e no mundo. Seu objetivo de vida foi o de desenvolver um contexto em que as pessoas e as culturas pudessem tornar-se plenamente humanas. Hoje dispomos do legado de seus ensinamentos para caminharmos ao encontro de novas possibilidades e do estabelecimento de uma ligação maior entre os povos de diferentes culturas, bem como para o desenvolvimento de uma comunicação maior entre as pessoas, no seio de suas próprias famílias.

BIBLIOGRAFIA SUPLEMENTAR

APONTE, H.J. "The family-school interview". In: *Family Process*, 15, 1976a, pp. 303-10.

________. "Under ou organization in the poor family". In: GUERIN, P. (ed.) *Family therapy: Theory and practice*, Nova York, Gardner, 1976b.

________ e WINTER, J.E. "The person and practice of the therapist: Treatment and training". In: BALDWIN, M. e SATIR, V. (eds.), *The use of self in therapy*. Nova York, Haworth Press, 1978a, pp. 85-110.

________ e WINTER, J.E. "The person and practice of the therapist: Treatment and training". In: *Journal of Psychotherapy and the Family*, 3, 1987b, pp. 85-111.

ASSAGIOLI, R. *The act of will*. Nova York, Viking Press, 1973.

BALDWIN, M. "The triadic concept in the work of Virginia Satir". In: *Journal of Couples Therapy*, 2, 1991, pp. 27-42.

________ e SATIR, V. *The use of self in therapy*. Nova York, Haworth Press, 1987.

BANDLER, R., GRINDER, J. e SATIR, V. *Changing with families*. Palo Alto, CA, Science and Behavior Books, 1976.

________ e GRINDER, J. *Reframing*. Moab, Utah, Real People Press, 1982.

BERNHARD, Y.M. "Theory and practice of the Satir system". In: *Journal of Couples Therapy*, 2, 1991, pp. 21-6.

BOWEN, M. *Family relationships in schizophrenia*. Trabalho apresentado em um simpósio sobre esquizofrenia realizado durante o Hawaiian Divisional Meeting of the American Psychiatric Association em Honolulu, estado do Havaí, maio de 1958.

BUCKBEE, S. *Exploring the Satir model of system change*. Escanaba, MI, I-Q Publishing, 1990.

________ e GROSS, S. *Draft of computer demonstration cards for the Satir Process Model*. Boston, MA, BDD Training Associates, 1991.

COREY, G. *Theory and practice of counseling and psychoterapy*. Pacific Grove, CA, Brooks/Cole Publising Co., 1991.

DURKIN, J.E. (ed.), *Linving groups: Group psychotherapy and general system theory*. Nova York, Brunner/Mazel, 1981.

HALEY, J. "Family experiments: A new type of experimentation". In: *Family Process*, 1, 1962a, pp. 265-93.

________. "Whiter family therapy?". In: *Family Process*, 1, 1962b, pp. 69-100.

HOUSTON, J. Comunicação pessoal de Virginia Satir em videoteipe, 1988.

JACOBS, J.B. "Virginia Satir's triad theory for couples therapy". In: *Journal of Couples Therapy*, 2, 1991, pp. 43-58.

JUNG, C.J. *Mandala symbolism*. Princeton NJ, Princeton, University Press Kaslow, 1980.

MINUCHIN, S. *Families and family therapy*. Cambridge, MA, Harvard University Press, 1974.

MOSKAU, G. "Virginia Satir's pathway to growth". In: MULLER, Gurd F. (ed.), *Virginia Satir Wagezum Wachstrum*. Pederborn, Junfermann, 1992.

NERIN, W.F. *Family reconstruction: Long day's journey into light*. Nova York, W. W. Norton, 1986.

PRICE, R. *A study guide for teaching tapes featuring Virginia Satir*. Kansas City, Missouri, Golden Triad Films, 1986.

SATIR, V. *Conjoint family therapy*. Palo Alto, CA, Science and Behaviour Books, 1964, 2ª ed., 1967.

_________. *Conjoint family therapy*. Palo Alto, CA: Science and Behaviour Books, 2ª ed., 1967.

_________. *Peoplemaking*. Palo Alto, CA, Science and Behaviour Books, 1972.

_________. "When I meet a person". In: SPITZER, R. (ed.), *Tidings of comfort and joy*. Palo Alto, CA, Science and Behaviour Books, 1975a, pp. 111-27.

_________. *Notes of Winter*, Month-long Training Seminar, Banff, Canadá, jul. de 1975b.

_________. *Self-esteem*. Millbrae, CA, Celestial Arts, 1970, 2ª ed., 1975a; 3ª ed.: 1987b.

_________. *Making contact*. Millbrae, CA, Celestial Arts, 1976.

_________. *Your many faces*. Millbrae, CA, Celestial Arts, 1978.

_________. Comunicação pessoal com J. Winter, março de 1981.

_________. "The therapist and family therapy: Process model". In: HORNE, A. e OHLSEN, M. (eds.), *Family counseling and therapy*. Itasca, Ill., F.E. Peacock Publishers, 1982, pp. 12-42.

_________. *Meditations and inspirations*. Millbrae, CA, Celestial Arts, 1985.

_________. "The therapist's story". In: BALDWIN, M. e SATIR, V. (eds.), *The use of self in therapy*. Nova York, Haworth Press, 1987a, pp. 17-23.

_________. *Avanta Apresentation*; Crested Butte, Colorado, junho, 1987c.

_________. *The New Peoplemaking*. Palo Alto, CA, Science and Behaviour Books, 1988a.

________. *Conferência com a equipe do Family Research Project*, Washington, D.C., fev. de 1988b.

________e BALDWIN, M. *Satir step by step*. Palo Alto, CA, Science and Behaviour Books, 1983.

________ e BANMEN, J. *Virginia Satir verbatim*. 1984. (Disponível pela Delta Psychological Services, 11213 Canyon Crescent, N. Delta, British Columbia, Canada, V4E 2R6.)

________, BANMEN, J., GERBER, J. e GOMORI, M. *The Satir model: The family and beyond*. Palo Alto, CA, Science and Behaviour Books, 1991.

________, STACHOWIAK, J. e TASCHMAN, H. *The Satir model*. Palo Alto, CA, Science and Behaviour Books, 1975.

SCHWAB, J. *A manual for a communication workshop using the Satir approach*, 1985. (Disponível pela Avanta Network, 139 Forrest Avenue, Palo Alto, CA 94361.)

SPRENKLE, D., KEENEY, B e SUTTON, P. "Theorists who influence clinical members of AAMFT: a research note". In: *Journal of Marital and Family Therapy*, 8, 1982, pp. 367-9.

WINTER, J.E. *Family research project: Family Therapy*. Outcome study of Bowen, Haley and Satir. Manuscrito inédito, 1992.

WINTER, J.E. e PARKER, L. "Enhancing the marital relationship: Virginia Satir's parts party". In: *Journal of Couple's Therapy*, 2, 1991, p. 62.

________. "Enhancing the marital relationship". In: MULLER, G.F. (ed.), *Virginia Satir's Wagezum Wachstrum*. Pederborn, Junfermann, 1992.

ZUK, G.H. "The go-between in family therapy". In: *Family Process*, 5, 1966, pp. 162-78.

________. *Family therapy: A triadic-based approach*. Nova York, Behavioral Publications, 1971.

SEÇÃO VII

As terapias na rede e a crítica feminista: em discussão, a terapia familiar

Esta seção se destina a descrever dois importantes movimentos que colocaram em questão o modelo clássico das terapias familiares. O primeiro deles observou que não era necessário limitar ao quadrante familiar a compreensão dos problemas da saúde mental e da marginalização: tendo como fonte de inspiração a "intervenção na rede social" de Ross Speck e de Carolyn Attneave e defendendo a "desfamiliarização"[1] da terapia familiar a partir das críticas de caráter social, cultural e político, os membros dessa corrente desenvolveram práticas de rede que ultrapassaram o estrito quadro familiar. O segundo movimento de contestação propôs uma interpretação feminista das terapias da família: para os que defendem essa óptica, os terapeutas familiares, longe de iniciar um processo de liberação, ao contrário, reforçariam a opressão familiar e social das mulheres ao se mostrarem incapazes de levar em conta, tanto em suas teorias como em suas práticas, a importância da identidade sexual e, ao mesmo tempo, o caráter secularmente alienante das famílias ditas "normais".[2 e 3]

No final da década de 1960, um certo número de terapeutas familiares engajados nas lutas políticas começou a sentir-se limitado no estreito quadro da terapia familiar. Admitindo sem dúvida que essa abordagem lhes havia permitido efetuar um precioso "salto qualitativo", que lhes permitiu passar de uma visão linear a uma visão circular, ou sistêmica, das circunstâncias sociais, esses terapeutas não queriam mais se deixar encerrar em um familianismo demasiado reducionista.

Avaliando que as situações humanas com as quais se confrontavam levavam em conta elementos econômicos, sociais e culturais que não podiam ser compreendidos dentro dos parâmetros (ou limites) explicativos da terapia familiar então em uso, muitos desses psicopterapeutas, já na década de 1970, coordenaram suas práticas num nível internacional, reencontrando seu espaço no seio da Réseaux-Alternative à la Psyquiatrie[4] — associação para a qual a mudança microssocial se mostrava inseparável da mudança no nível macrossocial e vice-versa; enquanto isso, alguns dentre eles, em busca de ferramentas de intervenção sempre mais coerentes, se voltaram igualmente para as técnicas de intervenção em rede que Ross Speck havia contribuído para criar.

Interessado pelas terapias de grupo desde seu primeiro ano como residente em psiquiatria, em 1953, no estado de Nova York, Ross Speck iniciou suas primeiras pesquisas no campo das terapias familiares pouco depois de concluir sua formação psicanalítica na cidade de Filadélfia; sob a égide do National Institute of Mental Health (NIMH) e sob a direção de Alfred S. Friedman, trabalhou por sete anos com dezenas de famílias com membros esquizofrênicos. Ora, se as equipes que participaram desse projeto conseguiram modificar as sociopsicopatologias a ponto de evitar a hospitalização de cerca de 80% desses casos, tornava-se evidente que, para quase um de cada cinco desses casos, a explicação dos fenômenos que impediam o paciente de evoluir deveria ser buscada fora do contexto familiar.[5]

Em 1964, por sugestão de Erving Goffman, Ross Speck leu uma obra de Elizabeth Bott sobre a família e a "rede social",[6] conceito originalmente criado em 1954 pelo antropólogo britânico John Barnes:[7] essa leitura o auxiliou a amadurecer a técnica de trabalho de rede que denominou "intervenção na rede social", técnica essa que pôs em prática a partir de 1966 com a ajuda de seus colegas Joan Lincoln Speck, Carolyn Attneave e Uri Rueveni.[8]

A equipe terapêutica de intervenção de rede se compõe de um chefe de equipe, um interventor, um especialista em técnicas de grupo e dois ou três membros chamados "consultores". Tal como os xamãs (o próprio Ross Speck comparou as modificações das relações familiares que se operam nesses contextos a um trabalho xamânico), essas cinco ou seis pessoas juntaram ao seu redor grupos compostos de quarenta a uma centena de indivíduos (família, amigos, vizinhos do paciente identificado), que se reuniram diversas vezes por dois a três meses (as intervenções na rede, em geral, exigem de uma a seis sessões, que duram de três a quatro horas e são realizadas quinzenalmente). No artigo que escreveram sobre essas intervenções, David Trimble e Jodie Kliman descrevem as diferentes etapas desses encontros em que, sucessivamente, se evidenciam fases de retribalização, de polarização, de mobilização de resistência-depressão, de percepção e, por fim, de plenitude-esgotamento.

Essa abordagem, que consiste em reunir uma espécie de "microssociedade" em torno do paciente, obteve muito sucesso entre certos profissionais da saúde mental; numerosos foram os que se sentiram atraídos por esse tipo de intervenção, apesar de algumas pessoas a criticarem por não se preocupar com as contradições socioeconômicas, culturais e políticas potencialmente presentes na rede.

Apesar dessas divergências de orientação, os diversos praticantes que passaram a trabalhar em rede acabaram por coordenar suas pesquisas por meio de suas próprias redes de trabalho: David Trimble desempenhou papel principal nessa área, graças à sua *Netletter* e, da mesma forma que várias iniciativas foram sincronizadas pelo Réseau-Alternative à la Psyquiatrie, a qual eu pessoalmente dirigi, de 1975 a 1981. Apoiados por teóricos do porte de Félix Guattari, David Cooper e pelo sociólogo Robert Castel e se inspirando no trabalho realizado por Franco e Franca Basaglia, Giovanni Jervis, Yvonne Bonner, Maria Ponsi, Françoise Castel, Robert Maier, Alain Riesen, Michel Monroy etc., esses praticantes foram em busca da origem de múltiplas experiências, conduzidas tanto nos bairros como em instituições, sobretudo na década de 1970 e início da de 1980.[4 e 9]

A essa abordagem associam-se várias experiências notáveis, que passo a resumir em breves palavras.

A criação, em Bruxelas, do Centro de Direção Comunitária e depois do de Saúde Mental Gerbe, sob esse ponto de vista, é exemplar. Seu fundador, o psicólogo belga Jacques Pluymaekers, desejava fundar, no bairro, um centro comunitário aberto aos jovens, que evitasse o enquadramento tradicional de controle social. Muito influenciado pela fenomenologia e, particularmente, pelo pensamento de Merleau-Ponty, Pluymaekers desejava levar adiante uma experiência no campo da psiquiatria social organizada sobre o conceito de "encontro".

Convencido de que nossa existência, como a de toda a realidade, surge a partir do "reconhecimento do outro", Merleau-Ponty tomou de Husserl o conceito de "envelopamento recíproco" para definir as relações indistintas (no sentido de que se torna muito difícil, na espécie, estabelecer uma distinção entre o que tem origem e o que tem origem em outro indivíduo)* que existem entre o adulto e a criança (ainda que Husserl originalmente tenha criado esse termo para designar os laços que ligam a filosofia à psicologia).

Jacques Pluymaekers ampliou o conceito de envelopamento recíproco para que este pudesse abarcar os problemas dos jovens em dificuldade, argumentando que esses tipos de circunstâncias não são suscetíveis de ser observadas, descritas e tratadas do exterior, mas constituem os contextos em que terapeutas e ambiente familiar se apresentam tão inseridos como os próprios jovens; em conseqüência, decidiu-se por criar um espaço de "encontro", no sentido fenomenológico do termo, abrindo assim o Centro Comunitário de Gerbe, em Schaerbeek, bem no coração de um bairro popular.

A diferença dos psicoterapeutas para os quais bastava compreender em qual contexto o problema do indivíduo havia surgido e se mantido, fazendo com que, intelectualmente, o indivíduo remontasse à sua família, Jacques Pluymaekers elaborou uma concepção totalmente diversa da intervenção psicossocial: por razões mais de caráter ético do que filosófico, ele mesclou sua vida particular à das famílias ameaçadas de exclusão, passando a residir no mesmo bairro delas e vindo a participar dos mesmos dramas que as atingiam. Em lugar de considerar, como tantos outros profissionais de saúde mental daquela época, que as práticas psicossociais fundamentadas na inserção ativa eram muito difíceis de manter a distância indispensável a todo tipo de intervenção terapêutica, Jacques Pluymaekers, ao contrário, retomou o conceito de "distância-não-distante" tão caro a seu mestre Waelhens (ex-aluno de Merleau-Ponty e de Husserl), afirmando que a distância necessária à ação terapêutica ou educativa não equivalia a se colocar à parte, como se sujeitavam seus colegas, mas somente poderia ser

---

* Essa definição vai ao encontro daquela traçada por Jay Haley no artigo "An interactional description of schizophrenia", *Psychiatry*, 22, nº 4, novembro de 1959, pp. 321-2, em que esse autor questiona a interpretação linear do duplo vínculo e propõe sua substituição pelo conceito de "duplo vínculo recíproco".

criada no contexto de um "encontro" com os que se tratava de ajudar. Isso porque, tanto a seus olhos como para os de Waelhens, nenhum ser humano poderia ter acesso à existência, e por extensão, criar a distância indispensável para oferecer um lugar ao outro, estando do lado de fora desses "encontros".

É a partir do Centro Gerbe, no qual eu mesmo vim a me encontrar em 1975, após uma longa permanência em Nova York, ocasião em que dirigi um centro de saúde mental ao sul do Bronx que, no final da década de 1970 e começo da de 1980, foram efetivadas essas múltiplas práticas de terapias de rede de que David Trimble e Jodie Kliman nos dão conta em seu artigo.

Com a ajuda de Félix Guattari, em 1979 descrevi essas terapias de rede como tentativas "seja no nível individual, seja no coletivo, de desconstrução dos elementos já enquadrados que nos impõem uma leitura e uma prática reducionista". Essa abordagem, que eu classificava como "transversal", permitia que se buscasse "fora das estratificações oficiais o poder de ação prático apresentado por uma situação" e "a produção de novos enunciados no espaço mesmo onde não seriam criados, ou seja, no âmbito das codificações oficiais".[10] Além disso, é interessante destacar, nesta definição, dois aspectos que, dez anos mais tarde, ocupariam o coração da abordagem narrativa: a desconstrução e a produção de novos enunciados.

Alcançávamos, assim, esses objetivos tentando, a partir das terapias multifamiliares e de redes sociais, auxiliar os participantes a se aperceber de que seus problemas específicos não podiam ser separados daqueles que afetavam um grupo maior, tomado pelas mesmas contradições. O distanciamento conquistado em relação às identidades impostas pela cultura dominante permitia aos membros dessas redes viver sua condição de maneira diferente, definindo-a de maneira mais combativa e já de princípio empreendendo ações de solidariedade no seio dos novos grupos, que estas lutas suscitavam.

Por outro lado, é forçoso reconhecer que os congressos desempenharam um papel particularmente importante para os adeptos das terapias de rede.

Foi por ocasião de um desses congressos, que eu mesmo organizei em Nova York, em 1975, que alguns psiquiatras e psicólogos de Quebec participaram de uma oficina de Ross Speck. Organizando em seguida uma equipe que gravitava ao redor do centro hospitalar Douglas, em Montreal, essas pessoas, dentre as quais se encontravam notadamente Danielle Desmarais, Henri Lavigueur, Linda Roy e Luc Blanchet, visaram a criação de um ambicioso projeto de pesquisa-ação, que lhes permitiu encarregar-se coletivamente de vários problemas de ordem psiquiátrica. Eles conduziram dezenas de intervenções de rede que conferiam um espaço central ao paciente identificado, à sua rede primária e à equipe terapêutica.[11]

A partir dessa data, Linda Roy e Pierre Asselin, dois psicoterapeutas excepcionais que fundaram o Grupo de Estudos dos Sistemas Humanos de Montreal, nunca deixaram de insistir sobre a importância do contexto social no tocante aos problemas de saúde mental. Hoje, Linda Roy mantém suas atividades de didata no campo da intervenção de rede e da abordagem sistêmica em várias instituições de Quebec; Pierre Asselin trabalha simultaneamente como terapeuta num centro para toxicômanos e é didata em diversos espaços de ensino e de formação.

Foi por ocasião de outro desses congressos, desta vez realizado em Bruxelas, em 1981, que Marie-Renée Bourget Daitch, presidente do Movimento para o Desenvolvimento Social (MDSL) teve a oportunidade de entrar em contato com a equipe de intervenção em rede de Quebec. Tendo desde então se dedicado a essa prática em suas atividades como idealizadora e profissional, encarregada do acompanhamento de projetos de desenvolvimento social de comunidades problemática, e apoiando-se, por outro lado, na conceituação teórica que David Cooper, Sylvana Montagano[12] e eu elaboramos a partir dessa mesma base, Marie-Renée levou David Cooper, um dos fundadores da antipsiquiatria, a assim defini-la:

> Dentre os vários significados da palavra "rede", empregamos esse termo no sentido de *uma forma de agregação de organismos humanos, que se organizam em torno de um ou de vários objetivos construídos em comum*; ou tendem a um conjunto de práticas comuns, que podem vir a constituir um *modo de vida transitório* ou quase permanente. Em uma população concreta, certamente encontrar-se-ão algumas *redes previamente formadas* (de ajuda mútua, de convívio), como também *redes a serem criadas*, produtos de uma mobilização *endógena da população* (na qual estariam os autores desses trabalhos), que visam à elaboração de

outras soluções consensualmente julgadas e dialogicamente melhores do que aquelas aportadas aos problemas por intermédio dos circuitos convencionais. A rede é um *recurso*: não é nem *uma técnica a ser ensinada, nem uma receita.* É possível provocar, *incluir, suscitar uma rede a partir de seu interior,* nunca de seu exterior, como o faria um especialista. O saber aferente de uma população não deve *permitir* que esta *população seja manipulada* com o objetivo de fazer com que as redes existam. É por isso que, em nosso trajeto, a expressão "terapias de redes" não tem senão o sentido que lhe é próprio e que designa as *práticas endógenas* de uma população concreta, na qual se encontram ao mesmo tempo as redes concretas e as que serão criadas. Essas práticas são também um *produto conjunto* (salvo, infelizmente, no que concerne aos fatos) de técnicas e procedimentos a serem aplicados a indivíduos ou a grupos descontextualizados. Em nossa acepção, as redes criadas visam assegurar, mais do que o bem-estar, a *crescente autonomia da população em relação a estruturas e dispositivos.*[13]

Graças a Marie-Renée Bourget Daitch, cada um dos projetos de desenvolvimento realizados pelo MDSL apóia-se sobre uma rede no seio da qual profissionais e não-profissionais se dedicam ao empenho comum de resolução de problemas da vida cotidiana em busca de soluções passíveis de vir a substituir por seus interesses comuns (atualmente, essas experiências estão sendo realizadas em Paris, Bagneux, Rouen e Gennevilliers).

No movimento de experiências, iniciadas pelo Réseau-Alternative à la Psychiatrie, criou-se em Paris em 1981 o coletivo Trames, por iniciativa de Danielle Sivadon, Jean-Claude Polack e Alain Valtier, três psiquiatras que se uniram com o objetivo de tecer, a partir de um ponto central, redes para as pessoas que saíssem das instituições psiquiátricas. O ADRES (*Association pour le développement de la recherche et de l'expérimentation en sciences sociales* — Associação pró-desenvolvimento em pesquisa e experimentação em ciências sociais) apoiou os coletivos de pacientes do Trames e, com o auxílio conjunto de Annck Kouba e de uma rede muito ampla de amigos, dentre os quais Nathalie Sinelnikoff, autora de memorável livro sobre psicoterapias,[14] esse grupo esteve à frente de numerosas atividades, como programas de rádio e a publicação do boletim *Fous de vous* (Loucos são vocês). Já na década de 1980, o coletivo Trames contava com centenas de psiquiatras antes de definhar progressivamente por falta de subsídios.

A França não economizou em matéria de experiências alternativas. Michel Montès dedicou-se à reinserção de pacientes crônicos tentando, em Sommières (Gard), encontrar-lhes empregos na zona rural; depois disso, em 1986, os centros de recolhimento que se orientavam para a proposição de soluções adicionais à hospitalização psiquiátrica se uniram na associação Accueil. Paul Bretcher, que dirigiu esse movimento, continuou, em meados da década de 1990, a se ocupar de programas de inserção, tais como o restaurante do Centro Dramático Nacional de Campagnol, em Corbeil-Essonnes, que oferece empregos a ex-pacientes psiquiátricos: essa iniciativa coordena suas próprias pesquisas com outras experiências no quadro da associação Progrès.

Todos os promotores dessas tentativas de reinserção realizadas na França sublinharam a importância de um contexto social favorável para a evolução positiva dos problemas de saúde mental, tema sobre o qual escreveram igualmente outros pesquisadores, como Schwartzman,[15] Wynne, McDaniel e Weber,[16] Imber-Black[17] e Elizur.[18] Este último, autor com Minuchin de uma excelente obra dedicada às formas de inter-relacionamento entre famílias, instituições e sociedades,[19] criou um modelo que permite a intervenção simultânea no nível familiar e no plano dos contextos sociomedicinais, em situações psicossomáticas crônicas; embora esse modelo tenha-se desenvolvido a partir do Centro de Psicologia Médica dos *kibutzim clínicos* de Israel, Yoel Elizur propôs sua ampliação a outros contextos além do dos *kibutzim,*[18] pois estes lhe parecem tão propícios à transformação das estruturas ecossistêmicas responsáveis pela manutenção da disfunção como para a mobilização dos recursos sociais da família e do paciente.

As ações que integram os contextos mais amplos que os da família são, em geral, conduzidas pela iniciativa dos profissionais da saúde mental encarregados de populações particularmente desfavorecidas. É o caso das intervenções realizadas por Geneviève Platteau e Serge Faelli em uma província belga, onde 23% da população ativa foi reduzida ao desemprego. Tendo-se defrontado com os sintomas apresentados por crianças inseparáveis do seu contexto psico-socioeconômico, esses dois terapeutas se voltaram com muita satisfação para as terapias multifamiliares.[20] Alain Marteaux e Romano Scandariato, que trabalham em Bruxelas com imigrantes de segunda geração, partem da suposição básica de que a não-integração destes lhes permite mostrar-se solidários com o fracasso social de seus pais. Com o que denominam "grupo-classe", eles realizam intervenções preventivas bem-sucedidas nas escolas freqüentadas por jovens imigrantes.[21]

Elina Dabas e Carlos Sluzki, ambos de origem argentina, insistiram também sobre a importância do contexto social. Elina Dabas realiza intervenções, entre outros, a partir de grupos multifamiliares de mulheres chefes de família que residem nas comunidades desfavorecidas de Buenos Aires, ao passo que Carlos Sluzki se dedica a dar relevo especial à importância da rede social no processo de migração e de deslocamento populacional nos Estados Unidos.[22]

Além disso, muitos consideram que os terapeutas familiares, sensibilizados pelas características sociais das situações de sofrimento, não conseguem deixar à sombra as culturas de origem das famílias que os consultam, como freqüentemente lembram Monica McGoldrick[23] e Celia J. Falicov.[24] A esse respeito, C. Christian Beels é um típico exemplo de psiquiatra e psicanalista, didata em terapia familiar, que se deixou progressivamente influenciar pela leitura cultural da prática psicoterapêutica.

De 1967 a 1975, Christian Beels foi professor de terapia familiar e história da psiquiatria no Bronx Psychiatric Center (mantido pela Albert Einstein College of Medicine) e começou a prestar atenção nos elementos passíveis de favorecer o aparecimento da cura, nos diversos contextos médicos, históricos ou culturais.

Beneficiando-se do concurso de antropólogos como Vivian Garrison e Conrad Arensberg, Christian Beels estudou cuidadosamente as abordagens de curadores porto-riquenhos estabelecidos na comunidade do Bronx, concentrando-se mais especificamente na leitura metafórica que aqueles faziam do problema e sobre como conseguiam mobilizar o ambiente que cercava o paciente.

À mesma época, Christian Beels, em colaboração com Jane Ferber e John Schoonbeck, idealiza aplicar o método de análise do contexto apresentado por Albert Scheflen a uma sessão de psicoterapia familiar conduzida por Donald Jackson e registrada em audiovisual; esse estudo do comportamento não-verbal dos membros de um sistema terapêutico convence-o de que, como suas pesquisas tendiam a mostrar, o "balé gestual" era essencial a todo processo de cura.

A partir de 1975, trabalhando com uma população de pacientes psiquiátricos crônicos do New York Psychiatric Institute, Christian Beels publicou vários artigos sobre a importância do contexto social para o tratamento das doenças mentais crônicas e, mais particularmente, dos casos de esquizofrenia.[25, 26] Foi nesse instituto, e nos demais hospitais públicos onde trabalhou nesse período, que, em conjunto com Margaret Newmark, sua esposa, e Bill McFarlane, pode desenvolver no seu Family Support Demonstration Project uma abordagem psicopedagógica voltada para as famílias de indivíduos esquizofrênicos. Por cerca de quinze anos de sua vida, Christian Beels se aliou às instituições públicas de saúde mental da cidade de Nova York com a finalidade de fazer com que esses estabelecimentos reconhecessem as culturas às quais pertenciam seus pacientes e os potenciais terapêuticos de seus contextos específicos. Para ele, os psicoterapeutas são curadores, inventores de rituais e de histórias, cuja legitimidade depende do poder que os pacientes e suas famílias queiram conceder-lhes, em um dado ambiente cultural.

Esse mesmo interesse pelas instituições, associado à noção de que um trabalho intra-institucional é indispensável a todo projeto inovador de envergadura, anima o psiquiatra francês Jean-Claude Benoit.

Psiquiatra desde 1957, Jean-Claude Benoit voltou-se para a abordagem sistêmica a partir de 1975. Essa nova orientação permitiu-lhe renovar profundamente sua prática de psiquiatria pública setorizada (atividade que exercia, em hospital, em Villejuif e, fora dele, em Bolonha).

Surpreso por não encontrar na panóplia das terapias sistêmicas um modelo que lhe parecesse adequado à psiquiatria institucional, Jean-Claude Benoit deu origem às "terapias coletivas familiares-sistêmicas",[27] meio que se revelou tão rico que o autor, a partir de 1976, publicou uma dezena de obras relacionadas à abordagem sistêmica.

Trabalhador incansável e pesquisador de criatividade e modéstia incomuns, esse autor se empenhou, por intermédio da coleção que dirigiu na editora ESF e dos cinqüenta livros que publicou, a tornar finalmente acessível ao público francês o campo das terapias familiares. O *Dictionaire clinique des thérapies familiales systemiques,* que editou com a cooperação de Malarewicz, Beaujean, Colas e Kannas,[28] se tornou uma obra de referência, freqüentemente consultada pelos terapeutas familiares de língua francesa.

O psicólogo francês Bernard Prieur, por sua vez, voltou seu interesse para as instituições existentes no campo da medicina social. Contribuiu também para o desenvolvimento da intervenção sistêmica em setores como os do trabalho com famílias não-voluntárias, sob mandato judicial ou do DDASS. O centro que ele fundou em Paris (o CECCOF) foi habilitado em 1991 como serviço de pesquisa e orientação pedagógica e sistêmica, e estabelecimentos análogos foram criados em várias cidades francesas. Finalmente, uma de suas colaboradoras, Brigitte Camdessus, dedicou-se à aplicação da abordagem sistêmica às crises familiares da terceira idade sem deixar de trabalhar com o que ela denomina "infância violentada".

As situações de maus-tratos desse tipo confrontam os limites da psicoterapia sistêmica, no ponto em que obrigam esta última a questionar-se sobre a noção de responsabilidade. Com efeito, como sublinham alguns especialistas em casos de maus-tratos à infância (Arnon Bentovim e Brian Jacobs, por exemplo,[29] e também as terapeutas feministas), o conceito de causalidade circular arrisca-se a vitimizar a vítima: o que pensaríamos de um terapeuta que, diante de uma situação dessas, agisse como se a criança vítima da violência parental fosse co-responsável pelo que lhe acontece?

É isso que leva Deborah Anna Luepnitz a afirmar, em seu livro *The Family Interpreted: Feminist Theory in Clinical Practice*,[30] que às explicações cibernéticas falta complexidade: elas explicam em que sentido as relações intrafamiliares podem assemelhar-se ao funcionamento de um termostato, mas não em que diferem deste. O fato de uma esposa ser capaz de suportar, contra sua própria vontade, uma situação de abuso não significa, por outro lado, que ela participe dessa situação em igualdade de condições. A diferença fundamental reside na desigualdade que apresentam os dois membros do casal em que a mulher, e isso em diversos níveis, não tem o poder que o homem possui.

Na presente obra, Cheryl Rampage e Judith Myers Avis respondem por um capítulo dedicado à identidade sexual, ao feminismo e à terapia familiar, em que as autoras afirmam com precisão que sua proposta não é um novo modelo de terapia familiar, mas um "filtro crítico por meio do qual todos os modelos são vistos de acordo com o espaço que oferecem às questões de identidade sexual e de poder". Esse capítulo apresenta um resumo tão completo das críticas feministas da terapia familiar que não me parece necessário — diferentemente dos outros capítulos, dedicados à descrição de um modelo mais restrito — consagrar-lhe uma longa introdução, que arriscaria parecer redundante.

Que me seja ao menos permitido, entre a abundante literatura consagrada a esse domínio, citar a notável obra de Marianne Walters, Betty Carter, Peggy Papp e Olga Silverstein.[31] Essas quatro terapeutas de mérito, ligadas a diferentes centros norte-americanos, são a origem do *Women's Project in Family Therapy*. Seu livro, *The Invisible Web*, estabelece os fundamentos da abordagem feminista da terapia familiar: nele estudam, por uma perspectiva clínica, as relações e os momentos de transição intrafamiliares, assim como os limites e as potencialidades das mulheres celibatárias em contraposição aos estereótipos da cultura que as cerca.

A contribuição dada por esse movimento é de caráter essencial porque faz lembrar a todos os terapeutas familiares, compreendidos aí os defensores das terapias de rede, que uma abordagem terapêutica não pode ser libertadora a não ser que se inclua a identidade sexual em seus parâmetros explicativos e se estabeleça seu distanciamento quanto às relações de poder das quais a família se constitui como veículo tradicional.

Mony Elkaïm

REFERÊNCIAS BIBLIOGRÁFICAS

1. ELKAÏM, M. "Defamilialiser la thérapie familiale: de l'approche familiale à l'approche sociopolitique". In: *Thérapies familiales, institutions, quartier, Cahiers critiques de la thérapie familiale et de pratiques de réseaux*. Paris, Gamma, nº 2, 1980.
2. LUEPNITZ, D.A. *The Family Interpreted: Feminist Theory in Clinical Practice*. Nova York, Basic Books, 1988.
3. GOODRICH, T.J., RAMPAGE, C., ELLMAN, B., HALSTEAD, K. *Feminist Family Therapy: A Casebook*. Nova York, Norton and Company, 1988.
4. ELKAÏM, M. (ed.), *Réseaux-Alternative à la Psychiatrie*. Paris, Union génerale d'éditions, 1977.

5. SPECK, R.V. "L'intervention en réseau social: les thérapies de réseau, théorie et developpement". In: ELKAÏM, M. (ed.), *Les Pratiques de réseaux: santé mentale et contexte social*. Paris, ESF, 1987.
6. BOTT, E. *Family and Social Network: Roles, Norms and External Relationships in Ordinary Urban Families*. Londres, Tavistock Publications, 1957; reedição: Nova York, Free Press, 1971.
7. BARNES, J. "Class and committees in o Norwegian island parish". In: *Human Relations*, 7, 1954.
8. RUEVENI, U. *Networking Families in Crisis*. Nova York, Human Sciences Press, 1979.
9. ELKAÏM, M. (ed.), *Les Pratiques de réseaux: santé mentale et contexte social*. Paris, ESF, 1987.
10. ELKAÏM, M. "Agencements, pratiques de réseaux". In: *L'Approche systémique en thérapie familiale, Cahiers critiques de thérapie familiale et de pratiques de réseaux*. Paris, Gamma, nº 1, 1979, p. 63.
11. DESMARAIS, D., LAVIGUEUR, H., ROY, L. e BLANCHET, L. "Patient identifié, réseaux primaire et idéologie dominante: le champ d'intervention en santé mentale". In: ELKAÏM, M. (ed.), *Les Pratiques de réseaux: santé mentale et contexte social*. Paris, ESF, 1987.
12. MONTAGANO, S. "Les pratiques de réseaux en Italie". In: ELKAÏM, M. (ed.), *Les Pratiques de réseaux: santé mentale et contexte social*. Paris, ESF, 1987.
13. COOPER, D. "Pour construire en réseaux". In: *Revue de la Caisse nationale d'allocations familiales*. Paris, nº 1, fevereiro de 1988.
14. SINELNIKOFF, N. *Les Psychothérapies: inventaire critique*. Paris, ESF, 1993.
15. SCHWARTZMAN, J. (ed.), *Family and Other Systems: The Macrosystemic Context of Family Therapy*. Nova York, Guilford, 1984.
16. WYNNE, L.C., McDANIEL, S.H. e WEBER, T.T. (eds.), *Systems Consultation for Family Therapy*. Nova York, Guilford, 1986.
17. IMBER-BLACK, E. *Families and Larger Systems*. Nova York, Guilford, 1988.
18. ELIZUR, Y. "Ecosystemic training: Conjoining supervision and organizational development". In: *Family Process*, 32, 1993, pp. 185-201.
19. ELIZUR, J. e MINUCHIN, S. *Institutionalizing Madness, Families, Therapy and Society*. Nova York, Basic Books, 1989.
20. PLATTEAU, G. e FAELLI, S. "Intervention auprès des familles defavorisées". In: GOLDBETER-MERINFELD, E. (eds.), *Approche systémique et*

thérapie familiale: aux interfaces, Cahiers critiques de thérapie familiale et de pratiques de réseaux. Toulouse, Privat, nº 12, 1990.

21. MARTEAUX, A. e SCANDARIATO, R. "Un modèle d'intervention préventive avec des immigrés de la deuxième génération: une intervention de réseaux dans le groupe-classe". In: GOLDBETER-MERINFELD, E. (eds.), *Approche systémique et thérapie familiale: aux interfaces, Cahiers critiques de thérapie familiale et de pratiques de réseaux.* Toulouse, Privat, nº 12, 1990.
22. SLUZKI, C.E. "Rupture et reconstruction du réseaux lors du processus de migration/relocation". In: GOLDBETER-MERINFELD, E. (eds.), *Approche systémique et thérapie familiale: aux interfaces, Cahiers critiques de thérapie familiale et de pratiques de réseaux.* Toulouse, Privat, nº 12, 1990.
23. MCGOLDRICK, M., GARCIA PRETO, N., MOORE HINES, P. e LEE, E. "Ethnicity and family therapy". In: GURMAN, A.S. e KNISKERN, D.P. (eds.) *Handbook of Family Therapy.* Nova York, Brunner/Mazel, 1981.
24. FALICOV, C.J. (ed.), *Cultural Perspectives in Family Therapy.* Rockville, Aspen Publications, 1983.
25. BEELS, C.C. "Social networks and the treatment of schizophrenia". In: *International Journal of Family Therapy*, 3, 1981, pp. 310-16.
26. BEELS, C.C. "Social support and schizophrenia". In: *Schizophrenia Bulletin*, 7, 1981, pp. 58-72.
27. BENOIT, J.-C. e ROUME, D. *La Désaliénation systémique.* Paris, ESF, 1986.
28. BENOIT, J.-C., MALAREWICZ, J.-A., BEAUJEAN, J., COLAS, Y. e KANNAS, S. *Dictionnaire clinique des thérapies familiales systémiques.* Paris, ESF, 1988.
29. BENTOVIM, A. e JACOBS, B. "Children's needs and family therapy: The case of abuse". In: STREET, E. e DRYDEN, W. (eds.), *Family Therapy in Britain.* Milton Keynes, Open University Press, 1988.
30. LUEPNITZ, D.A. *The Family Interpreted: Feminist Theory in Clinical Practice.* Nova York, Basic Books, 1988.
31. WALTERS, M., CARTER, B., PAPP, P. e SILVERSTEIN, O. *The Invisible Web: Gender Patterns in Family Relationships.* Nova York, Guilford Press, 1988.

*David W. Trimble**
*Jodie Kliman***

Intervenção na rede

A terapia familiar amplia nossa compreensão da experiência individual, a qual se posiciona no contexto familiar que lhe é próprio. A abordagem da rede social volta-se para sistemas relacionais ainda mais amplos, mais diversos, incluindo-se aí todos os membros conhecidos da família. Barnes (1954) via as redes pessoais como teias, compostas de linhas (que representam os relacionamentos) e pontos de conexão (que representam os indivíduos ou grupos). A rede compreende um setor primário: pais, conhecidos, vizinhos, trabalho e colegas de escola, *babysitters*, donos de lojas e de bares, vínculos religiosos, voluntários, sociais, políticos e grupos de auto-ajuda, sindicatos, gangues etc. O setor secundário é composto por agentes de serviço social e de controle, provenientes de escolas, de serviços sociais e de saúde, oficiais de justiça, locadores etc. As redes situam-se num nível inter-

* David Trimble, doutor em psicologia, é diretor da revista *Netletter*, dirigida aos profissionais que se dedicam à prática das intervenções de rede. É associado do Centro for Multicultural Training in Psychology do Boston City Hospital. Exerce suas atividades como psicólogo em Brookline, Massachusetts.

** Jodie Kliman é doutora em psicologia e ministra cursos de terapia familiar na Massachusetts School of Professional Psychology, no Family Institute de Cambridge e no Boston City Hospital Center. Pratica intervenções de terapia familiar e intervenções de rede em Brookline, Massachusetts.

mediário entre a família (que as embasa) e as estruturas (que lhe servem de teto) de natureza social, econômica, política e cultural. Influenciam o acesso aos recursos e auxiliam na reprodução de estruturas sociais que, enquanto a uns dão liberdade, a outros dominam.

Tanto a família como a rede são formadas por pessoas e pela dinâmica do processo de padronização que com o tempo se estabelece nos relacionamentos que estas mantêm entre si e também com o ambiente onde se inserem. Os indivíduos tendem a considerar mais os relacionamentos pessoais — e não as redes em si. As famílias apresentam-se mais organizadas do que as redes, sendo a relação familiar mais fácil de ser definida. Pertencemos a uma família por intermédio do nascimento, da adoção, do casamento ou da vida em comum, deixando-a apenas em razão da morte, divórcio ou abandono. Nossa relação com um grupo modifica-se ao longo de nossos ciclos de vida, de nossos conflitos interpessoais, das mudanças que realizamos, das atividades a que nos dedicamos e de nossas crenças. Ambos os níveis apresentam regras implícitas e explícitas — que são idiossincraticamente determinadas por valores, sistemas políticos, e pelas formas de domínio segundo o sexo, classe social e cultura que uma pessoa apresente.

Boissevain (1968) elaborou uma descrição das redes existentes, utilizando imagens de zonas concêntricas: a) *célula pessoal*: domínio do lar, dos parentes mais próximos e amigos; b) *zona de intimidade A*, em que se situam os vínculos ativos relativos a parentes e amigos muito íntimos; c) *zona de intimidade B*, em que se posicionam os vínculos mais passivos, com os parentes e amigos; d) *zona efetiva*, de vínculos sociais ou instrumentais ativos, e e) *zona nominal*, de vínculos menos significativos, relativos a pessoas conhecidas anteriormente ou na atualidade. Essa rede pessoal se dilui em uma *rede ampliada,* que é composta pelos conhecidos dos conhecidos. As pessoas movimentam-se entre essas zonas à medida que os relacionamentos passam por modificações.

Foi em 1964 que o psiquiatra Ross Speck, que estudou as famílias de esquizofrênicos e conhece os sistemas familiares bem como os princípios psicoanalíticos, começa a incluir os membros da rede nas sessões de terapia familiar. Vários desbravadores juntaram-se a ele na Filadélfia: a antropóloga clínica Joan Speck (Speck e Speck, 1984), o psicólogo Uri Rueveni (1979), que trouxe as técnicas da Gestalt às reuniões de redes, e a psicóloga Carolyn Attneave (1969), que havia trabalhado com sistemas naturais de apoio em comunidades urbanas, rurais e nas reservas de nativos americanos. Todos encaravam as redes tanto como fontes de recuperação e de apoio como de conflitos. O seu cliente era a própria rede: o sucesso clínico tinha o significado de melhoria do indivíduo, da família e da própria rede. O trabalho que desenvolveram atraiu a imaginação dos terapeutas familiares, no apogeu do movimento comunitário de saúde mental.

Pertencíamos à geração seguinte. Em 1973, Attneave recrutou David Trimble em Boston, onde este dirigia um grupo multifamiliar num programa comunitário dirigido à adolescência. A abordagem de rede ajustava-se muito bem a Trimble: descendente de uma geração de pastores protestantes, anteriormente dedicara-se a organizar uma comunidade de direitos civis e se interessava por xamanismo e recuperação urbana. Jodie Kliman, em 1972, estudara com ele no bairro nova-iorquino do Bronx. A prática de rede fez entrelaçar a terapia familiar e o trabalho organizacional comunitário por ela realizado com seu legado judeu-socialista. Primeiramente, em 1980, colaboramos um com o outro. Depois nos casamos.

Abordagens práticas

Cortes orçamentários maciços puseram um fim a nossos projetos nos Estados Unidos, mas a prática de rede ainda floresce na medicina socializada canadense e européia (e suspeitamos que floresça também em outros lugares). A cada ano são apresentados aperfeiçoamentos recentes nesse campo, por intermédio da American Orthopsychiatric Association e do jornal *Netletter*, editado por Trimble e destinado à rede internacional de profissionais que se dedica à prática de rede. O jornal editado por Moni Elkaïm e Eric Trappenier, *Résonances: Revues de Thérapies Familiales et des Pratiques de Réseaux,* também divulga os aperfeiçoamentos realizados no campo da família e da intervenção na rede.

Essa prática, desde a sua origem, seguiu vários rumos de evolução (documentados em Kliman e Trimble, 1983; Trimble, 1980). Baseia-se em duas premissas: por um lado, as redes configuram a experiência psicológica individual e, por outro, a reestruturação das redes conflituosas tem efeito terapêutico. Os terapeutas especializados em intervenção na rede não só enfatizam processos, estruturas e técnicas específicas, como também encaram de maneira diversa o papel que desempenham nessas intervenções. Os últimos trabalhos de Gerald Erickson (1984, 1988) introduziram conceitualmente a abordagem de intervenção na rede para muitos terapeutas de família, sugerindo que um dia a terapia familiar seria considerada como parte do campo mais abrangente da intervenção na rede social. Descrevemos a seguir várias abordagens apresentadas pelo trabalho individual, familiar e de comunidade. Começaremos com as técnicas aplicáveis em consultórios, estendendo em seguida nosso campo de visão para abordagens relativas a grupos maiores.

Mapeando as características da rede

As estratégias de intervenção na rede fazem uso de uma análise estrutural das características de uma rede: amplitude, composição, multicomplexidade, densidade, agrupamentos, vínculos de apoio *versus* vínculos de não-apoio, aspecto direcional e quantidade de contextos sociais que apresenta. Cada uma dessas características é relacionada (sem a implicação de nenhum aspecto de causalidade) ao bem-estar psicológico, evidenciada pelo mapeamento e reage à intervenção de rede.

No que diz respeito à sua utilização clínica, a *amplitude* da rede toma como referência as quatro zonas internas de Boissevain (1968). Os adultos normais urbanos e rurais norte-americanos, europeus e africanos relacionam-se com pessoas de faixa etária de vinte e cinco a cinqüenta anos, dos quais dez ou menos são íntimos. Phillips (1981) descobriu que o tamanho da rede representa a variável que exerce maior influência na afirmação de satisfação entre os homens (mas não entre as mulheres). Os adultos problemáticos não-psicóticos reportam de dez a doze laços significativos (Pilisuk e Parks, 1986). Os psicóticos não-internados apontaram em média de quatro a cinco relacionamentos ativos; o tamanho da rede está correlacionado negativamente às médias de re-hospitalização (Beels, 1978; Garrison, 1978; Pilisuk e Parks, 1986). Beels relatou que tanto o apoio social e a estimulação insuficientes como a exigência social e a estimulação demasiadas podem exacerbar os sintomas da esquizofrenia. Brown, Birley e Wing (1972) relataram que a amplitude de rede de parentela com altos níveis de expressão de emoção apresenta um grau de variação inverso àquele apresentado pelas médias de re-hospitalização de crianças esquizofrênicas. Salzinger, Kaplan e Artemyeff (1983) descobriram que as famílias em que se praticam abusos apresentam uma rede de relacionamento de dimensões reduzidas.

O *aspecto direcional* refere-se ao sentido que a ajuda (apoio, informações, bens, serviços etc.) tem nas relações. A ajuda vai de si para o outro no caso em que se é útil a alguém; do outro para si mesmo quando se é dependente, e nos dois sentidos numa relação de reciprocidade. Os indivíduos perturbados tendem a manter relações de dependência excessiva (Pattison et al., 1975) e experienciam menos os níveis de responsabilidade e competência necessários para se ocupar dos outros. Cohen e Sokolovsky (1978) assinalam que os homens mentalmente enfermos, quando mantêm relações em que se tornam mais úteis, são menos freqüentemente hospitalizados.

Por *composição* entende-se as categorias e bases de vinculação dos membros da rede (por exemplo, pais, amigos, vizinhos, agentes de apoio e/ou controle social). A composição varia de acordo com a classe social, a cultura e o gênero sexual. As redes de categorias profissionais tendem a concentrar-se sobre as relações de parentesco e vizinhos, local de trabalho e comunitárias, enquanto as redes que se apresentam na classe média mais alta se caracterizam por se basearem mais nos relacionamentos estabelecidos na época dos cursos universitários e por serem de maior alcance (Phillips, 1981). Os grupos étnicos que mais valorizam a interdependência tendem a apresentar maior número de redes centradas nas relações de parentesco mais amplas. As redes femininas tendem a se centralizar mais nestas últimas e nas crianças. As das cidades pequenas baseiam-se mais nas relações de vizinhança. As redes formadas pelos membros das clientelas clínicas, de todos os grupos sociais, tendem a ser mais restritas, caracterizando-se por uma quantidade desproporcionalmente maior de auxílio profissional e de parentesco do que a apresentada por suas contrapartes saudáveis (Garrison, 1978).

A *multicomplexidade* está ligada à quantidade de traços de interação necessários à formação de um vínculo. Um vínculo multicomplexo, em que uma pessoa possa adentrar e compartilhar de informações com um amigo colaborador para o qual ocasionalmente cumpra as funções de babá, será mais durável do que um vínculo unicomplexo que apresente apenas uma base relacional. Os pacientes psiquiátricos tendem a apresentar um maior número de vínculos unicomplexos do que as pessoas normais; Cohen e Sokolovsky (1978) demostraram haver uma correlação entre a presença de muitos vínculos de caráter multicomplexo com médias mais baixas de reinternação.

A *densidade* mede a inter-relação existente entre os membros de uma rede. Nas de natureza esparsa, poucas pessoas se conhecem; as densas apresentam maior grau de inter-relação. A densidade varia de acordo com a classe social (as redes de pessoas menos favorecidas e as de poder são em geral mais densas do que as da classe média) e com a cultura (as pessoas que valorizam a interdependência possuem redes mais densas do que as que valorizam a dependência). Portanto, as redes que funcionam bem se encaixam numa grande linha de continuidade de densidade. As redes esparsas oferecem maior liberdade individual e maior número de oportunidades, mas menor apoio ou *feedback* crítico que possa vir a ser utilizado. As redes densas oferecem maior apoio e controle de caráter mais normativo.

Dentro desses parâmetros culturais, a densidade apresenta um valor clínico significativo. Pattison (1977) descobriu que as redes de caráter neurótico se apresentam mais esparsas do que aquelas formadas por pessoas normais; as de psicóticos, significativamente mais densas do que as formadas por quaisquer agrupamentos. No entanto, Dozier, Harris e Bergman (1987) associaram as redes de caráter tanto muito denso como muito esparso com a freqüente reinternação de pacientes jovens e crônicos, o que veio ao encontro do argumento de Beels (1978) de que os esquizofrênicos têm necessidade de estabelecer um equilíbrio entre estímulo social e retraimento.

Os *agrupamentos* representam subsistemas de rede de caráter denso — compreendem parentes, grupos de trabalho, gangues de rua etc. Na maioria das redes, seus vários agrupamentos respondem pela oferta de apoio e controle sociais. Hammer (1973) descobriu que os esquizofrênicos que apresentavam apenas um agrupamento de rede eram hospitalizados com maior freqüência do que os que apresentavam vários deles. Salzinger et al. (1983) relataram as famílias em que se fazia presente o abuso infantil evidenciavam agrupamentos menores e menos densos de parentes e amigos, que toleravam ou ignoravam essas práticas. Polansky e Gaudin (1983) relataram que os membros de famílias com histórico de abuso minimizam seu contato com os agrupamentos que possam desaprová-lo (vizinhos, por exemplo). O desenvolvimento de agrupamentos múltiplos de suporte e *feedback*, quando vêm se somar a vínculos adicionais que lhes são exteriores, aumentam a flexibilidade e os benefícios oferecidos pelas redes de relacionamentos.

Os vínculos "fortes" ou *apoiados* estabelecem-se entre pessoas que conhecem as reações de sua rede. Os "fracos" ou *não-apoiados* firmam-se entre pessoas que desconhecem os outros membros da rede. Dado que um terço das pessoas se encontra em posição de oferecer informações sobre pessoas que não têm contato com outras, os vínculos apoiados oferecem maior apoio no que diz respeito a mudanças de emprego, de casa, retraimentos emocionais ou hospitalizações. Os vínculos não-apoiados apresentam menos durabilidade, mas dão acesso a informantes ou intermediários para as atividades de procura de empregos, de cuidar de crianças, de limpeza de casa etc. (Granovetter, 1973). As redes mais densas, por definição, são as que apresentam maior número de vínculos apoiados.

A *quantidade de contextos sociais* ou cenários em que as pessoas interagem (lar, escola, lugar de trabalho, vizinhança, grupos religiosos etc.) encontra-se intimamente ligada à escala de atividades sociais desenvolvidas. Phillips (1981) relata que a afirmação de satisfação entre mulheres apresentava-se fortemente correlacionada à escala de contextos e à amplitude da rede; a dos homens demonstrava a segunda mais forte correlação com o número de contextos.

O mapeamento coloca em evidência a rede pessoal, que raras vezes se mostra intuitivamente aparente. Auxilia as pessoas a reorganizarem e mudarem a forma pela qual suas próprias redes afetam sua vida. Oferece os dados necessários tanto ao planejamento da intervenção quanto às pesquisas de caráter epidemiológico. O mapa publicado por Attneave (1975) posiciona os membros que compõem a rede em quatro zonas concêntricas de relativa proximidade ou de importância, mostrando aquelas relativas às relações de parentesco em seu lado esquerdo e, no direito, os de não-parentesco. Os segmentos que se encontram nas bordas indicam a presença de relacionamentos problemáticos. Suas linhas denotam os relacionamentos e agrupamentos que se estabelecem entre os membros, produzindo-se, assim, o padrão visual a que a rede obedece.

No procedimento mais simplificado de Todd (1979), o informante elabora uma classificação dos relacionamentos significativos por categorias (familiares, de parentesco, de vizinhança, de colaboradores, de provedores de serviços etc.), criando uma lista dos membros que os compõem. As pessoas que apresentam relacionamentos multicomplexos são listadas apenas uma vez. Divide-se um círculo em segmentos que corresponderão a cada uma das categorias, e seus membros serão posicionados nesse círculo de acordo com a distância em que se apresentam em relação ao informante, que ocupa seu lugar central. As linhas que se delineiam entre os membros da rede evidenciam os relacionamentos; as mais finas representam os fortes e as interrompidas, os relacionamentos difíceis.

O inventário psicossocial de parentesco de Pattison et al. (1975) classifica os membros da rede segundo o direcionamento de suas necessidades individuais (por exemplo, de apoio de informações, emocional ou material) e faz um registro de seus entrelaçamentos. Tem maior utilidade para propósitos de pesquisa.

Dado que o mapeamento torna visível e esclarece a estrutura das redes, constitui-se em um útil instrumento de auxílio para que as pessoas possam desenvolver estratégias de mudança. Trata-se ao mesmo tempo de uma ferramenta de planejamento e de uma técnica de intervenção, que opera a transformação da percepção da vida relacional.

Treinamento de rede

As pessoas podem ser treinadas para melhorar suas redes de relacionamento e isso em muito se assemelha à forma pela qual a terapia de Bowen (1976) auxilia os indivíduos a melhorar seus relacionamentos familiares. O treinamento leva à mudança ou ao abandono dos relacionamentos conflituosos, ao fortalecimento daqueles que se apresentam saudáveis, à recuperação de suas fissuras e a tornar mais claras as fronteiras. Os membros de famílias enredadas em redes densas podem desenvolver relacionamentos individuais paralelos àqueles que estabelecem no seio de suas famílias ou a manter em segredo alguns poucos deles que lhes sejam benéficos. As famílias apartadas em redes esparsas podem juntar-se a grupos paroquiais ou de vizinhança, encontrar-se como família ou ainda confiar mais em amigos ou parentes. O treinamento tem utilidade para famílias em crise, que necessitam de ajuda para a mobilização de suas redes no sentido de obter um apoio de ordem emocional ou instrumental; para as que se encontram em épocas de transição em seus ciclos vitais; e para as pessoas que de alguma forma necessitam provocar uma superação nos limites de seus relacionamentos.

A construção da rede

Os clínicos auxiliam as pessoas a ampliar suas redes de relacionamento de caráter esparso para que possam assim mobilizar e substituir os que se mostram tóxicos em demasia para passar por uma transformação. Trimble (1980) associou a terapia de dinâmica de grupo e terapia de apoio à teoria de rede para criar uma "rede transicional" destinada a auxiliar os clientes a se distanciar das redes de relacionamento muito pequenas e tóxicas e para oferecer-lhes um ambiente mais seguro, onde pudessem ter acesso às suas capacidades interpessoais e à segurança que lhes pudesse possibilitar relacionamentos novos e mais saudáveis.

Vivian Garrison (1978) analisou as redes relacionais de mulheres imigrantes porto-riquenhas saudáveis e esquizofrênicas, residentes no Bronx, habilitando as últimas a construir redes e a usar outras estratégias de pequena escala. Reuniu-se com a rede de parentesco, com os amigos, com os vizinhos, com os médiuns espíritas, com os sacerdotes católicos e com os assistentes profissionais de suas pacientes, para assim poder ampliar a proximidade e a efetividade das zonas e do número de agrupamentos, a confiança nos indivíduos não pertencentes a suas redes de parentesco e as fontes de informações e de apoio.

Na cidade de Massachusetts, em uma residência comunitária destinada a pacientes crônicos de um hospital estatal, Trimble organizou uma reunião de "rede de redes", voltada para todos os futuros residentes e a fim de facilitar-lhes a transição para a vida comunitária (Trimble e Kliman, 1981). Esses vínculos assim estabelecidos ampliaram as redes relacionais das pessoas cuja vida, nesse aspecto, havia sido profundamente desfavorecida por causa dos anos passados em internação hospitalar.

Os grupos terapêuticos multifamiliares (Elkaïm, 1987) alargam as redes de famílias isoladas que se encontram inundadas por doenças mentais, pela delinqüência, pela privação, por doenças crônicas de ordem física etc. Estas expandem seus repertórios interacionais, criam novos agrupamentos, desenvolvem laços de reciprocidade e aumentam seus sentimentos de competência social, à medida que seus membros se auxiliam mutuamente. Por fim, as redes podem ser construídas por meio dos grupos de Alcoólicos Anônimos, de grupos de apoio para as famílias de doentes mentais crônicos, de portadores de AIDS ou de pessoas que passam por privações — ou por intermédio de organizações de caráter religioso, político, social, pedagógico, de amigos de bairro e de voluntários.

Abordagens ecológicas

Essas abordagens dão ênfase aos problemas relativos ao sistema de serviço social, focalizando-se na integração dos setores de redes primários e secundários. Auerswald (1968) apoiava-se nas abordagens dos sistemas familiares; outros, como Curtis (1974) e Hansell (1967), tiveram a influência da análise dos sistemas organizacionais.

Auerswald desenvolveu uma abordagem ambiental para aumentar a adaptação de famílias ou indivíduos problemáticos ao ambiente que os cercava. As "reuniões inter-sistêmicas" voltavam-se para os sistemas conflituosos, que criavam obstáculos à oferta de serviços; com referência a estes, desenvolvia planejamentos baseados em acordos adaptados à complexa ambientação situacional familiar. Embora esse autor levasse em conta as questões de poder evidenciadas pela família e desse ênfase ao fortalecimento de seus membros mais fracos, Elkaïm (1982) criticou-o por não se haver pronunciado quanto às políticas de opressão.

Curtis (1974) reorganizou os serviços sociais a leste de Massachusetts criando centros locais administrados por conselhos comunitários e por funcionários do serviço social. Nesse contexto, o responsável pelo caso organizava equipes centradas no paciente a partir das redes primárias apresentadas por este, dos voluntários dos serviços comunitários e dos representantes dos serviços sociais. Essas equipes se reuniam com a finalidade de ampliar os conhecimentos que possuíam em relação à situação do paciente, incluindo-se aí seus próprios papéis como mantenedores dos problemas, e chegavam a um acordo sobre as estratégias de colaboração a serem empregadas em cada caso.

A abordagem de Hansell (1967) voltou-se tanto para os rompimentos de relações como para as oportunidades de mudanças que se apresentavam pelas crises. As redes têm o poder de excluir os indivíduos que se mostram em crise, o que leva a uma alienação recíproca. Hansell procurava manter seus pacientes em seu ambiente social (fazendo assim um trabalho de prevenção à dependência das instituições) e ampliar a capacidade de cuidados oferecida pela rede por meio da reunião de ajudantes formais e informais, cuja tarefa é colaborar com o paciente e sua família.

Com o projeto de rede social elaborado por Maastricht, nos Países Baixos, promoveu-se a integração das abordagens norte-americanas de intervenções na rede com a teoria da "homeostase social" desenvolvida pelo psiquiatra holandês Querido (1970) no trabalho com pacientes indicados pelo poder judiciário, crônicos, geriátricos e da área médica. Seus participantes encaravam sua participação no serviço de assistência social como "um funcionamento socialmente deslocado", que refletia o colapso do sistema natural de apoio. Com a finalidade de restaurar a integração social, dimensionaram a estrutura da rede relacional do paciente (sua faixa e tamanho, heterogeneidade, acessibilidade, densidade, abertura de seus canais comunicacionais); seu funcionamento (necessidades afetivas e materiais, de consenso e o nível de estabilidade social apresentado); e evidências apresentadas pelos vínculos (iniciativa, freqüência e tipo de contato, duração e origem do relacionamento). As intervenções fizeram com que as redes se tornassem "meios sociais vitais" da maior amplitude, fazendo diminuir os níveis de isolamento apresentados entre seus membros e os de dependência em relação aos terapeutas (Baars, Uffing e Dekkers, 1990).

Sessões de rede para a resolução de problemas

As "sessões de rede" realizadas a efeito por John Garrison (1974) são compostas por oito a quinze membros, que assumem a responsabilidade pelo controle dos recursos e se comprometem a atuar de maneira construtiva. O condutor da sessão espera que os participantes colaborem para uma negociação racional e para a solução dos problemas. A este cabe estabelecer por escrito as preocupações dos participantes em uma "lista de queixas", que não será repetida. Os sentimentos de raiva, uma vez expressos, são colocados de lado para que o grupo tenha condições de transformar cada uma dessas queixas em um objetivo específico de comportamento. A situação de negociação e de resolução de problemas dá condições para o surgimento de acordos e de comprometimentos que o próprio grupo concorda em monitorar e, se necessário, renegociar. As sessões de grupo apresentam numerosas possibilidades de aplicação, desde que os que delas participam possam cooperar. Em casos de redes que se apresentem em situações extremadas de crises, de redes caóticas ou que não demonstrem cooperação, de problemas não passíveis de ser tratados ou de situações que requeiram uma recuperação emocional de nível profundo, recomenda-se assembléia da rede ampliada.

Assembléia de rede ampliada

A assembléia de rede ampliada (Speck e Attneave, 1973) representa uma combinação da terapia familiar e de grupo, da organização comunitária, do aumento dos níveis de consciência mais o tratamento tradicional. Concebida para ser aplicada em casos de situações agudas ou casos particularmente difíceis — sério risco de suicídio, abuso de substâncias, delinqüência, ameaça de internação hospitalar etc. —, geralmente reúne de doze a oitenta participantes, provenientes das faixas primárias e secundárias do grupo familiar. Essas assembléias mobilizam a capacidade de cuidar dos outros, a recuperação e a proteção aos pacientes; reestruturam os padrões relacionais e fortalecem os membros da família para que assumam sua coletiva responsabilidade por seu bem-estar recíproco. Ocorrem nos domicílios ou em qualquer lugar da comunidade.

A assembléia é conduzida por um dirigente da mesma forma que um maestro rege uma orquestra e da mesma forma que um raio de luz conduz energia. Neste último sentido, o dirigente pode ser induzido a se aprofundar no nível de intensidade emocional apresentado pela rede — e de maneira muito semelhante àquela pela qual os xamãs passam pela experiência das aflições daqueles dos quais se ocupam, em suas sessões tradicionais de cura. Preso pelas poderosas correntes inconscientes e de transferências inerentes ao processo grupal, o dirigente é passível de entrar num estado alterado de consciência com a finalidade de dar expressão à experiência coletiva. De um a quatro membros da equipe se movimentam de forma mais "racional" pelo aposento, coletando informações, facilitando a participação dos presentes e consultando-se entre si e com o dirigente. Avaliam o processo, alertam o dirigente quanto a potenciais dificuldades ou oportunidades, sugerem a mudança de direcionamentos ou, se necessário, intervêm diretamente.

A descrição feita por Speck e Attneave (1973) do processo de reunião, como uma seqüência em espiral constituída por seis estágios, constitui-se como um mapa, de grande utilidade para que se possa decidir em que momento se deve facilitar a passagem para o próximo estágio, voltar atrás ou simplesmente deixar que o processo siga seus próprios desdobramentos. O primeiro desses estágios, o da *retribalização*, tem início quando a família ativa um grande número de contatos distribuindo os convites para que as pessoas participem da reunião; nesta, o dirigente apresenta o problema, define a rede como foco da intervenção e conduz um breve ritual, com a finalidade de dar relevo especial aos sentimentos relacionais. Dependendo dos costumes culturais e da flexibilidade que apresentem, o grupo pode dançar ou pular, cantar uma canção de conteúdo emocional significativo ou seus membros podem simplesmente dizer seus nomes, graus de relacionamento e definir sua vontade de ajudar.

O vínculo emocional faz com que venham à tona pontos de vista contraditórios, sentimentos e necessidades, e assim oferece condições para que a *polarização* tenha início. A equipe assegura que o conflito não dê ensejo a que se apontem bodes expiatórios ou outras formas destrutivas de comportamento. A interrupção e o redirecionamento facilitam a interação dialética à medida que o entendimento de que o grupo compartilha assim se torna mais completo e mais útil. Em casos de redes excessivamente polarizadas, a equipe pode usar técnicas de retribalização para dar ênfase a preocupações comuns, ou as partes em oposição podem ser solicitadas a estabelecer um consenso interno, antes de se comprometer mutuamente. Nas redes muito depressivas ou educadas demais para polarizar suas posições, o fato de seus membros discutirem verbalmente o problema em um círculo mais íntimo pode dar mais luz às suas diferenças. Quando as demais pessoas se mostram mais impacientes, o dirigente as convida para entrar no processo, abrindo finalmente a discussão a todos. A energia e a informação assim geradas auxiliam a que se transcendam os obstáculos que anteriormente cerceavam o grupo.

A *mobilização* tem início no momento em que os ativistas, impacientes com as discussões, propõem soluções, seja espontaneamente, seja pela solicitação do dirigente de ações concretas do grupo. Os participantes sentem-se esperançosos, criativos e energizados e podem até se espantar pelo fato de o problema ter-se mostrado tão difícil. A equipe, ao contrário, aponta as dificuldades que possam surgir.

A *depressão* surge quando os ativistas se defrontam com obstáculos e com respostas de natureza homeostática às soluções que propõem. Esse estágio, doloroso, permite a recuperação coletiva de danos de caráter emocional, de sentimentos de impotência, de luto não-resolvido e de tristezas compartilhadas. O dirigente dá expressão direta aos sentimentos do grupo, encorajando a discussão, ou o faz de forma indireta, realizando o "funeral de brincadeira" (Rueveni, 1979) de um suicida em potencial ou de um paciente que abuse de drogas, pedindo a todos que falem "com o coração" a cada membro da família. À medida que todos passam a tolerar mais seus próprios sentimentos de impotência e desesperança, passam também a fazer uma revisão de seus planos, superando a negação ou a paralisia coletivas.

A esperança renovada caracteriza o *colapso*. Todos os participantes da assembléia são desafiados a estabelecer metas mais práticas: encontrar um emprego ou viver uma situação, suportar a lista de proibições da esposa ou dos pais do paciente, ser padrinho de alguém em um grupo de Alcoólicos Anônimos etc. Os membros formam comitês para acompanhar os problemas específicos ou particulares dos membros da família, fazendo um relatório de seus planos na reunião mais ampla.

Na fase de *exaustão/euforia*, uns se mostram fatigados pela intensidade da assembléia; outros, entusiasmados pela recuperação coletiva, podem conversar informalmente, noite adentro. Outros ainda sentem ambas as sensações. Este sexto estágio da espiral repete-se sempre que o desenvolvimento atinge um nível mais alto, durante e entre as assembléias. A equipe, que passa pela experiência da seqüência a partir de uma posição levemente distante da rede, tem o poder de antecipar muitas das reações desta.

A Mount Tom Institute's Network Therapy Team de Holyoke, de Massachusetts, conduziu muitas centenas de assembléias (a maioria das quais com pacientes doentes mentais crônicos) antes de ser desfeita. Sua assembléia de rede ampliada, composta de oito a vinte membros, muito intensa para o modelo de sessão de rede (Halevy-Martini, Hemley-van der Velden, Ruhf e Schoenfeld, 1984), seguia uma seqüência composta de três estágios. O de *convocação* dizia respeito à identificação, aos convites e à reunião dos membros. O de *conexão* reforçava o poder de apoio apresentado pelos laços presentes na rede, responsáveis pela geração de experiências de caráter emocional (na maioria das vezes, de pesar pelos enormes problemas que os unem). E, finalmente, a equipe produzia o *deslocamento do foco de responsabilidade* e os membros da rede assumiam o controle pela resolução de seu problema.

O modelo de Mount Tom evita o apontamento de bodes expiatórios porque faz com que cada um dos membros da família convide alguém para dar-lhe seu apoio. Isso exige uma composição "balanceada" da assembléia, incluindo-se aí tanto os participantes intensamente engajados como os que dela participam ocupando posições periféricas. (Essa contribuição técnica foi benéfica para nossas próprias reuniões.) O papel do dirigente muitas vezes, durante as assembléias, sofre um deslocamento. À medida que o dirigente designado para tal conduz a assembléia, um colega seu espontaneamente se torna o "dirigente emocional" xamanístico ou uma espécie de barômetro da equipe.

A pesquisa de resultados realizada por Schoenfeld, Halevy, Hemley-van der Velden e Ruhf (1985) demonstrou que as assembléias reduzem significativamente o auxílio da assistência social de saúde mental. Trimble, Kliman, Villapiano e Becket (1984) concluíram igualmente que os membros da rede também aproveitam de um benefício preventivo.] Da mesma forma, a equipe de Mount Tom desenvolveu estratégias terapêuticas para a rede comunitária, mantendo seus laços com o Instituto, com outros serviços e com as redes de seus clientes. Foram responsáveis por algumas poucas redes de portadores de AIDS, voltadas para as polarizações existentes entre os membros homossexuais e homofóbicos destas, ou entre as pessoas que faziam uso abusivo de drogas e cônjuges, amigos e membros "limpos" de suas famílias (Kliman, 1989).

O Nordic Seminar on Social Networks (Fyrand, 1985) divulgou as técnicas de mapeamento, treinamento, consultas e de assembléias por meio de sete escritórios noruegueses de assistência social e de saúde. No Tasen, programa-residência para adultos diagnosticados como portadores de distúrbios de personalidade limítrofes, os pacientes primeiramente elaboravam "mapas congelados" de redes diminutas, esparsas e rígidas ou "mapas de invasão", relativos a redes de características densas. À medida que esses pacientes apresentavam melhoras, seus mapas mostravam-se mais organizados. No programa-residência de tratamento dirigido para adolescentes de Larkollen, os pacientes e seus pais elaboraram individualmente um mapa dos padrões relacionais que se apresentavam e um outro, que mostrava a distribuição geográfica dos membros da rede. Mostrados a todos, esses mapas ajudaram os pacientes a se voltar para as questões que afetavam as redes, nas reuniões de grupos (Trimble, Bjelland, Coppard, Dalland, Fuchs e Kaminsky, 1990).

O Family Networks, programa voltado para adolescentes em regime de externato e de residência, promoveu a integração das técnicas de mapeamento, de treinamento e de assembléias em um programa de atendimento múltiplo. Concluíram que a intervenção de rede acelera a terapia familiar; um fluxo mais livre de informação esclareceu questões de nível multigeracional e segredos familiares, contrapondo-se a conluios disfuncionais (Youngquist e Ruff, 1984).

Svedhem, Bergerhed, Brendler, Forsberg, Hultkrantz-Jeppson, Marklund e Martensson (1985) retomaram as primeiras práticas de rede de Sweden, que hoje são conhecidas de todos. O grupo original promoveu a integração da análise de rede com o modelo ambiental do desenvolvimento humano elaborado por Bronfenbrenner (1979), focalizando-se sobre a intervenção efetuada sobre o mesossistema: os padrões relacionais obedecidos entre as famílias, no campo do trabalho, da escola, da vizinhança e da assistência social. Dividindo com a equipe de Mount Tom sua preocupação com o equilíbrio, os autores exigiam que as assembléias de rede incluíssem "as pessoas que sofrem, as que não estão envolvidas e aquelas que oferecem apoio" (Bergerhed, Forsberg, Klefbeck, Marklund e Ruhf, 1990).

Klefbeck, Bergerhed, Forsberg, Hultkrantz-Jeppson e Marklund (1987) aplicaram a intervenção de rede em 61 casos de proteção à infância. Os assistentes sociais dirigiram a esses pacientes questões relativas a recursos e mapearam suas redes, inscrevendo-as pouco a pouco em reuniões voltadas para situações de não crise ou fazendo convites para reuniões iniciais, orientadas para a crise, de dez a vinte participantes. O apoio da rede também foi mobilizado com o objetivo de evitar abrigar uma criança em lares adotivos ou, quando isso fosse inevitável, mantê-la no seio da própria rede familiar ou, no mínimo, para dar sustentação aos vínculos que pudessem apoiar a criança colocada fora de sua rede relacional. O mapeamento ajudou para que os pais divorciados litigiosamente vissem a necessidade que seus filhos tinham de manter os vínculos de suas redes, embora tivessem de se mover entre duas diferentes casas de família. A intervenção de rede fez com que não apenas os sintomas, mas também as relações estabelecidas dentro da rede apresentassem uma melhora; metade das famílias apresentou algum tipo desta e 87% delas modificaram seus relacionamentos com a rede de parentesco ou com outros subsistemas. Um quarto dos pais mudou de emprego, estabeleceu novos laços ou renovou os antigos. As assembléias de redes também auxiliaram os clientes a se desligar de gangues juvenis.

Os profissionais que apresentam formação em redes relacionais têm mais possibilidade do que outros para colocar os pacientes em suas redes primárias e, quando abrigar uma criança se faz necessário, de consultarem os membros da rede mais do que as autoridades no que diz respeito às decisões relativas a abrigo. A colocação nos moldes tradicionais da criança, em lares de adoção, desapareceu à medida que os assistentes sociais viam agora como sua missão fundamental a preservação das raízes da rede relacional das crianças. De 61 crianças, apenas cinco foram institucionalmente adotadas; em dois destes últimos casos, duas redes facilitaram o abrigo e preservaram os vínculos das crianças. As três outras possuíam redes geograficamente dispersas (por exemplo, mãe imigrante sozinha na Suécia) ou várias rupturas e polarizações na rede. Alguns casos não apresentaram bons resultados por causa da estranheza do profissional em relação à abordagem, ou das deficiências de caráter de adaptação, entre um problema de delinqüência e a missão da instituição de assistência à infância.

O Emergency Network Centre, dotado de laços de referência que o unem à assistência médica, social e pedagógica e a departamentos de cuidados à infância, dá apoio a organizações de defesa dos direitos das crianças e a uma faculdade de assistência social, estando ligado também ao governo nacional, da cidade e da prefeitura ou comunidade, tendo sido inaugurado em Botkyrka, na Suécia, em 1989 (Trimble, 1989). À medida que o clima sueco de bem-estar social assumiu ares mais e mais conservadores, os recursos financeiros governamentais desapareceram e os recursos orçamentários locais do Centro exigiram que os "lucros" provenientes das taxas cobradas pelos serviços que ofereciam aparecem. Respondendo a esse fato, o Centro mobilizou sua própria rede em busca de apoio político reunindo setenta colegas, políticos, a mídia e outras pessoas de todo o país, em uma reunião de escala completa (G. Forsberg, mensagem pessoal de 3 de fevereiro de 1992). Assegurou fundos para sua continuidade, tendo suprido 30% de seu orçamento pela formação profissional e contratos firmados com os serviços de assistência sociais distritais. Fornece ainda atendimento ambulatorial gratuito a todos os que ali se apresentem para tal.

Desde 1973, o Center for Family Therapy of Alcoholism do Institute for Mental Health de Belgrado trata de milhares de famílias, por meio de sua abordagem ecossistêmica de rede familiar e social e dos seus programas de prevenção em locais de trabalho e na comunidade (Gačić, 1986). Seu tratamento de um ano de duração é aplicado em níveis tanto individuais como de terapia familiar e múltipla, assembléias de rede, grupos de apoio e colaboração com os serviços inter-assistenciais.

Intervenção de rede no âmbito comunitário

A prática de rede na comunidade recebe a influência da assembléia de escala completa, do trabalho realizado por Attneave (1969) em vários assentamentos comunitários, da prática de psicoterapia da comunidade realizada por Gatti e Colman (1976) e da organização comunitária. Combina todas essas práticas num trabalho comunitário de saúde mental estendendo-se das redes pessoais às redes de grupos e instituições.

Exige-se que os praticantes da terapia de redes comunitárias originários da cultura dominante abram mão de sua "experiência" e da primazia de seus próprios valores culturais. Eles são os encarregados de estabelecer uma multiplicidade de relacionamentos de trabalho com seus clientes e suas respectivas redes, com os ativistas locais e com provedores de serviços (Gatti e Colman, 1976; Trimble e Kliman, 1981). Posicionando-se na periferia de numerosas redes e sistemas sociais, responsabilizam-se pelo estabelecimento de uma rede de conexão entre estes últimos. Essa abordagem se mostra útil para o trabalho voltado para a população (isto é, voltado para pacientes mentais crônicos, portadores de AIDS e para os excluídos de modo geral), particularmente nos casos em que a prestação de serviços nesse campo é limitada ou se estabelece em bases de competição.

Attneave (1969) dedicou-se ao trabalho com comunidades urbanas e rurais, respeitando e estimulando seus contextos culturais (incluindo-se aí as estruturas tribais das reservas de nativos norte-americanos). A rede de programas baseados na comunidade, desenvolvida por Israel Zwerling e outros pioneiros de saúde mental comunitária e de terapia familiar, atendeu largamente às comunidades afro-americanas e latinas de todo o Bronx. Seus autores recrutaram profissionais de origem indígena, paraprofissionais, consultores culturais e de contato, colaboraram com igrejas, locais informais de reunião, clubes, associações de locatários e de locadores, programas de prevenção às drogas, escolas, gangues e centros espíritas. Os grupos multifamiliares ampliaram-se e reforçaram as redes, atuando como um amortecedor entre os excluídos e as instituições de controle social. Em um desses grupos, que Kliman co-dirigiu e se voltava para as famílias de adolescentes porto-riquenhos, os pais exerciam uma atividade de proteção recíproca a seus filhos, evitando assim recorrer aos serviços assistenciais de proteção à criança. Em outro deles, as famílias de esquizofrênicos, isoladas, amedrontadas, vivendo em um projeto residencial que lhes cobrava taxas elevadas de aluguel, uniram-se em greve de pagamento a esses aluguéis e abriram suas portas a vizinhos aos quais nunca haviam dirigido a palavra.

Da mesma forma, Trimble mobilizou a rede ampliada de uma comunidade residencial em Massachusetts. Os ativistas da rede, por ocasião de uma assembléia convocada para o auxílio a um de seus clientes, lideraram uma vitoriosa campanha para que o Estado não mais retirasse sua ajuda orçamentária ao programa (Trimble e Kliman, 1981).

Em Toronto, a Community Occupational Therapists and Associates (COTA) está voltada mais para a rede do que para a análise política. A COTA oferece apoio social para pacientes psiquiátricos e clínicos, dando relevo à "solidariedade estrutural", à flexibilidade, à estabilidade e à satisfação (Gottlieb e Coppard, 1987). Considerando como cliente a própria rede, a equipe por vezes se reúne com alguns de seus membros sem a lista de pacientes. Suas metas abrangem o aumento do tamanho da rede e de seus setores de não-parentesco, o estabelecimento de novos agrupamentos e ligações entre esses setores, o reforço ao apoio já existente, o destaque à multicomplexidade e à escala de apoio intercambiado, a redução do "encapsulamento" dos pacientes na rede de alguém que conheça todas as pessoas conhecidas por seus membros (e que assim pode ter controle sobre os intercâmbios sociais por eles encetados), e o desligamento dos pacientes de laços nocivos ou que levem a alguma forma de dependência. A COTA, que prefere ir ao encontro do paciente em vez de trabalhar em escritórios, contrói novas redes por meio de comunidades pouco exigentes, como clubes sociais ou associações de bairro. Oferece encontros, consultas com outros profissionais e proporciona aos pacientes e aos membros da rede sessões de intervenção em pequena escala.

Em Winnipeg, estado de Manitoba, no Canadá, o projeto Neighborhood Parenting Support (Lugtig e Fuchs, 1992) criou alternativas de prevenção para a assistência de proteção à criança. Fazendo uso de estudos baseados em pesquisas etnográficas e de amostragem das redes de apoio, e dos riscos de maus-tratos à infância apresentados pela comunidade de uma cidade das vizinhanças, colocaram um membro do projeto Neighborhood que se uniu aos colaboradores naturais e auxiliaram os pais a mapear, entender e modificar suas redes. A profissional trabalhou no sentido de facilitar o estabelecimento de contatos entre essa comunidade, os residentes de outras áreas e os serviços de assistência social, além de convocar assembléias de rede. O projeto patrocinou a busca de locais informais de reuniões e a formação de grupos de auto-ajuda para pais. A avaliação dos resultados assim obtidos evidenciou mudanças notáveis nas redes parentais, em risco de maus-tratos às crianças, e sugeriu que as intervenções de amplitude vicinal reduziram esse risco.

Em 1971 a equipe do La Gerbe deu início a um programa de intervenção na rede de âmbito comunitário em um distrito desfavorecido de Bruxelas, habitado por imigrantes marroquinos, turcos, albaneses, iugoslavos e belgas idosos. Tal como os projetos realizados no bairro do Bronx, o de La Gerbe focalizava os aspectos liberatórios da saúde mental da comunidade. Moni Elkaïm (1980, 1982), depois de seu período de formação naquele bairro nova-iorquino (onde travou conhecimento com Speck), uniu-se a essa equipe. Esta também teve a influência dos movimentos psiquiátricos democráticos europeus e das análises feitas sobre as formas culturais e de opressão de âmbito de classe. Seu modelo teórico, político e técnico de intervenção, altamente desenvolvido, representa uma contribuição para a compreensão social, econômica e cultural das redes e do potencial que estas apresentam para a reprodução e também para o desafio a estruturas sociais opressivas (Elkaïm, 1982; Pluymaekers, 1987).

A flexibilidade técnica do La Gerbe permite-lhe manter um nível de crítica e de ação sociais. O projeto auxilia os membros da rede a entender e dominar coletivamente seus problemas. Vendo na maioria das terapias um meio de se manter o continuísmo da exclusão, do controle e da dominação dos oprimidos, lutam para auxiliar as redes primárias de seus clientes a se encarregar, sem se unir a elas, das forças que exercem o controle social e a fazer uso do setor secundário sem se deixar controlar (Pluymaekers, 1987). Mantêm as intervenções psicológicas (mais ainda do que as de caráter social) em seu nível mínimo. Os grupos familiares e multifamiliares (de passado e problemas semelhantes), a terapia familiar e as reuniões de rede implicam análises e soluções políticas. A intervenção envolve os sindicatos socialistas locais, que possibilitam empregos para as pessoas portadoras de doenças mentais, bem como rede de parentesco e as igrejas.

As equipes de terapia familiar de Nova Zelândia (Waldegrave, Laban e Tuhaka, 1991) hoje se consideram merecedoras das críticas que lhes são dirigidas por suas comunidades maori, samoanas e pelas feministas, sem esquecer as análises de classes. Embora não empreguem a linguagem das intervenções de rede, seu posicionamento se assemelha ao da equipe de La Gerbe, ao qual acrescentam um desafio tipicamente feminista ao patriarcado.

Mostrando a influência do trabalho realizado pela equipe de La Gerbe, da prática feminista, da terapia e da psiquiatria radicais, a equipe de pesquisa e ação do Douglas Hospital realizou intervenções em 25 redes de um distrito desfavorecido de Montreal (Desmarais, Lavigueur, Roy e Blanchet, 1987). Lutaram para desmistificar o papel desempenhado pelos profissionais e pelo estabelecimento de igualdade entre seus profissionais de saúde mental, cientistas sociais, técnicos de audiovisual e secretária. A equipe, o paciente e um ou dois dos membros da rede analisavam a dinâmica e as funções desta, visando elaborar estratégias de intervenção. Nos casos de pacientes que relutavam em participar de reuniões grandes, concentravam-se nos aspectos de treinamento e construção, deixando-lhes aberta a opção de reunir-se. O controle exercido pelo paciente sobre as intervenções sobrepujava as preocupações concernentes ao equilíbrio da reunião. A meta da intervenção era a compreensão sociopolítica dos problemas e a ativação aparentemente mais feminista do posicionamento de igualdade evidenciado pela equipe de La Gerbe.

Conclusão

O desenvolvimento da prática de rede se defronta com obstáculos desanimadores. A busca por soluções coletivas de problemas edificados no campo social desafia as estruturas existentes em uma época que se mostra cada vez mais conservadora. Os clínicos negaceiam as mudanças de posicionamentos que a abordagem de rede exigem. Quando é esta que ocupa a posição do paciente, a estruturação baseada no pagamento de taxas dificilmente se adapta aos sistemas, em sua maioria apoiados no mercado ou na oferta de serviços públicos de assistência. Mas o prêmio vale a luta. A prática de rede possibilita-nos experienciar a mágica da recuperação coletiva e dá testemunho de seu próprio poder, diante de problemas que desafiam a solução oferecida pelos meios clínicos tradicionais.

REFERÊNCIAS BIBLIOGRÁFICAS

ATTNEAVE, C. "Therapy in tribal settings and urban network intervention". In: *Family Process*, 8, 1969, pp. 192-210.

________. *The Attneave family network map*. 1975. (Disponível pela BFI Publications, 580 Dedham Street, Newton, Massachusetts 02159-2943, USA)

AUERSWALD, R. "Interdisciplinary versus ecological approach". In: *Family Process*, 10, 1968, pp. 263-80.

BAARS, H., UFFING, J. e DEKKERS, G. *Sociale netwerk-strategieen in de sociale psychiatrie*. Antuérpia, Bohn Stafleu Van Loghum, 1990.

BARNES, J. "Class and committees in the Norwegian Island Parish". In: *Human Relations*, 7, 1954, pp. 39-58.

BEELS, C. "Social Networks, the family, and the schizophrenic patient: Introduction to the issue". In: *Schizophrenia Bulletin*, 4, 1978, pp. 512-21.

BERGERHED, E., FORSBERG, G., KLEFBECK, J., MARKLUND, K. e RUHF, L. *Working with social networks in crisis: Techniques and demonstrations*. Apresentado no 67th Annual Meeting of the American Orthopsychiatric Association, Miami, Flórida, abril de 1990.

BOISSEVAIN, J. *Friends of friends: Notworks, manipulators, and calitions*. Oxford, Basil Blackwell, 1968.

BOWEN, M. "Theory in the practice of psychotherapy". In: GUERIN P. (ed.), *Family Therapy*. Nova York, Gardner, 1976, pp. 42-90.

BRONFENBRENNER, U. *The ecology of human development: Experiments by nature and design*. Cambridge, Massachusetss, Harward University Press, 1979.

BROWN, G., BIRLEY, J. e WING, J. "The influence of the family in schizophrenic disorders: A replication". In: *British Journal of Psychiatry*, 121, 1972, pp. 241-58.

COHEN, C. e SOKOLOVSKY, J. "Schizophrenia and social networks: Ex-patients in the inner city". In: *Schizophrenia Bulletin*, 4, 1978, pp. 546-60.

CURTIS, W. "Team problem-solving in a social network". In: *Psychiatric Annals*, 4, 1974, pp. 11-27.

DESMARAIS, D., LAVIGUEUR, H., ROY, L. e BLANCHET, L. "Patient identifiée réseau primaire et idéologie dominante". In: ELKAÏM, M. (ed.), *Les pratiques de réseaux: Santé mentale et contexte sociale*. Paris: Les Éditions ESF, 1987, pp. 41-74.

DOZIER, M., HARRIS, M. e BERGMAN, H. "Social network density and rehospitalization among young adult patients". In: *Hospital and Community Psychiatry*, 38, 1987, pp. 61-5.

ELKAÏM, M. "Family system and social system: Some examples of intervention in an impoverished district of Brussels". In: ANDOLFI, M. e SWERLING, I. (eds.), *Dimensions of family therapy*. Nova York, Guilford, 1980.

________. "From the family approach to the sociopolitical approach". In: KASLOW, F. (ed.), *The international book of family therapy*. Nova York, Brunner/Mazel, 1982.

________. *Les pratiques de réseaux: Santé mentale et contexte sociale*. Paris, Les Éditions ESF, 1987.

ERICKSON, G. "A framework and themes for social network intervention". In: *Family Process*, 23, 1984, pp. 187-204.

________. "Against the grain: Decentering family therapy". In: *Journal of Marital and Family Therapy*, 14, 1988, pp. 225-36.

FYRAND, L. *Activist og ansvar i eget bolmiljo*. Oslo, Universitets Forlaget, A. S., 1985.

GAČIĆ, B. "An ecosystemic approach to alcoholism: Theory and practice". In: *Contemporary Family Therapy*, 8 (4), 1986.

GARRISON, J. "Network techniques: Case studies in the screening-linking-planning conference method". In: *Family Process*, 13, 1974, pp. 337-53.

GARRISON, V. "Support systems of schizophrenic ans non-schizophrenic Puerto Rican immigrant women in New York City". In: *Schizophrenia Bulletin*, 4, 1978, pp. 561-96.

GATTI, F. e COLMAN, C. "Community network therapy: An approach to aiding families with troubled children". In: *American Journal of Orthopsychiatry*, 40, 1976, pp. 608-17.

GOTTLIEB, B. e COPPARD, A. "Using social network therapy to create support systems for the chronically mentally disabled". In: *Canadian Journal of Community Mental Health*, 2, 1987, pp. 117-31.

GRANOVETTER, M. "The strength of weak ties". In: *American Journal of Sociology*, 78, 1973, pp. 1360-80.

HALEVY-MARTINI, J., HEMLEY-VAN DER VELDEN, E., RUHF, L. e SCHOENFELD, P. "Process and strategy in network therapy". In: *Family Process*, 23, 1984, pp. 521-3.

HAMMER, M. "Psychopatology and the structure of social networks". In: SALZINGER, K., SUTTON, S. (ed.), *Psychopathology: Contributions from the Social, Behavioral and Biological Sciences*. Nova York, John Wiley and Sons, 1973.

HANSELL, N. "Patient predicament and clinical service: A system". In: *Archives of General Psychiatry*, 17, 1967, pp. 204-10.

KLEFBECK, J., BERGERHED, E., FORSBERG, G., HULTKRANTZ-JEPPSON, A. e MARKLUND, K. *Nätverksarbete i multiproblemfamiljer*. Tumba, Botkyrka Kommun, 1987.

KLIMAN, J. "Network approaches to AIDS: Some preliminary possibilities". In: *Netletter*, 4 (1), 1989, pp. 8-11.

________ e TRIMBLE, D. "Network therapy". In: WOLMAN, B. e STRICKER, G. (eds.), *Handbook of family and marital therapy*. Nova York, Plenum, 1983.

LUGTIG, D. e FUCHS, D. *Building on the strength of local neighborhood social network ties for the prevention os child maltreatment: The final report of the neighborhood parent support project*. Winnipeg, Manitoba, Child and Family Service Research Group, Faculty of Social Work, University of Manitoba, 1992.

PATTISON, E. "A theoretical-empirical base for social systems therapy". In: FOULKS, E. (eds.), *Current perspectives in cultural psychiatry*. Nova York, Spectrum, 1977.

________, DE FRANCISCO, D., WOOD, P., FRAZIER, H. e CROWDER, J. "A psychosocial kinship model for family therapy". In: *American Journal of Psychiatry*, 132, 1975, pp. 1246-51.

PHILLIPS, S. "Network characteristics related to the well-being of normals: A comparative base". In: *Schizophrenia Bulletin*, 7, 1981, pp. 117-24.

PILISUK, M. e PARKS, S. *The healing web: Social networks and human survival*. Hanover, New Hampshire, University Press of New England, 1986.

PLUYMAEKERS, J. "Réseaux et pratique de quartier". In: ELKAÏM, M. (ed.), *Les pratiques de réseaux: Santé mentale et contexte sociale*. Paris, Les Éditions ESF, 1987.

POLANSKY N. e GAUDIN JR., J.M. "Social distancing and the neglected family". In: *Social Service Review*, 1983, pp. 196-208.

QUERIDO, A. *Multiple equilibria, Werk in vitvoering*. Leiden, Kroese, 1970.

RUEVENI, U. *Network families in crisis*. Nova York, Human Sciences Press, 1979.

SALZINGER, W., KAPLAN, S. e ARTEMYEFF, C. "Mother's personal social networks and child maltreatment". In: *Journal of Abnormal Psychology*, 92, 1983, pp. 68-76.

SCHOENFELD, P., HALEVY, J., HEMLEY-VAN DER VELDEN, E. e RUHF, L. "Network therapy: An outcome study of twelve social networks". In: *Journal of Community Psychology*, 13, 1985, pp. 281-87.

SPECK, R. e ATTNEAVE, C. *Family networks*. Nova York, Pantheon, 1973.

________ e SPECK, J. "Family networking in the 1980's: A postscript". In: *International Journal of Family Therapy*, 6, 1984, pp. 136-7.

SVEDHEM, L., BERGERHED, E., BRENDLER, M., FORSBERG, G., HULTKRANTZ-JEPPSON, A., MARKLUND, K. e MARTENSSON, L. *Nätverksterapi: Theori och praktik*. Estocolmo, Carlsson Bokforlag, 1985.

TODD, D. "Appendix: Social networking mapping". In: CURTIS, W.R. (ed.), *The future use of social network in mental health*. Boston, Social Matirx Research, 1979, pp. 38-9.

TRIMBLE, D. "A guide to the notwork therapies". In: *Connections*, 3 (2), 1980, pp. 9-22.

________. "Correspondence". In: *Netletter*, 4 (1), 6, 1989.

________ (Moderador), BJELLAND, B., COPPARD, A., DALLAND, E., FUCHS, D. e KAMINSKY, K. *Key ideas in network therapies*. Apresentado no 67th Annual Meeting of the American Orthopsychiatric Association, em Miami, Flórida, abril de 1990.

________ e KLIMAN, J. "Community Network therapy: Strengthening the networks of chronic patients". In: *International Journal of Family Psychiatry*, 2, 1981, pp. 269-89.

________, KLIMAN, J., VILLAPIANO, A. e BECKETT, W. "Follow-up of a full-scale network assembly". In: *International Journal of Family Therapy*, 6, 1984, pp. 102-13.

WALDEGRAVE, C., LABAN, W. e TUHAKA, F. "Just therapy". In: ROTH, S. (Presidente), *Just therapy*. Conference of the Cambridge Family Institute, Cambridge, Massachusetts, novembro de 1991.

YOUNGQUIST, M. e RUFF, P. "Networking in a day treatment center for adolescents". In: *International Journal of Family Therapy*, 6, 1984, pp. 114-23.

*Cheryl Rampage**
*Judith Myers Avis***

Identidade sexual, feminismo e terapia familiar

No decorrer da última década, e com variados graus de sucesso, as representantes do movimento feminista empenharam-se em estabelecer a integração das teorias feministas com a dos sistemas. De sua luta surgiu não um novo modelo de terapia familiar, mas, sim, uma nova óptica, por meio da qual *todos* os modelos do campo podem ser analisados em termos de seu alcance às questões de identidade sexual e de poder. Essa óptica, somada à que diz respeito às questões relativas à etnia e classe social, oferece a necessária perspectiva crítica pela qual todas as nossas teorias e modelos devem ser observados para que possam ser expurgados de seus desvios básicos: e estes dizem respeito tanto ao gênero como ao reforço involuntário das desigualdades de poder dentro da família e dos abusos de poder dos terapeutas.

---

* Doutorada em filosofia e diretora de formação superior no The Family Institute de Chicago.

** Professor associado do Marriage and Family Therapy Program Department of Family Studies, da Guelph University no estado de Ontário, Canadá.

A crítica feminista da terapia familiar

O sexismo implícito nas definições de família e de papéis familiares

Os arquitetos da terapia familiar norte-americana das décadas de 1950 e 1960 (com exceção de Virginia Satir) eram todos homens, brancos e oriundos da classe média. As teorias que esses homens desenvolveram concernentes à estrutura familiar, sua função e patologia são um reflexo das limitações que lhes foram impostas, e às perspectivas por eles assumidas, por sua identidade sexual. Para eles, as famílias eram definidas segundo a presença de um casal heterossexual e sua prole. A maior parte das outras formas de composição familiar ou era encarada como patológica ou era simplesmente invisível para eles.

As teorias e os exemplos clínicos nada diziam quanto às outras múltiplas formas de vida familiar, incluindo-se aí as famílias compostas por *gays* e lésbicas, por casais sem filhos e, principalmente, aquelas que não apresentavam um pai residente no lar. O fato de denominarem esta última como "rompida" refletia o preconceito que tinham de que as famílias encabeçadas por mulheres eram insuficientes por natureza, julgamento ainda presente nos casos de mães solteiras e freqüentemente internalizado por estas, o que vem a se somar ao seu sentimento de culpa e de inadequação (Goodrich, Rampage, Ellman e Halstead, 1988). O estereótipo de que os lares dirigidos por mulheres ou são patológicos ou apresentam um desvio manteve-se, apesar do fato de hoje tais famílias abrangerem 16% do total das famílias norte-americanas (Johnson, 1992).

Na última década, um número cada vez maior de terapeutas familiares vem criticando os pressupostos sexistas que escoram o entendimento, vigente no campo, da existência de papéis apropriados para homens e de papéis apropriados para mulheres. Tanto na teoria como na prática, os terapeutas familiares têm observado os papéis marcadamente diferenciados que cabem tanto a homens como a mulheres desempenhar no seio de suas famílias, mas raramente têm sugerido que esses próprios papéis, em si, possam ser parte do problema. Assim, quase nunca é encarado como intrinsecamente problemático o fato de uma mulher se perceber e ser percebida por seu marido e filhos como o fulcro emocional da família. Inversamente, tem-se também como normal a posição de caráter essencialmente periférico ocupada pelo marido em relação à vida emocional de sua mulher e de seus filhos. Entretanto, quando a primeira ultrapassa as fronteiras que separam o ser responsável do ser invasiva é o funcionamento da mulher que é colocado em questão, e não as exigências características do papel por ela desempenhado (James e McIntyre, 1983).

Os papéis que as mulheres desempenham em sua família são mantidos de acordo com os fatores mais complexos e de caráter consideravelmente menos benigno do que suas "naturais" capacidades emocionais e de nutridoras. A romantização da família (cf. Lasch, 1977) levou a que se acreditasse que a maior fonte de realização das mulheres consiste no atendimento das necessidades alheias; que não se pode esperar que os demais membros da família (em particular, seu marido) participem integralmente dessa tarefa; e que sempre que algo corra mal na família, a responsabilidade por isso será, sempre e fundamentalmente, da mulher. O diferencial de poder existente entre homens e mulheres (que será discutido mais adiante) levou estas a buscar e manter sua afiliação com os primeiros como um meio de manter, no mínimo, um sentimento de poder vicário (e, no mais das vezes, precário) que de outra forma não poderiam atingir por si mesmas, dados os vários graus de desigualdade social que as mulheres continuam a vivenciar.

Desvios conceituais e equívocos que se apresentam na perspectiva sistêmica

A adoção da teoria dos sistemas como modelo explanatório fundamental do comportamento e da dinâmica familiares liberou os terapeutas do constrangimento de terem de culpar alguém ou de serem levados a optar por qualquer uma das partes, quando de seu trabalho com famílias. As ferramentas oferecidas por essa teoria tiveram um caráter forte e revolucionário. Aplicadas à terapia familiar, porém, a teoria dos sistemas também apresenta suas limitações que, quando não reconhecidas, afetam negativamente tanto a família quanto a própria terapia.

A teoria dos sistemas é de natureza tão abstrata que parece oferecer uma leitura coerente dos padrões familiares, quando, na verdade, deixa de lado importantes variáveis que atuam nesses padrões, tais como as de poder e identidade sexual. Ao mesmo tempo, a aplicação dessa teoria é geralmente tão estreita que os fenômenos sistêmicos que se colocam além das fronteiras do grupo familiar imediato, tais como etnia ou questões que dizem respeito à economia, raramente são consideradas. Assim, os padrões de ampla escala que *cruzam* as famílias, tais como os referentes ao sexismo, não têm ponto de entrada no discurso do campo.

Alguns conceitos da teoria sistêmica que a tornaram tão conhecida entre os clínicos contribuíram também para tornar invisíveis algumas das piores conseqüências do sexismo e do patriarcado. (Muito da discussão que se segue, sobre os conceitos sistêmicos, nos vem de Goodrich et al., 1988.) A *complementaridade*, conceito sistêmico constantemente aplicado à desigualdade que se observa na interação mantida por um casal, mascara o fato de serem as mulheres que, em geral e em última instância, se apresentam em situação de desvantagem vivendo como vivem em um arranjo estipulado pela lei, pelos costumes sociais e pelas doutrinas religiosas para assegurar o caráter de subordinação da posição que ocupam.

A complementaridade parte do pressuposto de que a desigualdade que se observa em uma interação tem caráter apenas temporário e superficial. De acordo com esse conceito, o marido que insiste em verificar com antecência todos os gastos efetuados por sua esposa pode *aparentemente* ser o detentor de maior poder no relacionamento, mas, no nível mais profundo, sistêmico, parte-se do princípio de que os parceiros ocupam uma posição de igualdade. Em tal cenário, o poder da mulher poderia ser visto como fundamentado em sua capacidade de ser de fato a responsável pelas compras da família, uma análise que também ignora que essa capacidade deriva e é contingenciada pela aprovação do marido. A aplicação do conceito de complementaridade à análise da interação conjugal resulta em constatações acerca do poder da impotência e exclui a realidade da opressão estruturada.

A *circularidade* é outro construto sistêmico que opera no sentido da desvantagem feminina. A noção de que as pessoas se encontram envolvidas em padrões de comportamento de tipo recursivo, reativamente instigados e reciprocamente reforçados tem como resultado responsabilizar a todos por tudo ou não responsabilizar ninguém por nada. No que diz respeito às mulheres, essa noção atua de maneira diferencial e contra elas, pois embora uma mulher possa não ser detentora de poder e recursos para ser tão influente quanto seu marido em relação aos acontecimentos da vida familiar, ela é, todavia, considerada como responsável ou ninguém o é.

Ela briga com ele porque ele bebe ou ele bebe porque ela briga com ele? Essa dúvida familiar é tida como um profundo enigma filosófico, mas para que funcione como um quebra-cabeças requer um maciço descuido quanto à situação feminina. Uma das leituras trivializa a queixa colocando-a no mesmo nível de um "pegue suas meias do chão". Outra, sugere que as conseqüências da briga são, de todas as maneiras possíveis, tão más quanto aquelas provocadas pela bebida; tem a referência de que a primeira *causa* o hábito da bebida e ignora o fato de a ranzinzice ser um comportamento de impotência. Em ambos os casos ela não é nem mais nem menos responsável, reprimida ou envolvida do que ele.

A *neutralidade* ou *parcialidade multilateral* é um posicionamento recomendado aos terapeutas pelos teóricos sistêmicos com a finalidade de que cada membro da família o sinta *a seu* lado e não *contra* ele (Selvini, Boscolo, Cecchin e Prata, 1980). Tal como a complementaridade e a circularidade, essa posição torna a todos e a ninguém responsável. Em todas as ocasiões em que as questões trazidas à terapia apresentam um caráter sexista, por sua imparcialidade o terapeuta perpetua a desigualdade. Pode, por exemplo, tentar manter a igualdade das mudanças que sugere ou tentar igualar suas conseqüências. Mesmo que duas pessoas que se encontrem em uma relação desigual de poder abram mão de 10% deste, ainda se encontrarão na mesma relação de desigualdade em que estavam antes. Mais ainda, as conseqüências dos deslocamentos no sentido da igualdade não se mostram igualmente tentadoras a ambas as partes. Quando a igualdade é a meta, o marido necessariamente deixará a terapia sentindo-se menos privilegiado do que à sua chegada, enquanto a mulher se sentirá mais favorecida.

A conseqüência mais problemática, talvez, decorrente da aplicação dos princípios sistêmicos com o objetivo de chegar a uma compreensão da interação familiar é a perda da capacidade de agir e o desgaste da responsabilidade individual como conceitos explicativos (Taggart, 1985). A afirmação de que todos são responsáveis pela interação pressupõe que todos igualmente contribuíram para fazer surgir e manter um problema e que todos são igualmente dotados do poder que lhes possibilite influenciar os resultados da interação. Um tal pressuposto torna totalmente invisíveis as diferenças de poder e as influências exercidas pelos diferentes membros familiares, não podendo ser conciliado com a experiência vivida pelas mulheres e pelas crianças do grupo familiar; mantê-lo, no mínimo, mistifica e inutiliza a terapia; e, no máximo, torna-se algo inequivocamente perigoso.

Outro desvio conceitual teórico básico do campo da terapia familiar diz respeito ao *privilegiamento da autonomia sobre o pertencimento.* As mulheres tendem a se identificar com sua capacidade de criar e manter profundas ligações de caráter pessoal, enquanto os homens se identificam de forma mais aberta com sua capacidade de independência e autonomia (Dinnerstein, 1977; Miller, 1986). Essa diferença tem reflexos sobre os valores e práticas esposados pela maioria dos teóricos do campo, os quais têm sido quase exclusivamente do sexo masculino.

Por exemplo, quando a BFST apresenta como postulado que, para que uma pessoa possa vir a se relacionar intimamente com os demais é essencial que possua um sentido diferenciado do *self*, a ênfase que é dada por esse trabalho decididamente se volta mais para a diferenciação do que para o pertencimento (Kerr, 1988). Da mesma forma, a proposição da Terapia Estrutural de Minuchin se faz no sentido de que fronteiras muito bem-definidas são necessárias para os relacionamentos próximos, mas a ênfase dos exemplos clínicos apresentados se volta distintamente para o erguimento de fronteiras, e não para o aumento da proximidade (Minuchin, 1974).

Mãe culpada, pai idealizado

Outro elemento da terapia familiar que é objeto da crítica feminista diz respeito à prática de se responsabilizar as mães pelos problemas experimentados pelas famílias e pelas crianças que nelas vivem. Permeando toda a história da psicoterapia em suas áreas teóricas e práticas (Caplan, 1984; Caplan e Hall-McCorquodale, 1985; Chodorow, 1978; Ehrenreich e English, 1978; Penfold e Walker, 1983), diversos estudos têm documentado a prevalência da culpa imputada à mãe no âmbito da terapia familiar. Caplan e Hall-McCorquodale (1985), por exemplo, estudaram o fato de se culpar a mãe em nove das maiores revistas clínicas (porta-vozes de psiquiatras, psicanalistas, psicólogos e terapeutas familiares) e encontraram 72 tipos diferentes de problemas atribuídos às mães pelos terapeutas. Embora esta atitude tenha-se apresentado de maneira extensiva em todos os veículos apontados, mostrava-se de modo mais extremado nos periódicos voltados para a área da psicanálise e da terapia familiar. No estudo que realizaram em 1988, sobre quatro veículos especializados neste último campo, Avis e Haig observaram que o culpar a mãe mostra-se como um problema sério e difuso, cuja incidência aumentou no mínimo levemente entre 1978 e 1988. Defrontaram-se com dezessete áreas de diferenças significativas no que diz respeito às maneiras pelas quais pais e mães eram tratados pelos terapeutas familiares, incluindo-se aí serem as mães colocadas como centro do tratamento, serem descritas negativamente e serem vistas como fonte dos problemas apresentados pelos filhos.

A cegueira no que diz respeito às questões trazidas pela identidade sexual e promovida pelas conceituações feitas quanto aos sistemas familiares teve como resultado a falência em reconhecer o dilema central da vida de muitas mulheres: o ditame da maternidade exige que estas abram mão de suas próprias necessidades em função dos interesses familiares e depois as torna depositárias da responsabilidade básica, e freqüentemente exclusiva, de criar e alimentar seus filhos, embora desprovidas de poder e de recursos para fazê-lo. Esse ditame é mantido mesmo nas situações em que a mulher trabalha em tempo integral fora do lar e resulta na expectativa cultural de que a maternidade corresponde a um papel predominante na vida de uma mulher e tem precedência sobre tudo mais, inclusive sua própria saúde, bem-estar e necessidades. Quando os filhos apresentam problemas, suas mães são imediatamente consideradas como tendo falhado em sua missão. Naturalmente, tal ditame não existe para os pais, cuja ausência do lar é considerada "normal", e raramente são apontados como fonte das dificuldades que seus filhos experimentam.

Como resultado dessas crenças e atitudes de caráter subjacente em relação às mulheres, os terapeutas familiares com freqüência vinculam-se a comportamentos que são sutilmente (ou nem tanto) de julgamento em relação a essas últimas. Goldner (1985) critica-os por habitualmente explorar o senso de responsabilidade que as mulheres têm em relação à família e a socialização que fizeram das atividades de cuidados e nutrição, fazendo-as trabalhar mais intensamente do que os demais no sentido de provocar a mudança em sua família. Os terapeutas da linha estruturalista freqüentemente provocam o engajamento de um pai que se posiciona de modo periférico em relação à família, fazendo com que este se encarregue de algum aspecto da parentalidade. A mensagem que se encontra subjacente a essa atitude é: uma vez que a mãe já confundiu todas as coisas, resta agora ao pai remediá-las. A outra mensagem clara deixada por esse tipo de intervenção é a de que o pai está tomando conta dessas coisas apenas temporariamente e de que a responsabilidade pela família continua a ser da mãe. Como aponta Taggart (1985, p. 4), essas práticas de acusar a figura da mãe "projetam, como uma patologia feminina, as conseqüências daquilo que se origina em primeiro lugar desse desvio cultural".

A idealização do pai surge de forma complementar ao fato de se culpar a mãe. (Caplan e Hall-McCorquodale, 1985). Geralmente, na literatura do campo, os pais são descritos em termos exclusivamente positivo ou neutro, recebem os agradecimentos por, afinal, terem vindo à terapia, recebem os créditos pelas mudanças alcançadas pela família e usualmente a eles são destinadas tarefas de ensino de supervisão voltados para as mães de seus filhos (Haig e Avis, 1988).

Como resultado de se culpar a mãe e da idealização da figura do pai, a experiência que homens e mulheres têm da terapia familiar é freqüentemente diferente: aos homens é permitido continuar ocupando posições periféricas que não implicam tantas responsabilidades e não apresentam desafios, enquanto as mulheres são levadas a se sentir responsáveis, culpadas e dignas apenas de receber acusações. Os terapeutas familiares claramente se encontram em risco de perpetuar em seus consultórios a prática cultural dominante de acusar as mulheres.

Incapacidade de se referir a problemas de abuso, violências ou questões relativas ao controle

Pela perspectiva feminista, a violência exercida contra as mulheres é uma prática normal do patriarcado e constitui uma das principais táticas de controle que se vem exercendo sobre elas. As estatísticas falam por si mesmas (Avis, 1992). No Canadá e nos Estados Unidos, o número de incidentes envolvendo mulheres agredidas fisicamente por seus companheiros é maior do que o número total de acidentes de automóvel, de agressão seguida de roubo e estupro, somados (Toufexis, 1987). Uma em cada seis mulheres nos Estados Unidos sofre abusos da parte do homem com o qual convive (MacLeod, 1987; Straus e Gelles, 1986), e entre 18 e 36% das mulheres em alguma época de sua vida são vítimas de abusos de ordem física cometidos por seu companheiro (Browne, 1987; Straus e Gelles, 1986). Em um de cada catorze casamentos ocorre algum tipo de violência de caráter grave e repetido (Dutton, 1988); no mínimo, 14% das mulheres norte-americanas são estupradas por seu marido (Russell, 1982) e anualmente milhares delas são assassinadas por seus companheiros ou ex-companheiros. Em 80% dos casos de incidentes de agressão cometida contra mulheres casadas, seus filhos estão presentes (Jaffe, Wolfe e Wilson, 1990; Leighton, 1989), e 75% dos homens responsáveis pelos abusos cometidos contra suas mulheres testemunharam o abuso cometido por seu pai contra sua mãe (Jaffe, Wilson e Wolfe, 1987). Uma em cada cinco mulheres norte-americanas (20% delas) é vítima de abuso sexual antes de chegar dezoito anos, abuso este cometido por um dos membros de sua família (Badgley et al., 1984; Russell, 1986), e 95% dos que praticam abusos pertencem ao sexo masculino (Finkelhor, 1986). Tais abusos resultam muitas vezes em dificuldades de desempenho emocional, social, psicológico e sexual que perduram por toda a vida de sua vítima e, em casos graves, podem resultar em distúrbios de múltipla personalidade (Ross, 1991; Putnam, 1989).

É exatamente no campo da violência e do abuso que a falta de poder e o controle das mulheres pelos homens assumem seu caráter mais gritante; e é na conceitualização e no tratamento desses sintomas que a falência das idéias sistêmicas se torna mais clara. Nesse ponto, todos os desvios conceituais a ela subjacentes, somados ao desvio também subjacente da inculpação feminina, trabalham juntos em sentidos que são os mais particularmente danosos às mulheres. A submissão dos terapeutas familiares à teoria dos sistemas resultou não apenas na falência de sua capacidade de analisar os relacionamentos familiares em termos de gênero e poder, como também dificultou até mesmo o levantamento dessas questões (Taggart, 1985). As noções de circularidade implicam que todos os membros do sistema estão vinculados a um padrão interminável e repetitivo de comportamentos que se reforçou mutuamente; são vistas pelas feministas como "tão suspeitas quanto o poderia ser qualquer versão supersofisticada do ato de culpar a vítima, racionalizando-se o *status quo*" (Goldner, 1985, p. 33). Quando aplicada a casos de agressões, estupro e incesto, a causalidade circular sutilmente retira do homem a responsabilidade por seu comportamento, ao estabelecer a implicação da mulher como co-responsável por esse comportamento, uma vez que ela, de alguma forma, "pede por isso" quando se permite participar do padrão interacional que resulta em violência e abuso (Bograd, 1984). A idéia de "causalidade circular" é dotada do referencial segundo o qual a mulher tem um papel a desempenhar no padrão de interação que resulta no abuso que é praticado contra ela; dessa forma, sutilmente, retira a responsabilidade que cabe a seu companheiro por seu comportamento abusivo e transfere-a para a primeira. É demasiadamente fácil para os terapeutas familiares aceitar essa conceitualização, vivendo como o fazemos no centro de culturas que tradicionalmente vêm culpando as mulheres por sua própria vitimização e as têm encarado como as responsáveis por provocar, pedir por ou, por outro lado, masoquistamente apreciar o abuso.

De acordo com "a causalidade circular", as razões do comportamento abusivo repousam na própria interação (isto é, se as mulheres fossem levadas a mudar seu comportamento o padrão mudaria e a violência não mais ocorreria), em vez de sobre a predisposição à violência com a qual o homem enceta o primeiro passo para o relacionamento. As noções de neutralidade prescrevem uma posição terapêutica que não responsabiliza o homem por seu comportamento abusivo ou violento, e parte do pressuposto da existência de uma equivalência de poder entre as partes. Tal posição é tão claramente ineficaz quanto não-ética, diante de situações em que o homem detém o poder de controle sobre sua companheira por meio do abuso efetivo ou ameaçador de natureza física, emocional, psicológica, sexual ou emocional.

A despeito do crescente e irrefutável acúmulo de dados que documentam as proporções epidêmicas da violência e do abuso perpetrados basicamente por pais e cônjuges do sexo masculino contra crianças e esposas, a terapia familiar ainda assim falhou ao tratar dessas questões de maneira adequada, tanto em sua teoria como em sua prática. A tendência da profissão no sentido de evitá-las e ignorá-las evidencia-se na escassez de artigos clínicos a elas dedicados nos veículos de terapia familiar (Avis, 1992) e por intermédio da fuga à essa linguagem, documentada em um estudo recente de análise de artigos de revistas dedicados a casos de homens que agridem mulheres (Lamb, 1991). Lamb descobriu que, das quatro disciplinas examinadas, os artigos publicados nos veículos de terapia familiar eram os que apresentavam a maior área de difusão de responsabilidade, isto é, designando a agressão praticada contra mulheres por termos tais como abuso conjugal, experiências de violência entre casais etc. Lamb explica suas conclusões afirmando:

> ...muitos teóricos familiares estão ainda apegados à crença de que os sistemas são de caráter essencialmente "cooperativo", sem que se tenham, aparentemente, se apercebido de que a superficial cooperação visível em um sistema familiar pode, na verdade, ser produto de coerção e de desentendimentos. Para os teóricos sistêmicos da família, a agressão que um homem comete contra sua mulher pode ser percebida como um resultado da interação, tal como a escalada recíproca numa discussão, tornando óbvia desta maneira a necessidade de se determinar um responsável para o ato em si (Lamb, 1991, p. 255).

Fundamentos de um paradigma feminista

O gênero como categoria básica da experiência humana

A crítica feminista de todas as disciplinas de ordem intelectual tem como base a premissa de que a experiência feminina tem sido universalmente marginalizada ou tornada invisível pela representação que se faz desta e a tem como coerente, se não idêntica, à experiência masculina (Goldner, 1988; Belenky, Clinchy, Goldberger e Tarule, 1986; Keller, 1985). Miller (1986) propõe que é mais útil pensar em termos de homens e mulheres como duas classes distintas de pessoas. No esquema desse autor, os homens representam a parte dominante, enquanto as mulheres subordinam-se a estes. Essa distinção tem implicações profundas no raciocínio terapêutico. O fato de se reconhecer que homens e mulheres se apresentam como membros de classes distintas traz a análise de poder para o centro da compreensão terapêutica de toda união. Sejam quais forem as particularidades apresentadas por seu próprio casamento, todos os homens e mulheres são profundamente afetados pelo sistema patriarcal que privilegia os homens à custa das mulheres. Sob a égide desse sistema, os homens sentem que possuem direito ao devotamento constante e inquestionável de sua esposa, de dar a palavra final sobre todas as decisões familiares mais importantes e de ter precedência em suas necessidades sobre as de todos os demais membros da família. Vivendo sob o patriarcado, as mulheres também acreditam que os homens têm direito a todos esses privilégios.

O terapeuta que trabalha no âmbito dos paradigmas feministas traz para o diálogo terapêutico um senso agudo das numerosas e, no mais das vezes, sutis maneiras pelas quais o casamento é organizado como uma relação de parceiros desiguais entre si, e se mantém pronto a questionar o comprometimento do casamento com essas estruturas e prerrogativas patriarcais. E isso se mantém como verdade independentemente de o casal definir de modo explícito os arranjos concernentes à sua identidade sexual, como parte do problema. No paradigma feminista, a verdadeira desigualdade, inerente aos casamentos sexistas, é problemática porque impede o casal de aplicar soluções de adaptação a seus problemas, porque essas poderiam trazer à tona os fundamentos patriarcais sobre os quais se apóia o próprio relacionamento (Breunlin, Schwartz e Karrer, 1992).

No relacionamento terapêutico, a influência do patriarcado apresenta-se sob uma miríade de formas, as quais se evidenciam desde o agendamento do encontro inicial (feito geralmente pela mulher, uma vez que esta se sente responsável pela saúde mental de sua família). Os terapeutas familiares feministas incluem em todas as suas avaliações uma análise das crenças e dos arranjos familiares regidos pela individualidade sexual. Em parte, a terapia consiste em auxiliar as famílias a explicitar essa análise e a desafiar os aspectos opressivos do relacionamento, seja nos casos em que o marido consegue o que deseja intimidando sua esposa, seja naqueles em que ela é colocada como a única responsável pelos cuidados com os filhos porque é "naturalmente" dotada de habilidades para isso. A família é convidada também a notar as muitas e sutis distinções a que seus próprios membros dão lugar no que concerne às questões relativas à identidade sexual, e a desafiar a utilidade dessas distinções.

A igualdade como um ideal relacional

As feministas vêem os relacionamentos baseados na igualdade ou no companheirismo como a forma mais saudável e eqüitativa de ligação. A partir dessa perspectiva, encara-se como adequada a existência de um certo grau de hierarquia entre as gerações, mas não entre os gêneros. Embora os pais devam apresentar maior poder e autoridade que os seus filhos, ambos (em famílias compostas por pai e mãe) devem possuir níveis iguais de poder aberto em termos de autoridade, de controle sobre as opções e decisões que digam respeito à sua própria vida, de acesso a recursos e oportunidades e sobre a capacidade para influenciar-se reciprocamente e de ter influência também sobre os resultados de suas decisões conjuntas. A elaboração de uma tal igualdade relacional exige a presença de um alto grau de respeito tanto por si mesmo como pelo outro, a reciprocidade de compromisso relativo ao bem-estar e ao poder que cada um dos pares oferece ao outro, bem como o desejo de abrir mão das tentativas abertas ou encobertas do exercício do poder coercitivo dentro do relacionamento.

Em virtude de os papéis serem uma expressão do poder exercido na família, nas famílias saudáveis os papéis se mostram flexíveis, intercambiáveis, negociáveis, não-coercitivos e não baseados no gênero. Klein (1976) demonstrou as dificuldades em fazer escolhas reais quanto ao desempenho de papéis, à luz da socialização tradicional marcada pela identidade sexual. A liberdade de escolha só é minimamente possível nos casos em que as alternativas são examinadas e os parceiros se encontram realmente desejosos de negociar em um espírito não-coercitivo e cooperativo. A igualdade relacional significa também que o sistema familiar deve considerar como válidos, e facilitar, o preenchimento das necessidades e o crescimento de *todos* os membros da família, ao invés de significar que apenas um desses membros, e notadamente a mãe e esposa, tenha de sacrificar seu próprio bem-estar pela segurança de todo o grupo.

A partir da perspectiva feminista, a ausência da igualdade relacional e o resultante desequilíbrio de poder que se instala tanto entre parceiros como no plano dos papéis e responsabilidades a serem assumidas, são vistos como as principais causas da disfunção familiar. Portanto, uma das principais metas da terapia é encontrar meios de ajudar os casais e as famílias a corrigir esses desequilíbrios. O alcance dessa meta envolve o mergulho nessas questões de poder (tais como as que dizem respeito ao acesso e controle do dinheiro e dos recursos financeiros, às tomadas de decisões, à responsabilidade quanto aos cuidados com os filhos e às tarefas domésticas, e ao acesso às opções) como parte tanto da valorização como da terapia (Avis, 1991; Goldner, 1985). Da mesma forma, envolve estudar a diferença entre custos e benefícios inerentes à participação dos vários membros da família e a relação desses custos e benefícios a papéis estereotipados e divisões de responsabilidade. Seu compromisso de reequilibrar o poder pode exigir que o terapeuta se alinhe de maneira mais forte e consistente com as necesidades e demandas de mudança apresentadas pela esposa do que com aqueles apresentados pelo marido, uma vez que tratar com igualdade as demandas de ambos (intercâmbio comportamental recíproco) serve simplesmente para reforçar a desigualdade relacional preexistente (Jacobson, 1983).

Portanto, uma das metas subjacentes da terapia feminista é a promoção da igualdade nos relacionamentos familiares pelo poder oferecido tanto aos indivíduos como às famílias. Isso significa dar condições e propiciar a *todos* os seus membros a experiência de "sua plena equivalência de poder, eficiência e autonomia, de modo que cada um deles possa aproveitar-se das forças do outro sem se ameaçar ou se explorar mutuamente ou mesmo sem se basear em expectativas ditadas pelo gênero" (Wheeler, 1985, p. 85). A meta a ser alcançada é dar condições ao casal ou à família de funcionar de modo tal que *cada* membro se sinta fortalecido pelo seu próprio senso de valor, pela validade de suas próprias necessidades e de seu próprio crescimento e pelo acesso a uma variedade de opções. Nas palavras de Imber-Black (1986, p. 25):

> Conferir poder facilita o estabelecimento de relacionamentos sem exploração que permitam a realização de opções interacionais e escolhas pessoais complexas. Acredito que as pessoas se fortalecem quando passam pela experiência de sentir seu *self* vinculado a uma variedade de contextos que fornecem, sem oprimir, seu desenvolvimento como seres humanos.

O funcionamento saudável, segundo a perspectiva feminista

Se casamentos e famílias fossem organizados segundo os princípios que acabamos de resumir em vez daqueles concernentes ao patriarcado, ocorreria uma significativa mudança no sentido do que seria conceituado como um nível ótimo de funcionamento familiar. As crianças educadas em um lar em que os adultos dão mostras de respeito mútuo, de afeto e se conferem num poder igual absorveriam esses valores por meio dos relacionamentos que estabelecem com seus pais, seus parentes e nas comunidades de que participam. A partir de uma perspectiva feminista, a família saudável é aquela em que seus membros se encontram comprometidos com o estímulo do potencial de todos, com a evitação de todo tipo de exploração interpessoal e com o recíproco oferecimento de apoio, cuidados, assistência e afeição.

No nível individual, o funcionamento saudável, segundo a perspectiva feminista, significa a capacidade de funcionar de maneira efetiva de acordo com o próprio *self* — determinar metas pessoais e direcionar uma carga suficiente de energia para alcançá-las — *e* engajar-se ativa, íntima e generosamente nos relacionamentos que estabelece com os demais.

Novas reflexões sobre o crescimento feminino

O ponto-chave da crítica feminista tem sido o fato de todos os níveis de elaboração teórica terem partido do pressuposto de que a experiência masculina é a norma, e a experiência feminina tanto pode se apresentar como equivalente àquela como dela derivar. Quando difere dessa norma masculina, a experiência feminina é considerada como desviante (Tavris, 1992). Aplicada ao desenvolvimento humano, a generalização que parte do masculino para chegar ao feminino tem conduzido a numerosos equívocos e distorções, que encontraram espaço no âmbito da literatura produzida sobre o campo. São eles a noção de que o objetivo básico no desenvolvimento relacional é a autonomia ou a de que a hierarquia é o meio "natural" de organização da vida familiar. Para corrigir essas distorções, na década passada vários teóricos femininos tentaram estruturar uma teoria voltada para o desenvolvimento feminino não baseada na experiência masculina, mas sim no estudo da vida de meninas e mulheres (Belenky et al., 1986; Gilligan, 1982; Jordan, 1989; Miller, 1986; Maccoby, 1990; Surrey, 1984; Tavris, 1992).

Ocupando a parte central desse novo trabalho sobre o desenvolvimento da mulher situa-se o entendimento de que, diferentemente do masculino, o desenvolvimento feminino se baseia no fato de serem os relacionamentos os que nele ocupam um lugar central, e não a conquista da independência como fator básico de satisfação pessoal. Para que se possa apreender o caráter de centralidade da dialética do crescimento feminino, numerosos autores já começaram a referir-se à ela como teoria do "*self*-em-relação" (Surrey, 1984). Os escritores que se voltam para o assunto não se mostram unanimemente de acordo no que diz respeito ao fato de as diferenças que marcam homens e mulheres se originarem no campo biológico ou social, mas concordam todos que essas diferenças têm conseqüências profundas sobre os relacionamentos que se estabelecem entre eles. Por exemplo, a compreensão das próprias diferenças que existem entre as formas pelas quais homens e mulheres são socializados quanto à vivência da intimidade lança uma luz sobre as observações clínicas freqüentes acerca do fato de as mulheres buscarem a relação com mais intensidade, enquanto os homens procuram manter distância. Em vez de rotularem as mulheres como descaracterizadas, enredadas e indiferenciadas por optar por esse posicionamento, o terapeuta familiar, por meio desse novo corpo teórico voltado para o crescimento feminino, tem condições de afirmar que este é saudável e competente.

Definições ampliadas de família

Grande parte da literatura ligada à terapia familiar vê a família "normal" como aquela composta por marido, esposa e filhos dependentes (com a ocasional inclusão de um avô ou avó ainda vivos). O fato de se privilegiar essa configuração marginaliza ou completamente desqualifica outros arranjos familiares, incluindo-se aí aqueles formados por parceiros heterossexuais em união estável, homossexuais e os compostos por pais e mães solteiros. O paradigma feminista reconhece que existem várias maneiras pelas quais os seres humanos podem ajustar-se intimamente em relação aos outros e, de fato, a configuração familiar "normal" diz respeito a menos de um terço de todos os lares norte-americanos (Johnson, 1992).

O equilíbrio das questões de ordem familiar e individual

Um dos aspectos essenciais do paradigma terapêutico feminista é o apreço pelo funcionamento e pela dinâmica individuais e interacionais. Isso envolve o reconhecimento do indivíduo como um sistema em si, como resultado da destilação de sua história e experiência pessoais: de ordem genética, familiar, social, cultural de classe e de gênero. Esse entendimento conduz à conceitualização dos problemas relacionais em termos tanto de suas dimensões individuais e interacionais, quanto das intervenções voltadas tanto para o nível individual quanto sistêmico.

A partir dessa privilegiada percepção, o bem-estar da família e do indivíduo são igualmente valorizados e nenhum dos dois sofre sacrifícios por causa do outro. Quando as necessidades do indivíduo e da família parecem estar em conflito, respeitar, validar e negociar essas diferentes necessidades é algo essencial para a saúde tanto do indivíduo quanto da relação. Dessa forma, não existe a expectativa de que as mulheres sacrifiquem a si mesmas, suas necessidades, seu crescimento em nome do bem-estar de seu marido ou filhos, embora exista a expectativa de que os membros da família se empenhem em alcançar níveis iguais de ajuste individual às necessidades do conjunto.

Um entendimento do trauma de infância, do estresse pós-traumático e da dinâmica individual

Ponto crítico do paradigma feminista é a compreensão do trauma de infância e de seu conseqüente estresse pós-traumático. Hoje, o impacto causado pelas experiências traumáticas no posterior funcionamento do indivíduo é amplamente conhecido, sendo intensificado pelo sentimento de impotência experimentado pela vítima: quanto mais impotente esta última, maior seu trauma. Portanto, as experiências traumáticas que ocorrem na infância, quando o indivíduo se encontra particularmente vulnerável e impotente, são potencialmente capazes de interferir de modo grave no crescimento normal da criança, bem como em seu futuro funcionamento como adulto.

O abuso sexual cometido contra crianças é particularmente traumático às suas vítimas em virtude do sentimento de impotência, de medo, da dor física e dos sentimentos de culpa que estas experimentam. É em razão de tantas mulheres (uma em cada cinco, no mínimo, das meninas norte-americanas) terem sido vítimas desse tipo de abuso quando crianças ou adolescentes que uma significativa porcentagem das mulheres que buscam terapia apresentam traumas de incesto subjacentes ou não-detectados por elas, os quais geralmente se fazem acompanhar por vários graus de dissociação e de *flashbacks*. Essas mulheres enfrentam um alto risco de ser mal diagnosticadas (muitas vezes como "*borderline*" ou "depressivas") e de receber um tratamento equivocado de terapeutas mal-informados. Quando esse trauma não é reconhecido e trabalhado em terapia, mantém-se presente na psique, a despeito da quantidade de terapia familiar ou de casal que venham a receber as mulheres que o apresentam.

As terapeutas familiares feministas entendem a importância do trauma do incesto, confirmam que receberam uma boa formação reconhecendo, avaliando e respondendo a ele, entendem a dinâmica da dissociação e dos *flashbacks* e garantem seu apoio às mulheres, oferecendo-lhes o atendimento terapêutico de que necessitam para se libertar desse trauma. Hoje, cada vez mais se sabe que os meninos também são vítimas do abuso sexual contra crianças, embora em menor extensão que as meninas e com maior freqüência fora da família do que dentro dela. Naturalmente, é tão importante reconhecer e responder às experiências traumáticas subjacentes masculinas como femininas, incluindo-se aí a maior freqüência de abusos físicos ocorridos entre os homens.

As questões referentes aos traumas são levantadas também no trabalho com mulheres que são ou foram vítimas de abusos físicos em seus relacionamentos. Nos casos de abusos constantes e severos, o trauma pode ser semelhante àquele resultante dos traumatismos de guerra apresentados por alguns veteranos e resultam em uma combinação de medo mortal e impotência. Essas mulheres podem exibir sintomas de "impotência adquirida" (Walker, 1979), o que pode levar um terapeuta mal-informado a culpá-las por permanecerem em um relacionamento de caráter abusivo e por não terem uma ação mais efetiva em favor de si mesmas. No trabalho com homens que praticam abusos físicos ou sexuais contra suas próprias companheiras ou filhos, é também essencial que se pesquise a existência entre eles de um trauma subjacente, decorrente de abusos de que também tenham sido vítimas e, caso existam, que se entenda o impacto que tiveram sobre o crescimento e o presente funcionamento desses adultos.

Técnicas

Conferir poder

Ajudar os pacientes para que estes se sintam capacitados e reconheçam seu direito de realizar as mudanças em sua vida que lhes permitam funcionar mais efetivamente e se sentir melhor a respeito de si mesmos, sempre foi o enfoque da terapia familiar. No entanto, sem a presença de uma consciência explicitamente feminista, o terapeuta pode cair na armadilha de reforçar a centralidade das mulheres dentro dos padrões da vida familiar, sem reconhecer que, sob o patriarcado, falta a muitas delas o poder e a influência para determinar as regras às quais se devem submeter para atingir os resultados interpessoais que desejam (Avis, 1991; Goodrich, 1991).

Para que se possa por intermédio da terapia familiar oferecer às mulheres o fortalecimento de que necessitam, terapeutas familiares feministas garantem-lhes assistência para que essas sejam capazes de estabelecer a diferença que existe entre o exercício de seu poder pessoal e o ato de dominarem os demais, e as encorajam a compartilhar suas crenças, sentimentos e desejos com os outros membros da família. Como primeiro passo nesse processo, o terapeuta deve procurar ouvir cuidadosamente, procurando encontrar indícios das metas pessoais, desejos e necessidades de sua paciente, que se distingam de seu papel como esposa e mãe. O fato de ouvir cuidadosamente as histórias que essas mulheres contam sobre sua vida pode auxiliar o terapeuta a identificar os temas ainda não-desenvolvidos de competência pessoal e de autoridade (Rampage, 1991). Freqüentemente, nos primeiros estágios da terapia cabe à terapeuta estimular a expressão dessas idéias, porque a própria mulher não acredita que elas sejam legítimas e procura assim censurar-se quanto à sua expressão. O terapeuta busca por oportunidades de sublinhar a competência feminina e, ao primeiro sinal de resistência dos membros da família, encoraja suas pacientes a não desistir das posições que assumiram.

Encoraja-se nas mulheres o estabelecimento de relações com outras mulheres, que possam prover-lhes uma rede de apoio social e para que possam ter diminuído o sentimento de isolamento e dependência que sentem em relação ao cônjuge, sentimento esse que faz com que a mudança pareça tão difícil (Surrey, 1984; Wheeler, Avis, Miller e Chaney, 1985). Esses relacionamentos servem também para ajudar as mulheres a contextualizar sua própria experiência, a observar que os problemas que as atingem refletem mais do que apenas sua idiossincrática fraqueza ou patologia. Conferir-lhes poder também abrange o auxílio às mulheres para que estas dêem ouvidos a suas próprias vozes interiores, para que afirmem sua realidade, para que evitem o excesso de ajuda, para que desafiem seus próprios sistemas internalizados de crenças, provendo-as de um número maior de informações e encorajando-as a exercitar de forma direta suas formas de poder pessoal (Avis, 1991).

Trabalhar a raiva

Um exemplo do resultado apresentado por esta nova teorização é o entendimento de que os fenômenos relacionais estão associados à forma pela qual a raiva é diversamente expressa e vivida pelos cônjuges. Numerosos escritores discutiram a questão de que as mulheres relutam mais em dar livre expressão à sua raiva (Lerner, 1985), enquanto os homens o fazem de maneiras que, muitas vezes, são de caráter coercitivo senão absolutamente violentas (Miller, 1986). Para que se obtenha a mudança dos padrões interacionais ligados à raiva em um casamento, é necessário ajudar os parceiros a falar de suas experiências de maneira que um entenda o outro. E também que ambos concordem quanto às regras de conduta que governam a expressão dessa raiva de modo a garantir a segurança física da mulher, bem como conduzir a um crescente entendimento e empatia entre eles.

Uma vez que a socialização da identidade sexual feminina usualmente proíbe às mulheres o acesso à sua própria raiva, um aspecto importante da terapia feminista consiste em ajudá-las a reivindicá-la, a senti-la e a expressá-la de maneira que possam mobilizar e enfocar sua energia, capacitando-as a agir com toda a sua força, em seu próprio benefício (Avis, 1991).

Trabalho com homens

Para a maioria dos homens a terapia é vivida como um contexto feminino, em que a empatia, a abertura e a vulnerabilidade são altamente valorizadas. As mulheres não são apenas as que dão início à terapia, são também as que falam a linguagem desta, que falam sobre sentimentos e notam as mais sutis mudanças de afeto e de comportamento. Sentindo que possuem uma menor experiência nessas áreas, os homens participantes geralmente se mostram relutantes, e em especial na terapia de casal, comumente organizada para favorecer as relações e aumentar o nível de intimidade do casal. O trabalho com homens levado a efeito a partir de um posicionamento feminista requer que o profissional tenha em mente duas coisas, simultaneamente: que o paradigma de relacionamento guardado por estes possivelmente será muito diferente do da companheira; e que eles, quase com toda a certeza, desfrutam de poder dentro do relacionamento, e se sentirão amedrontados se forem coagidos ou, de outra forma, desafiados a abrir mão dele. Os homens freqüentemente adentram a terapia de casal sofrendo do que Bergman (1991) denominou "terror relacional", ou seja, desejo de fugir ou de evitar uma situação em que será solicitado a entrar em íntimo contato psicológico com outra pessoa.

Os terapeutas feministas que dão atendimento a pacientes do sexo masculino devem reconhecer e levar em conta os padrões de fuga ao relacionamento que se constituem em uma tática de sobrevivência do sistema patriarcal. O equilíbrio a ser encontrado é díficil: trata-se de levá-los a por em questão esses padrões evitando de fazê-los abandonar a terapia. O comportamento abertamente sexista deve ser rotulado como tal e as conseqüências que este traz para o relacionamento, articuladas. O uso do poder para controlar ou intimidar os demais na terapia deve ser desafiado.

Para o terapeuta, é de grande ajuda incentivar os homens para que estes abram mão dos padrões de dominação e de esquivamento em seus relacionamentos íntimos. A discussão sobre a possibilidade de estes virem a estabelecer esse tipo de relacionamento com suas mulheres e filhos, sobre as possibilidades de se diminuir o sentimento de alienação que experimentam, de diminuirem o nível de estresse, deve ser colocada paralelamente à noção de que a ampliação da igualdade dentro do casamento inevitavelmente levará a uma diminuição de sua liberdade de agir de modo independente. Muitos homens consideram de grande auxílio a conclusão alcançada por Gottman (1991), de que os homens que realizam tarefas domésticas têm casamentos mais felizes.

Nos Estados Unidos, um movimento masculino vem se fortalecendo há anos, tendo alcançado reconhecimento nacional. Seu enfoque está voltado para o desenvolvimento de um contexto em que os homens estabelecem um intenso relacionamento de caráter emocional com outra pessoa que não as mulheres que fazem parte de sua vida, descobrindo, assim, o que significa para eles pertencer ao sexo masculino (Bly, 1990; Keen, 1991). Alguns terapeutas de casal notaram que seu trabalho foi grandemente facilitado pela participação de seus pacientes do sexo masculino nessas experiências, à medida que estes delas retornam apresentando um posicionamento de caráter menos defensivo e sentindo-se mais apoiados em suas dificuldades de entabular relacionamentos mais íntimos com as mulheres.

Análise social

Um dos traços que caracterizam a terapia familiar feminista é sua abertura a variáveis culturais como o sexismo e sua compreensão dos sistemas familiares particulares. As feministas acreditam que a identidade sexual coloca-se como uma categoria da experiência humana, que não pode ser objeto de reducionismos (Goldner, 1985), e sob o patriarcado, as diferenças quanto ao gênero têm sido utilizadas para justificar e manter os privilégios de poder masculino sobre as mulheres. As terapeutas familiares feministas entendem que não se deve omitir da consideração terapêutica a forma pela qual as crenças relativas ao gênero e aos papéis desempenhados em função deste (as quais são determinadas e reforçadas por um grande leque de instituições culturais que vão da Igreja aos locais de trabalho) afetam de forma específica o entedimento que a família tem de seus problemas e das potenciais soluções que estes possam apresentar.

A análise social é o gume didático da abordagem feminista da terapia familiar. Pode tomar apenas uma pequena parte do total do tempo reservado às sessões, mas ainda assim as feministas acreditam que é da maior importância que as famílias entendam de que modo a forma pela qual estas compartilham das estruturas e divisões de papéis de índole patriarcal pode ter um impacto negativo e limitante sobre suas opções de mudança.

Na sala de terapia a análise social feita pelo terapeuta, por exemplo, pode ser empregada para desconstruir um conflito conjugal no qual o marido afirma que é à sua mulher que cabe levantar-se à noite para atender a criança recém-nascida porque *ele* deve trabalhar durante o dia e por isso necessita de suas horas de sono. A análise social deve permitir à terapeuta a colocação de várias questões concernentes a esse dilema, tais como: é apenas o trabalho remunerado que se constitui como "trabalho"? Algum dos dois acredita que apenas a mãe está capacitada para atender uma criança? De que forma o fato de cuidar de uma criança se encaixa nas expectativas de cada um deles daquilo que lhes pode ser razoavelmente exigido? Em caso de desacordo, a qual dos dois pertence a vitória e o que isso tem a ver sobre quem cabe definir as regras do relacionamento?

O objetivo da análise social é auxiliar os membros da família a definir e mudar as restrições que a identidade sexual levanta sobre a participação de cada um deles na vida familiar. Uma vez que as famílias raramente definem as dificuldades que atravessam em termos de gênero, essa análise quase sempre exige que se vá além da apresentação inicial do problema, que é feita pela família.

Trabalho com trauma, abuso e vitimização

A partir da perspectiva feminista, o princípio que norteia o trabalho realizado com todas as formas de abuso e violência é o de que aquele que os perpetra é responsável por seu próprio comportamento violento, coercitivo ou abusivo e assim deve ser considerado. O ato de abuso não deve ser eclipsado pela formulação sistêmica da recursividade por meio de reinterpretações do tipo "desejo mórbido de [...]

dominação [...] como anseio de proximidade humana" (Herman, 1990, p. 183), ou por intermédio da conivência com os argumentos de defesa do autor do abuso, que se corporificam em formas de negação, minimização, fuga ou projeção (Avis, 1992). Um segundo princípio-guia é o de que a terapia deve se focalizar na mudança do comportamento violento ou abusivo em si e o terceiro, o de que terapeutas devem trabalhar com a polícia e com o sistema judiciário para que possam fazer uso do benefício da manifestação de decisões jurídicas de tratamento e das devidas sanções legais (Herman, 1990).

No trabalho que desenvolvem com casais, famílias, mulheres e crianças, os terapeutas familiares feministas desenvolvem sua capacidade de avaliação e diagnóstico de todos os tipos de abusos, sejam eles de ordem física, emocional, psicológica ou sexual. Essas avaliações devem ser vistas como parte da rotina de avaliação que desenvolvem e feitas de forma tal que possam propiciar às mulheres e crianças que buscam a assistência terapêutica a oportunidade de abrir-se, com segurança, com relação às formas de abuso presentes ou passadas que experimentam. Isso geralmente implica algumas sessões individuais voltadas para os processos tanto de avaliação como de tratamento. A prática feminista também exige o desenvolvimento do entendimento e da capacitação (pela formação) para o trabalho voltado para trauma, estresse pós-traumático, dissociação, *flashbacks* e impotência adquirida e para saber fazer frente às resistências que se corporificam na negação, na minimização, na racionalização e na projeção que tanto vítima como agressor apresentam.

O trabalho com trauma, formas de abuso e vitimização também exige dos terapeutas que desenvolvam sua aptidão para lidar tanto com seus afetos intensos como com os de seus pacientes, para tratar de questões complexas de ordem emocional, relacional, ética e legal, e para trabalhar de forma equilibrada tanto no nível individual como familiar e com casais.

Formação e supervisão sensíveis, voltadas para as questões relativas à identidade sexual

Antes que os profissionais terapeutas familiares possam dar andamento a seu trabalho voltado para os casais e para as famílias, seja ele dirigido ou não para as questões relacionadas ao gênero (e para, ainda que inadvertidamente, reforçar a tradicional desigualdade de poder), deve primeiro criar arcabouços conceituais que lhes possibilitem *contemplar* a dinâmica do poder e da identidade sexual existentes nos relacionamentos; que lhes permitam entender as causas e as conseqüências dessa dinâmica e reconhecer a importância de se voltarem para elas. Esse desenvolvimento conceitual deve se iniciar e ter como base o processo de formação e de supervisão. Em virtude de havermos todos sido socializados para viver a desigualdade entre os sexos como um fato "normal", podemos muitas vezes simplesmente não "vê-la", mesmo que se apresentem diante de nós em suas formas mais gritantes. A formação que tem por base a consciência das questões relativas à identidade sexual, portanto, constitui-se um processo de remoção de viseiras culturais que tem como objetivo fazer com que os desvios e desigualdades que se apresentam de forma subjacente a essa consciência possam ser expostos e realmente contemplados. Esse tipo de formação, na verdade, tem a natureza de um processo de reexame de crenças e de pressupostos básicos que possui raízes profundas e, sendo assim, é um processo vagaroso, trabalhoso e, em sua maioria, doloroso. Requer da parte do didata ou do supervisor uma imensa paciência e o desejo de encarar compreensivamente e de dar apoio à luta desenvolvida pelo formando com relação aos desafios que são apresentados às suas crenças e as conseqüências que lhes advirão por mudá-las, da mesma forma como capacidade de tolerância para com a intensidade emocional que geralmente aflora por ocasião das discussões sobre identidade sexual.

Para ter eficácia, essa formação não pode ser feita por meio de conferência, aula, curso ou sessão. Embora possa ser vista com certa profundidade em um curso apenas, deve integrar todo o processo de formação e supervisão, deve ser um prisma pelo qual todas as teorias e práticas terapêuticas possam ser examinadas. Isso exige que tanto os formandos como os didatas ou supervisores repensem e reexaminem suas próprias crenças e as bases sobre as quais se fundamentam suas próprias abordagens e práticas, bem como elaborem novas maneiras de pensar no que se refere às famílias e à terapia, formas de pensar essas que não apenas não perpetuem os desvios de gênero como também abram espaço para o estabelecimento de relações de natureza de real igualdade. A formação baseada na consciência do gênero, portanto, exige do supervisor ou do didata tanto um trabalho intenso como o desejo de lutar contra seus próprios desvios e crenças. Repensar nossas teorias não significa apenas elaborar uma receita à qual basta adicionar mulheres e mexer. Desenvolver uma consciência feminista requer repensar os próprios fundamentos nos quais todas as nossas teorias se baseiam e desenvolver novos, capazes de refletir a realidade da identidade sexual e do poder.

Para que seja efetiva, essa consciência deve apresentar raízes firmemente aprofundadas no terreno do saber e da teoria — e não apenas na opinião e na retórica. Hoje se pode dispor de um vasto campo de conhecimento, pesquisa e elaborações teóricas sobre a socialização baseada no gênero e em seus papéis; sobre as desigualdades de poder fundamentadas na identidade sexual, na diversidade de crescimento psicológico e de saúde mental, que se observam em homens e mulheres, e nas questões "femininas", como feminização da pobreza, abuso sexual e agressões às mulheres. Como apontaram Weiner e Boss (1985), praticar a terapia familiar sem esse saber é o mesmo que realizar uma cirurgia sem o devido conhecimento e capacitação.

O contexto da formação sensível às questões relativas à identidade sexual

A formação em terapia familiar geralmente ocorre em um estabelecimento acadêmico ou um instituto ou centro de formação livres. No desenvolvimento da conscientização quanto às questões voltadas para a identidade sexual dos formandos, o *processo* de formação, a maneira como é organizado e os relacionamentos organizacionais que atuam em seu interior são de importância vital. Esses dimensionamentos constituem uma "metamensagem sobre o poder e as relações baseadas no gênero [...], as quais, se incoerentes com o conteúdo, acabarão por miná-lo completamente" (Avis, 1989).

No interior do processo de formação observam-se muitos fatores que devem ser considerados para que se possa resguardar a coerência tanto no nível do conteúdo como no do processo em si (uma versão mais ampla do assunto que se segue pode ser encontrada na obra que Avis apresentou em 1989). Incluem-se entre eles:

a) A presença de uma quantidade equilibrada de homens e de mulheres nas posições que envolvem autoridade, liderança e poder, na organização. Nos casos em que as posições de autoridade se encontram predominantemente em mãos masculinas, a lição apresentada referente à desigualdade dos sexos é clara, não importa quantos sejam os didatas que tentem defender um ideal de maior igualdade;

b) Dispensa da presença de graus de hierarquia rígidos, autoritários ou desnecessários entre didatas e formandos, tanto na classe como na supervisão. Inclui o desenvolvimento de relacionamentos altamente respeitosos com os formandos; dispensa a adesão ao estilo, abordagem ou diretivas do supervisor; envolve os formandos nas tomadas de decisões de ordem administrativa que possam dizer-lhes respeito e abre espaço para a diversidade individual e para a co-criação de soluções;

c) Abster-se de posicionamentos como os de *expert* ou de se apresentar como autoridade última ou de provedor da verdade ou da forma única de se trabalhar em terapia. Isso requer uma colocação mais em termos de humildade do que de arrogância e o compartilhar com os formandos a própria humanidade, ambivalência, vulnerabilidade e o próprio processo de constante aprendizagem e crescimento;

d) Oferecimento de vivência e de contexto de fortalecimento pela estruturação de cursos e supervisão, de forma a possibilitar ao máximo a participação e o controle exercidos pelos próprios formandos sobre seu processo de aprendizagem;

e) Tanto na formação como na terapia, valorizar e focalizar o afeto, a expressão e o pertencimento, bem como a racionalidade, o controle, a conceitualização e as fronteiras. Esse posicionamento se contrapõe à orientação tipicamente masculina da terapia familiar, validando as aptidões femininas tanto como terapeutas quanto como membros de uma família; e permite também que os profissionais em formação, independentemente de sua identidade sexual, dêem desenvolvimento à integração de suas capacidades instrumentais e expressivas.

O contexto de formação que levante adequadamente essas questões maximizará o aprendizado e possibilitará aos formandos vivenciarem por si mesmos os efeitos de relacionamentos baseados na igualdade entre os sexos e na igualdade de poder.

Algumas idéias para desenvolver uma consciência quanto à identidade sexual

Como afirmamos anteriormente, o desenvolvimento da consciência quanto à identidade sexual é um processo trabalhoso que requer tempo, esforço, comprometimento e a disposição para se conviver com um nível mais alto de ansiedade e de confusão interior. Os métodos eficazes de ensino e de formação devem começar a partir da evolução em que se encontra o profissional em formação e permitir-lhe dar início ao processo de reexame com empatia, humor e sem constrangimentos. Isso, na maioria das vezes, é difícil porque as discussões sobre as questões relativas à identidade sexual tendem a apresentar-se carregadas de raiva, de posições defensivas e de inculpação, todos indicadores do quão próximas ao coração e à alma elas se encontram.

Descobrimos que é importante começar com gentileza e sensibilidade para só então, cuidadosamente, preparar o terreno para o que se seguirá. Isso significa que o didata deve criar um ambiente de aprendizado seguro, expondo as lutas que ele mesmo trava contra seu raciocínio em bases sexistas, evitando tomar posições defensivas ao permitir de forma explícita que os formandos assumam as posições que no momento ocupam nos seus próprios processos de evolução para a consciência da identidade sexual, e mostrando-lhes que, no exame dessas questões, é previsível a emergência de sentimentos de desconforto, ansiedade, dúvida, raiva e confusão.

Uma vez criado esse contexto de segurança, é essencial que se estabeleça uma discussão aberta e não-defensiva para que se possa processar, elaborar e haurir de todos os benefícios decorrentes das informações recebidas pelas leituras, conferências, análise de casos ou vivências experienciais. Essa discussão oferece aos formandos uma oportunidade para refletirem sobre sua própria vivência dessas questões e para que homens e mulheres possam se beneficiar ao ouvir verdadeiramente a experiência do outro.

Para que se desenvolva uma consciência do gênero fundamentada no conhecimento, é essencial que se tenha acesso a novas informações. Isso pode ser oferecido aos formandos de várias maneiras. A leitura é indispensável, uma vez que o volume de informações a ser examinado é, de longe, extenso demais para ser comunicado apenas em conferências, discussões ou mesmo na supervisão. As leituras, que lançam uma luz sobre importantes questões e pesquisas oferecendo o arcabouço teórico que auxilia a organização de informações e idéias, são particularmente úteis para auxiliar os formandos a se focalizar em seu trabalho de conceitualização. Outro meio efetivo de se introduzir novas informações é pelo levantamento de problemas e colocação de questões relativas a gênero e poder por meio de cada caso, cada teoria e de cada intervenção efetuada. O gênero, assim, junto às questões relativas a etnia e classe torna-se um prisma pelo qual se examina tudo aquilo que se pensa e se faz.

Outros métodos úteis de formação abrangem o exame dos processos interpessoais que se estabelecem entre os formandos de acordo com as implicações de gênero que esses processos possam apresentar (por exemplo, o fato de os homens arrogarem a si mais experiência e maior espaço; o de as mulheres se acomodarem e permitirem ser interrompidas por eles etc.); a utilização de um jornal, como forma de se divulgar os escritos dos formandos concernentes ao trabalho por eles realizado e que tratem dos sentimentos gerados em decorrência desse material; o uso de genogramas, para possibilitar-lhes contemplar os papéis determinados pela identidade sexual e as crenças e padrões existentes em suas próprias famílias de origem; e a utilização de filmes e vídeos de teor documental, educacional e comercial, com a finalidade de demonstrar, ilustrar e reavivar as questões em discussão.

Conclusão

A inserção do feminismo no discurso da terapia familiar norte-americana afetou profundamente o trabalho e o pensar dos terapeutas familiares, permeando um amplo espectro de pontos de vista teóricos. Tal como articulado por este capítulo, as terapeutas familiares feministas não se propõem a criar um novo modelo de terapia familiar, mas sim introduzir a questão relativa ao gênero como um prisma pelo qual todas as atividades de cunho teórico, clínico e de formação devam ser examinadas para que se possam identificar e eliminar os desvios de ordem sexista que nelas se apresentem.

REFERÊNCIAS BIBLIOGRÁFICAS

AVIS, J.M. "Feminist issues in family therapy". In PIERCY, F. e SPRENKLE, D. (eds.), *Family Therapy Sourcebook.* Nova York, The Guilford Press, 1986, pp. 213-42.

________. "Integrating gender into the family therapy curriculum". In: *Journal of Feminist Family Therapy*, 1 (2), 1989, pp. 3-26.

________. "Power politics in therapy with women". In: GOOLDRICH, T.J. (ed.) *Women and Power: Perspectives for Family Therapy*. Nova York, W. W. Norton, 1991, pp. 183-200.

________. "Where are all the family therapists: Abuse and violence within families and family therapy's response". In: *Journal of Marital and Family Therapy*, 18 (3), 1992, pp. 225-32.

________ e HAIG, C.M. *Mother-blaming in major therapy journals*. Trabalho inédito.

BADGLEY, R., ALLARD, H., McCORMICK, N., PROUDFOOT, P., PORTIN, D., OGILVIE, D., RAE-GRANT Q., GELINAS, P., PENIS, L. e SUTHERLAND, S. [Committee on Sexual Offenses Against Children and Youth]. *Sexual Offenses agaisnt Children*, vol. 1, Ottawa, Canadian Government Publishing Centre, 1984.

BELENKY, M., CLINCHY, B., GOLDBERGER, N. e TARULE, J. *Women's ways of Knowing*. Nova York, Basic Books, 1986.

BERGMAN, S. "Men's psychological development: A relation perspective". In: *Work in Progress*, 48. Wellesley, MA, The Stone Center Working Paper Series, 1991.

BLY, R. *Iron John: A Book about Men*. Reading, MA, Addison-Wesley, 1990.

BOGRAD, M. "Family systems approaches to wife battering: A feminist critique". In: *American Journal of Orthopsychiatry*, 54, 1984, pp. 558-68.

BREUNLIN, D., SCHWARTZ, R. e KARRER, B. *Metaframeworks: Transcending the Models of Family Therapy*. Nova York, Basic Books, 1992.

BROWNE, A. *When Battered Women Kill*. Nova York, The Free Press, 1987.

CAPLAN, P.J. "The myth of women's masochism". In: *American Psychologist*, 39, 1984, pp. 130-39.

________ e HALL-McCORQUODALE, I. "Mother-blaming in major clinical journals". In: *American Journal of Orthopsychiatry*, 55, 1985, pp. 345-53.

CHODOROW, N. *The Reproduction of Mothering: Psychoanalysis and the Sociology of Gender*. Berkely, University of California Press, 1978.

DINNERSTEIN, D. *The Mermaid and the Monotaur: Sexual Arrangements and the Human Malaise*. Nova York, Harper and Row, 1977.

DUTTON, D.G. *The Domestic Assault of Womem: Psychological and Criminal Justice Perspectives*. Toronto, Allyn e Bacon, 1988.

EHRENREICH, B. e ENGLISH, D. *For her own Good: 150 years os the Expert's Advice to Women*. Garden City, Nova York, Anchor Books, 1978.

FINKELHOR, D. "Abusers: Special topics". In: FINKELHOR, D. e associados (eds), *A Sourcebook on Child Sexual Abuse*. Beverly Hills, Sage, 1986, pp. 119-42.

GILLIGAN, C. *In a Different Voice: Psychological Theory and Women's Developement*. Cambridge, Harvard University Press, 1982.

GOLDNER, V. "Feminism and family therapy". In: *Family Process*, 24, 1985, pp. 31-47.

________. "Gender and generation: Normative and covert Hierarchies". In: *Family Process*, 17, 1988, pp. 17-31.

GOODRICH, T.J. "Women, power and family therapy: What's wrong woth this picture?" In: GOODRICH, T.J. (ed.), *Women and Power: Perspectives for Family Therapy*. Nova York, W. W. Norton, 1991.

________, RAMPAGE, C., ELLMAN, B. e HALSTEAD, K. *Feminist Family Therapy: A Casebook*. Nova York, W. W. Norton, 1988.

GOTTMAN, J. "Predicting the longitudinal course of marriages". In: *Journal of Marital and Family Therapy*, 17 (1), 1991, pp. 3-7.

HERMAN, J.L. "Sex offenders: A feminist perspective". In: MARSHALL, W.L., LAWS, D.R. e BARBAREE, H.E. (eds.) *Handbook of Sexual Assault: Issues, Theories and Treatment of the Offender*. Nova York, Plenum Press, 1990, pp. 177-93.

IMBER-BLACK, E. "Odysseys of a learner". In: EFRON, D. (ed.) *Journeys: Expansion of the Strategic and Systemic Therapies*. Nova York, Brunner/Mazel, 1986, pp. 3-29.

JACOBSON, N.S. "Beyond empiricism: The politics of marital therapy". In: *American Journal of Family Therapy*, 11, 1983, pp. 11-24.

JAFFE, P., WILSON, S. e WOLFE, D. "Children of battered women". In: *Ontario Medical Revew*, 54, 1987, pp. 383-86.

________, WOLFE, D.A. e WILSON, S.K. *Children of Battered Women*. Newbury Park, CA, Sage, 1990.

JAMES, K. e MCINTYRE, D. "The reproduction of families: The social role of family therapy?" In: *Journal of Marital and Family Therapy*, 9 (2), 1983, pp. 119-29.

JOHNSON, O. (ed.) *Information Please Almanac*. Nova York, Houghton Mifflin, 1992.

JORDAN, J.V. "Relational development: Therapeutic implications of empathy and shame". *Work in progress*, 39. Wellesley, MA, Stone Center Working Paper Series, 1989.

KEEN, S. *Fire in the Belly: On Being a Man*. Nova York, Bantam, 1991.

KELLER, E.F. *Reflections on gender and science*. New Haven, Yale University Press, 1985.

KERR, M. *Family Evaluation: An Approach Based on Bowen Theory*. Nova York, W.W. Norton, 1988.

KLEIN, M. "Feminist concepts of the therapy outcome". In: *Psychoterapy: Theory, Research and Practice*, 13, 1976, pp. 89-95.

LAMB, S. "Acts without agents: An analysis of linguistic avoidance in journal articles on men who batter women". In: *American Journal of Orthopsychiatry*, 61, (2), 1991, pp. 250-57.

LASCH, C. *Haven in a Heartless World*. Nova York, Basic Books, 1977.

LEIGHTON, B. *Spousal Abuse in Metropolitan Toronto: Research Report on the Response of the Criminal Justice System* (Report nº 1989-02). Ottawa: Solicitor General of Canada, 1989.

LERNER, H.G. *The Dance of Anger: A Woman's Guide to Changing the Patterns of Intimate Relationships*. Nova York, Harper & Rowm, 1985.

MACCOBY, E.E. "Gender and relationships: A developmental account". In: *American Psychologist*, 45, 1990, pp. 513-20.

MACLEOD, L. *Battered but not Beaten... Preventing Wife Battering in Canada*. Ottawa, Canadian Advisory Council on the Status of Women, 1987.

MILLER, J.B. *Toward a New Psychology of Women*. 2ª ed., Nova York, Beacon Press, 1986.

_________. "The construction of anger in women and men". In: *Work in Progress*, 4. Wellesley, MA, Stone Centre Working Paper Series, 1983.

MINUCHIN, S. *Families and Family Therapy*. Cambridge, Harvard University Press, 1974.

PENFOLD, P.S. e WALKER, G.A. *Women and the Psychiatric Paradox*. Montreal, Eden Press, 1983.

PUTNAM, F. *Diagnosis and Treatment of Multiple Personality Disorder*. Nova York, Guilford, 1989.

RAMPAGE, C. "Personal authority and women's self-stories". In: GOODRICH, T.J. (ed.), *Women and Power: Perspectives for Family Therapy*. Nova York, W.W. Norton, 1991, pp. 109-22.

ROSS, C. *Research data presented at the Education/Dissociation Conference: Assessment and Treatment of Dissociation and Multiple Personality*. Ontario Institute in Education, Toronto, janeiro de 1991.

RUSSEL, D. *Rape in Marriage*. Nova York, Collier Books, 1982.

_________. *The Secret Trauma: Incest in the Lives of Girls and Women*. Nova York, Basic Books, 1986.

SELVINI, M.B., BOSCOLO, L., CECCHIN, J.F., PRATA, G. "Hypothesizing-circularity-neutrality: Three guidelines for the conductor of the session". In: *Family Process*, 19, 1980, pp. 3-12.

STRAUS, M.A. e GELLES, R.J. "Societal change and change in family violence from 1975 to 1985 as revealed by two national surveys". In: *Journal of Marriagen and the Family*, 48, 1986.

SURREY, J. "The 'self-in-relation': A theory of women's development". In: *Work in Progress*, 13. Wellesley, MA, Stone Center Working Paper Series, 1984.

TAGGART, M. "The feminist critique in epistemological perspective: Questions of context in family therapy". In: *Journal of Marital and Family Therapy*, 11, 1985, pp. 113-26.

TAVRIS, C. *The Mismeasure of Woman*. Nova York, Simon e Schuster, 1992.

TOUFEXIS, A. Home is where the hurt is: Wife beating among the well-to-do is no longer a secret. *Time*, 130 (25), 68, 21/dez./1987.

WALKER, L. *The Battered Woman*. Nova York, Harper and Row, 1979.

WEINER, J.P. e BOSS, P. "Exploring gender bias agains women: Ethics for marriage and family therapy". In: *Counseling and Values*, 30, 1985, pp. 9-23.

WHEELER, D. "The theory and practice of feminist-informed family therapy: A Delphi study". Tese de doutoramento, 1985, defendida na Purdue University, W. Lafayette, EUA.

SEÇÃO VIII

Construtivismo, construcionismo social e técnicas narrativas: limites da teoria sistêmica?

Até o final da década de 1960, em geral o sistema mais estudado no âmbito da terapia familiar era o da própria família; o terapeuta na maioria das vezes era visto como um observador que ocupava uma posição exterior a ele, e poucos deles ainda se interessavam pelo sistema terapêutico em si.

Essa abordagem aceitava implicitamente a existência de uma realidade objetiva externa a nós, realidade que era necessário trazer à luz para assim auxiliar os pacientes a se libertar dos laços que os mantinham presos.

A partir do início da década de 1980, no entanto, e mais especificamente depois da edição em alemão em 1981 da obra dirigida por Paul Watzlawick, *L'Invention de la realité*,[1] divulgou-se entre os terapeutas familiares um novo movimento, conhecido como *construtivismo*: essa abordagem afirmava a amplitude da influência do trabalho desenvolvido por Ernst von Glasersfeld,[2] Heinz von Foerster,[3] Humberto Maturana[4] e de Francisco Varela.[4] Alguns anos mais tarde o próprio construtivismo foi objeto das críticas que lhe foram dirigidas por um novo movimento, o do *construcionismo social* ("construtionnisme social"); novas formas de terapia, que insistiam nos relatos ou nas soluções, se propuseram, então, a substituir a metáfora cibernético-sistêmica por outra, a pós-moderna ou antropológica.[5]

Gostaria de dar início a essa introdução fazendo uma breve descrição das teses construtivistas, sem deixar de expor as teorias dos que defendem o construcionismo social e as críticas que estes últimos endereçaram ao construtivismo; depois do que apresentarei as principais escolas que representam essas duas correntes, assim como alguns dos autores que escreveram sobre elas e corporificaram esse movimento, no âmbito da psicoterapia.

A obra que Heinz von Foerster desenvolveu sobre a segunda cibernética, assim como a desenvolvida por Humberto Maturana e Francisco Varela sobre a percepção, está em parte na origem da aplicação das teorias construtivistas no domínio da terapia familiar.

Heinz von Foerster[6] deu ênfase à relação que se faz entre sistema observador e sistema observado, demonstrando que esses dois sistemas são inseparáveis. Dando relevo à ética e oferecendo um espaço essencial ao terceiro, que estabelece a relação entre o outro e o *self* (essa relação é a identidade, afirmava ele), o autor considerava que realidade e comunidade caminham juntas,[3] mais ainda: ele apresentou esse ponto de vista na introdução que fez a uma obra de Francisco Varela, em que afirmou também que, ao posicionar a autonomia do observador como centro de sua filosofia, "Kant não tinha como objetivo efetuar um movimento que partiria da objetividade para a subjetividade mas sim, e acima de tudo, o de fundar uma ética, pois fora capaz de verificar claramente que, sem autonomia não poderia haver responsabilidade e, conseqüentemente ética".[7]

Humberto Maturana e Francisco Varela[8] sublinharam que a percepção visual nasce da intersecção entre o que nos é oferecido e nosso próprio sistema nervoso: eles demonstraram que o que vemos não existe como tal, no lado externo de nosso campo de experiência, mas é resultado da atividade interna que o mundo exterior deflagra dentro de nós.

Maturana afirmou também que os critérios de validação de uma experiência científica não precisam do mundo objetivo para funcionar: este não é necessário; ao pesquisador um mundo não é composto por objetos, mas uma comunidade de observadores, cujas declarações venham a compor um sistema coerente,[9] sendo esta a razão de o biólogo colocar a objetividade "entre parênteses".

Finalmente, tanto para Maturana como para Varela, a linguagem não foi criada por um sujeito que teria tentado apreender o mundo externo a ele; os seres humanos são de *per si* seres da linguagem, fundamentalmente indissociáveis da trama de acoplamentos estruturais tecida pela linguagem.[8]

Graças a esses teóricos construtivistas, os terapeutas familiares foram levados à descoberta de que a construção recíproca do real, para a psicoterapia, conta mais pontos do que a pesquisa da verdade ou da realidade. Essa descoberta teve ao menos quatro implicações capitais para o domínio da prática terapêutica:

à medida que diversos acoplamentos fazem emergir mundos diversos, embora compatíveis, uma psicoterapia bem-sucedida não implica que o terapeuta teve razão, mas sim que a construção por este levantada com os membros do sistema terapêutico é operatória;

— além disso, a intervenção efetuada pelo terapeuta, em lugar de objetivar fazer surgir uma "verdade" qualquer, pretensamente aproveitável para o sistema, ou para seus membros, deve, acima de tudo, ampliar o campo do possível;

— convém notar, por outro lado, que o conceito de *acoplamento estrutural,* tal como o definiram Maturana e Valera para descrever o que se manifesta no ponto de intersecção entre um sistema determinado por sua estrutura e o meio onde este se insere,[8] mantém a importância da autonomia individual e, portanto, da responsabilidade pessoal.

— finalmente aqueles que, como Foerster, se recusam a separar o observador, do sistema observado, inevitavelmente se confrontarão com o paradoxo da auto-referência; portanto, é imperativo que reformulem o problema em outros termos, para evitar que novamente se vejam colocados diante da sempre eterna questão: como nos será possível referirmo-nos a uma situação da qual participamos sem que nossas descrições sejam influenciadas por nossas qualidades pessoais?*

Entre os numerosos congressos de terapia familiar organizados sobre os temas construtivistas e realizados na década de 1980, alguns se revestiram de considerável importância.

Um dos primeiros foi realizado em fevereiro de 1985 em Saint-Étienne, sob a égide de Reynaldo Perrone,** psiquiatra e terapeuta

* É para tentar responder a essa questão que passei a me indagar sobre de que forma o terapeuta poderia fazer uso das ressonâncias comuns dos membros do sistema terapêutico, para melhor se utilizar da história que estes trazem consigo.

** Reynaldo Perrone, que nessa época dirigia o Instituto de formação e aplicação de terapia da comunicação em Saint-Étienne, é hoje professor associado da Faculdade de Psicologia de Grenoble.

familiar especialista em formas de comportamentos de violência intrafamiliar. Foi durante esse encontro, do qual participaram Edgar Morin e Carlos Sluzki, que Humberto Maturana e Heinz von Foerster foram apresentados aos terapeutas franceses. Depois desse congresso, o Mental Research Institute de Palo Alto organizou, em 1987, em São Francisco, um colóquio intitulado *Maps of the World, Maps of the Mind* ("Mapas-Múndi, Mapas da Mente). E é preciso que se acrescente por fim a essa lista os dois seminários que a Gordon Research Conference organizou sobre o tema da cibernética: o primeiro, em junho de 1986, em Wolfeboro (New Hampshire) e o outro, em janeiro de 1988, em Oxnard (Califórnia); nessa ocasião, vários profissionais que se interessavam pelas teses construtivistas se encontraram, entre os quais Lynn Hoffman, Tom Andersen, Bradford Keeney, Carlos Sluzki, Karl Tomm e eu.

Foi aproximadamente no final dessa mesma década de 1980 que as teorias relativas ao construcionismo social tomaram impulso nos Estados Unidos.

Kenneth J. Gergen, professor de psicologia do Swarthmore College, na Pensilvânia, e se encontra entre os principais representantes do construcionismo social no ramo da psicologia, definiu esse novo campo por ocasião de um encontro recente.[10] A seus olhos, tanto os significados como o sentido do *self* e as emoções têm sua origem em um contexto intrinsecamente relacional: não apenas o "eu" e o "tu" não se manifestam senão nos diálogos permitidos pelas relações humanas, como também a própria identidade é produzida pelas narrativas que têm origem em trocas comuns;[11] tais narrativas dizem respeito, na verdade, muito mais a relações sociais do que a escolhas individuais;[11] por essa óptica, até mesmo as emoções correspondem a modos de funcionamento social, pois se encaixam no interior de seqüências de cenários comuns.[11]

Gergen propõe aos terapeutas a substituição das metáforas mecanicistas da cibernética por metáforas emprestadas da teoria literária ou da antropologia pós-moderna: ele situa definitivamente o construcionismo social na era pós-moderna, definindo o modernismo como uma visão de mundo que tem raízes nos séculos XVI e XVII.

Segundo esse autor, o modernismo comparava o mundo à uma gigantesca máquina, a qual os homens deviam e podiam compreender; esperava-se que a compreensão do funcionamento dessa máquina pudesse produzir o conhecimento que garantiria um ilimitado progresso: assim o pensamento moderno acentuou o desenho, a evolução, a objetividade e a racionalidade. Ao passo que o pensamento pós-moderno teria tido sua origem no final da década de 1960, paralelamente à contestação de uma ordem política amoral, unicamente preocupada com o acúmulo de riquezas e de poder: conseqüentemente, a abordagem pós-moderna associa a reivindicação ética à desconstrução dos conceitos de racionalidade, objetividade e progresso.

Em sua obra, intitulada *Realities and Relationships*,[11] Kenneth J. Gergen analisa as relações que se estabelecem entre o construtivismo e o construcionismo social: partindo ambos do pressuposto de que o saber é uma construção do espírito e se recusando tanto um como o outro a definir o conhecimento como um reflexo fiel de uma realidade ou de um mundo independente de nós (concepção que era característica ao modernismo), essas duas abordagens rejeitam o dualismo sujeito/objeto. Mas, para os construcionistas, conceitos como "o mundo" ou "a mente" não possuem o *status* ontológico que os construtivistas lhes parecem atribuir pois pertencem ao domínio de práticas discursivas e, sendo assim, são passíveis de ser contestados e negociados na linguagem. Segundo Gergen, o construtivismo está ligado ainda à tradição ocidental do individualismo, à medida que descreve a construção do saber a partir de processos intrínsecos ao indivíduo, enquanto o construcionismo social, ao contrário, volta-se para traçar as fontes da ação humana das relações sociais. É neste sentido que afirma: "A construção do mundo não se situa no interior da mente do que observa, mas sim no interior das diversas formas de relação".[11]

Segundo Gergen,[10] as conseqüências dessa abordagem para a psicoterapia poderiam ser as seguintes:

— os intercâmbios verbais entre o terapeuta e o paciente não refletem verdade alguma; não dizem respeito à verificação ou à aplicação de uma teoria preconcebida, mas trata-se, de estabelecer um diálogo potencialmente produtivo.

— quando o paciente fala sobre este ou aquele problema, é importante que o psicoterapeuta se questione sobre seu contexto relacional, indagando-se sobre as causas e o objetivo de o paciente manter esse discurso. Invocar uma depressão, por exemplo, pode ser um meio de este se relacionar com o outro, de convidar outras pessoas a adentrar o círculo de certas "danças" específicas.

— uma vez que os significados são co-gerados pelo paciente e pelo terapeuta no contexto terapêutico, já não existe mais uma voz única, como não existe também um *self* unificado. Não existe apenas uma voz: são várias e ao terapeuta cabe, portanto, a partir do aspecto pragmático da linguagem terapêutica, auxiliar o paciente a permitir o surgimento das outras vozes que ele guarda em si, e lhe permitirão orientar-se para outras formas de "conversações".

Numerosas escolas foram influenciadas por esses recentes trabalhos. Ao avaliarem que a experiência compreendida e sentida por meio de realidades narrativas socialmente construídas, Harry Goolishian e Harlene Anderson[12] pronunciaram-se em favor das terapias centradas sobre a "dissolução do problema" (*dissolving therapies*), em oposição às terapias centradas no sintoma (*solving therapies*), que têm seu eixo no sintoma. Para esses autores, a intervenção terapêutica é um princípio obsoleto: o terapeuta já não intervém, mas contenta-se em participar do diálogo terapêutico partindo de uma "posição de perplexidade".

Para Michael White, terapeuta familiar que exerce suas atividades em Adelaide, Austrália, o terapeuta, inspirando-se em Derrida, deve procurar desconstruir as "verdades", que são separadas das condições e dos contextos que as produzem.[13] Pensando primeiramente, e seguindo Michel Foucault, que os domínios do conhecimento são os domínios de poder, White segue a definição *foulcatiana* segundo a qual a exclusão é conseqüência da aceitação de uma identidade socialmente atribuída: quer se trate de pessoas, quer de grupos, é a identidade imposta ao indivíduo que o marginalizava, muito mais do que seu não-pertencimento a esta ou aquela coletividade. Indo novamente ao encontro das instituições antipsiquiátricas da década de 1960, White considera que é fundamental que se tire o véu da "natureza política" das interações locais e se faça um esforço para "exteriorizar" os discursos interiorizados graças a "conversações terapêuticas" que visem "repolitizar" o que havia sido despolitizado. Finalmente, muito atento à importância dos "relatos" na construção dos significados da experiência individual, o autor considera que os conhecimentos culturais podem acabar se constituindo em um fator de sujeição do indivíduo: para White, será então no espaço criado em terapia pela exteriorização de alguns desses discursos interiorizados, no novo distanciamento que a pessoa tende a estabelecer por intermédio de seus relatos, que as narrativas alternativas poderão eventualmente ser construídas.

Ainda que em um determinado momento White se tenha autodefinido como um "construtivista radical" tão distante dos estruturalistas (para os quais as várias formas de comportamentos refletem a estrutura do espírito) quanto dos funcionalistas (que se polarizam mais sobre a função que o comportamento tende a preencher em um dado sistema),[13] sua escola insere-se sobretudo no movimento do construcionismo social.

Tal como Anderson e Goolishian, Steve de Shazer, do Brief Family Therapy Center de Milwaukee, nos Estados Unidos, acredita que os problemas serão inscritos na linguagem mas, ao contrário dos primeiros, ele toma a si como principal objetivo a resolução, o mais rápido possível, das dificuldades dos pacientes:[14] interessando-se bem menos pela causa dos problemas do que pela descoberta de suas soluções, de Shazer se empenha em promover a estas resoluções, ampliando os recursos latentes das pessoas que solicitam sua ajuda, em conformidade com o método de Erickson. E busca também as "exceções", pois está convencido, além disso, de que a realidade é mais construída do que descoberta: ao lado de Insoo Kim Berg, ele se esforça por determinar as circunstâncias em que seus pacientes conseguem resistir relativamente bem aos problemas que os afetam, a fim de ajudá-los a melhor lutar contra o que os oprime. Essa abordagem, centrada em soluções, cresceu rapidamente nos Estados Unidos, como testemunham as numerosas obras recentemente publicadas pelos representantes dessa corrente: *In Search of Solutions: A New Direction in Psychotherapy*,[15] de William Hudson O'Hanlon e Michele Weiner-Davis; *Becoming Solution-Focused in Brief Therapy*,[16] de John L. Walter e Jane E. Peller; ou ainda *Solution Talk: Hosting Therapeutic Conversations*,[17] de Ben Furman e Tapani Ahola.

Tom Andersen, professor de psiquiatria social na Universidade de Tromso, Noruega, iniciou suas experiências com o dispositivo denominado "equipe reflexiva" em meados da década de 1980:[18] nessas sessões, a equipe que trabalhava atrás do espelho unidirecional emitia suas reflexões em voz alta e na presença da família em terapia; em seguida, esta última comunicava aos terapeutas as reflexões suscitadas por esses comentários. Essa abordagem, que aspira desenvolver o respeito pelo paciente e se opõe à orientação demasiado hierarquizada de certas psicoterapias sistêmicas, inspirou muitos profissionais da área, tais como Esther Wanschura, do Institut für Systemische

Interventionen und Studien de Viena, ou Elida Romano, Jean-Clair Bouley, Patrick Chaltiel, Didier Destal, Serge Hefez e Françoise Rougeul, membros da Associação Parisiense de Pesquisa e de Trabalho com Famílias (APRTF).

Depois de terem-se posicionado muito proximamente a Mara Selvini Palazzoli, numa segunda etapa esses seis últimos terapeutas se voltaram para o modelo de "intervenção provocativa" de Maurizio Andolfi, e assim como para o modelo de conversação construtivista de Carlos Sluzki; somando-se a isso, e sensíveis a meu conceito de ressonância, criaram pequenos grupos de formação nos quais cada formando é livre para experimentar um estilo específico de intervenção. Essas múltiplas referências se constituem num traço comum à maioria das escolas de formação: na Europa é relativamente raro que o profissional receba formação em apenas uma abordagem. Mas a riqueza da APRTF é ainda mais ampliada pelo fato de os formadores que abriga pertencerem a um sistema psiquiátrico institucional, no seio do qual criaram numerosas unidades de psicoterapia familiar.

Num contexto em que o diálogo tende cada vez mais a ser preferido em lugar da "intervenção" para modificar os significados e ampliar o campo dos possíveis, a importância terapêutica das "perguntas" só pode se tornar maior: esse dado novo foi levado em conta por Luigi Boscolo, Gianfranco Cecchin, Karl Tomm, Carlos Sluzki, Peggy Penn, Lynn Hoffman e muitos outros, os quais sublinharam que as perguntas poderiam ser importantes instrumentos de autocura.[19]

É interessante traçar a maneira pela qual certos terapeutas familiares foram levados a se desligar do construtivismo para se voltar para o construcionismo social. Lynn Hoffman e Harlene Anderson contam-nos de que modo Harold Goolishian separou-se do construtivismo, a partir da década de 1980: essa separação, afirmam,[20] ocorreu na cidade de Sulitjelma, Noruega, na qual Tom Andersen havia organizado um encontro do qual participaram, entre outros, Ernst von Glaserfeld, Heinz von Foerster, Humberto Maturana, Lynn Hoffman, Harold Goolishian, Harlene Anderson, Gianfranco Cecchin e Luigi Boscolo. Harlene Anderson e Harold Goolishian apresentaram aos participantes desse encontro um vídeo sobre o seu estilo não-diretivo; e parece que seu trabalho foi não apenas pouco compreendido como também certos membros da assistência se mostraram decididamente refratários à sua demonstração. Pouco depois, no instante em que

Lynn Hoffman já não conseguia mais acompanhar um debate entre dois teóricos construtivistas, Harold Goolishian acercou-se dela para anunciar-lhe que havia tido um Campejo: explicou-lhe que acabava de compreender que a cibernética não era uma ciência da compreensão mas sim uma espécie de engenharia baseada no controle, ele afirmou que a partir de então se convencera da necessidade de renunciar às analogias de tipo cibernético.

Quando do encontro em que Lynn Hoffman me relatou esse episódio,[20] Harlene Anderson acrescentou-lhe um detalhe: que àquela época ela própria, Goolishian e Keneth Gergen se dedicavam ao estudo dos autores construtivistas — até essa data se haviam empenhado em fazer com que esses dois corpos teóricos coexistissem como referências complementares, sendo somente a partir do encontro realizado em Sulitjelma que se separaram do movimento construtivista para se interessar pelo construcionismo social, pela hermenêutica e pelas teorias relativas à narração.

Em um seminário que dirigiram em novembro de 1944 em Chicago, e se inseriu na programação do 62º congresso anual da American Association for Marriage and Family Therapy, Joan Aderman, Tom Andersen, Harlene Anderson, Marilyn Frankfurt, Paggy Penn, Tom Russel e Kathy Weingarten divulgaram um texto em que se encontram com precisão os pontos essenciais da abordagem por eles preconizada. Denominada *collaborative therapy* ("terapia baseada na colaboração"), e se autodeterminando como uma co-construção do novo ligada ao pós-modernismo, essa abordagem opõe os sistemas sociais definidos pelos papéis e pelas estruturas, aos sistemas lingüísticos; as famílias aos indivíduos que vivem no universo da linguagem; e as organizações hierárquicas, àquelas horizontais e igualitárias.

Para os que se apóiam nessa *collaborative therapy*, o *self* é uma instância que apresenta um caráter de multiplicidade, que recebe seu calor por intermédio da linguagem e dos relacionamentos, enquanto o "não-saber" do terapeuta é tido como indispensável para a eclosão de novas possibilidades. Este grupo concebeu a terapia como uma colaboração entre pessoas com experiências e perspectivas diferentes mais do que uma relação que se estabelece entre um profissional e os indivíduos que solicitam ajuda; tal concepção levou à dedução lógica de que o terapeuta deve aceitar ocupar uma posição de "não-saber", a fim de ter condições de abrir-se a possibilidades que o saber poderia impedir de emergir. Essa posição, que permite a manutenção de um processo de aprendizagem, privilegia a investigação que terapeuta e paciente realizam sem implicar a rejeição deles por todo o saber que tenham adquirido antes.

É interessante notar, por outro lado, que tanto a leitura construtivista como a construcionista vão ao encontro de outros trabalhos que as antecedem e, até então, não haviam tido grande ressonância entre os terapeutas familiares.

Foi dessa forma que Ronald Laing, num debate registrado em 1981 e publicado dez anos mais tarde, enfatizou que pensar em termos de mapa e de território parecia-lhe inútil:

> O mapa ou o modelo é parte integrante do campo em que se encontra o modelo. Não existe um mapa transcendente, que poderíamos alcançar e consultar [...]. Muitos pensam que ao se afirmar isto abandona-se a teoria e se cai em um tipo de subjetivismo ridículo. Tentam impor um contraste simplista entre um subjetivismo dócil e um objetivismo firme. Devemos recusar essa diferenciação.[21]

Laing já havia anunciado a segunda cibernética e a recusa de uma dualidade sujeito/objeto.

Em um texto publicado em 1973,[22] Albert Scheflen e eu havíamos já criticado o papel do especialista que, assim que consegue isolar um elemento explicativo, reduz a diversidade de uma situação e usurpa o espaço do paciente. Esta posição é bastante próxima daquela defendida por Harlene Anderson e Harold Goolishian no memorável artigo intitulado "The client is the expert: A not-knowing approach to the therapy".[23]

O trabalho de Bradford P. Keeney sobre a estética da mudança,[24] e seus defensores, que seguem a linha de Bateson* em favor de "uma compreensão estética da mudança, um certo respeito, perplexidade e consideração para com os sistemas naturais", igualmente contri-

---

* Ver principalmente os comentários de Gregory Bateson sobre o poema de Samuel T. Coleridge "Le dit du vieux marin".[25]

buíram para o desenvolvimento posterior das psicoterapias familiares construtivistas e construcionistas.

Outros autores denunciaram as leituras centradas sobre o indivíduo e a interação, seguindo o pensamento de Félix Guattari, o qual declarou por ocasião de um debate:

> A existência das interações interindividuais no seio da família parece natural [...]. Mas até que ponto se pode falar da existência de interações entre pessoas, individualmente consideradas? Até que ponto um locutor traz em si uma pessoa individuada? [...]. A noção da unidade individual parece ser uma falsa aparência. O fato de se pretender centrar, a partir dessa noção, todo um sistema de interação entre formas de comportamento heterogêneas, não localizáveis de maneira única em uma só pessoa, parece-me ilusório.[26]

Isabelle Stengres em 1983 criticou[27] a epistemologia cibernética, acusando-a de ser uma "concepção filosófica de um mundo em que sistemas autônomos coexistem sob a forma de viventes-conhecentes, perturbam-se reciprocamente e não se conhecem senão em função de seu próprio programa, cada qual encerrado no círculo fechado de sua linguagem e dos estímulos que capta", análise que também poderia ser totalmente retomada pelos que defendem o construcionismo social.

Finalmente, no começo da década de 1970 acompanhei um *workshop* oferecido pela equipe do Roosevelt Hospital, de Nova York. Nessa ocasião, uma equipe terapêutica recebeu uma família em público e comentou sua experiência em relação a esta antes que seus membros pudessem reagir às observações e comentários dos terapeutas. Essa experiência, parece-me, não teve nenhum futuro até ser recriada por Tom Andersen dez anos mais tarde.

Não posso resistir à tentação de comparar esses trabalhos precursores a ondas, que não teriam conseguido ampliar-se o suficiente para que um novo futuro pudesse surgir. De alguma forma fez-se necessário o aparecimento de certas condições específicas para que os aspectos que pareciam condenados a se manter menores no campo das terapias familiares se juntassem, se ampliassem e, por meio de uma descontinuidade, conduzissem alguns de nós a experimentar novos caminhos. Essa comparação me foi inspirada pelas teorias de Ilya

Prigogine, as quais não são também totalmente estranhas a Kenneth Gergen[28] e Lynn Hofman.[29]

Lynn Hoffman em 1988 traçou o seu próprio percurso em um artigo intitulado "Une position constructiviste pour la thérapie familiale".[30] Nesse texto, ao fazer referência ao "sistema significativo" descrito por Evans Imber-Black, Luigi Boscolo e Gianfranco Cecchin, ela se referiu igualmente ao conceito de "sistema determinado pelo problema", criado em 1986 por Harlene Anderson, Harry Goolishian e Lee Winderman, noção à qual ela própria aderira, ainda mais tendo anunciado, à mesma época, que "o sistema não cria o problema, mas o problema cria o sistema".[30] Recusando-se a substituir o sistema familiar por uma outra unidade, Lynn Hoffman definiu então a terapia como uma "conversação" mantida por um grupo de pessoas a propósito de um problema, conversação essa que chega ao fim quando o problema a ser resolvido se extingue. Alguns anos mais tarde, a autora definiu sua abordagem como um trabalho conduzido com os sistemas relacionais no interior dos quais o "eu" relacional do terapeuta é substituído pelo "eu" hierárquico tradicional.* Tendo renunciado à ambição da neutralidade, Hoffman atualmente aceita dividir com a família o que viu e compreendeu no decorrer de "conversações terapêuticas" potencialmente transformadoras.

Além disso, essa mesma autora propõe um outro conceito muitíssimo interessante: aquele relativo ao "conhecimento do terceiro tipo" (*knowing of the third kind*). Esse conhecimento, que não é nem do mundo exterior nem do mundo interior ou pessoal tende a ser desenvolvido pelo indivíduo que consente em abrir-se aos sentimentos que emergem no espaço relacional.

Tal como Harlene Anderson, Lynn Hoffman considera que o terapeuta não deve posicionar-se em seu discurso a partir de uma técnica ou método preconcebido, mas sim e unicamente a partir de uma "posição autêntica", ancorada numa verdadeira transformação pessoal.

Peggy Penn, do Ackerman Institute de Nova York, também se inclinou, e muito, para a importância terapêutica do questionamento e do poder da linguagem, à medida que estes abrem as portas uma multidão de possíveis, cada um deles ligado a um tipo de discurso.

---

* Comunicação pessoal.

Assim como Marilyn Frankfurt, a autora sugere a seus pacientes que redijam um *participant text* ("texto participante"), que pode tomar a forma de um jornal, de uma carta destinada a uma pessoa viva ou falecida, de uma poesia etc.: pois avalia que a criação dessas novas narrativas favorece a emergência de novas vozes.[31]

Gill Gorell Barnes, psicoterapeuta familiar que exerce suas atividades em Londres, incita as próprias vítimas de maus-tratos a elaborar narrativas que lhes sejam próprias. Mas não hesita em associar essas narrativas a outros procedimentos, uma vez que propõe também a esses pacientes que, se o desejarem, façam uso de material audiovisual e incluam aos seus relatos pessoais as reações dos membros de sua família.

Em seus trabalhos mais recentes, Carlos Sluzki se interessou pelas novas perspectivas que podem surgir no decorrer da "conversação terapêutica". Em um texto inovador, intitulado "Transformations, propositions d'un schéma type pour les changements dans les récits en thérapie" ele tenta dar forma às diversas abordagens sistêmicas centradas na narração,[32] estabelecendo uma distinção entre suas "dimensões" (de tempo, espaço, causalidade, interações, valores e narração) e seus respectivos "movimentos" (por exemplo: define vários parâmetros para a dimensão tempo, tais como estático/flutuante, nome/verbo ou a-histórico/histórico). Para Sluzki, essas "dimensões" e esses "movimentos" transformadores são o próprio cerne do processo da mudança terapêutica.

Gianfranco Cecchin, co-autor (Gerry Lane e Wendel A. Ray) de um ensaio dedicado à irreverência,[33] apresenta-se como um terapeuta sistêmico influenciado pelo construcionismo social.[34] Convencido há muito da necessidade de se ajudar os terapeutas a se libertarem das amarras explicativas tradicionais, Cecchin adere às análises dos teóricos construcionistas, que não temem descrever a terapia como um processo no decorrer do qual podem surgir elementos cuja riqueza arrisca-se ser reduzida por causa das teorias próprias ao terapeuta.

Quanto a Luigi Boscolo, depois de se interessar pelo papel terapêutico da linguagem[35] a ponto de igualar a equipe terapêutica a um "laboratório metalingüístico", escreveu em colaboração com Paolo Bertrando uma obra dedicada ao tempo:[36] embora se dizendo fiéis a uma abordagem sistêmica fundamentada na metáfora cibernética, os autores se propõem a examinar as diferentes práticas psicoterapêuticas (sejam narrativas ou outras) pelo ângulo da temporalidade.

Esse interesse pelo tempo é compartilhado por Fritz Simon, responsável pelo Heidelberg Institut für Systemische Forschung, autor de um vocabulário sistêmico em colaboração com Helm Stierlen e Lyman C. Wynne[37] e redator de uma introdução brilhante às teses construtivistas, intitulada *Meine Psychose, mein Fahrrad und ich: Zur Selbstorganisation der Verrücktheit* ("Minha psicose, minha bicicleta e eu...").[38] Ao lado de seus colegas Gunthard Weber, Helm Stierlin, Arnold Retzer e Gunther Schmidt, do Instituto de Heilderberg, e Fritz Simon debruçou-se sobre a compreensão da forma pela qual as famílias que têm membro esquizofrênico, maníaco-depressivo ou com um distúrbio de natureza psicossomática constroem sua realidade. Mutio atento ao modo pelo qual os grupos familiares e os indivíduos tentam fazer coexistir tendências antagônicas, tanto do ponto de vista temporal como no nível dos papéis pessoais, ele pensa que os conflitos apresentam formas de organização tanto diacrônicas como sincrônicas: no primeiro caso, as duas partes antagônicas se sucedem cronologicamente ao passo que, no segundo, elas coexistem num mesmo período de tempo. E o comportamento dos pacientes maníaco-depressivos ou de suas famílias testemunhariam uma dissociação diacrônica, enquanto a estrutura comunicacional das famílias com um membro esquizofrênico seria do tipo sincrônico: a "ambivalência" aparente do esquizofrênico, por exemplo, estaria diretamente ligada à simultaneidade dos comportamentos opostos que nele se manifestam. Para Simon, todas essas estruturas organizacionais, sejam quais forem, convidam o terapeuta a estabelecer com as famílias alianças que variam segundo a sintomatologia presente: seu maior risco consiste em se "cronificar" involuntariamente essas estruturas, pois a abertura de novos caminhos é, desde o início, muito difícil.[39]

Robert Jay Green, professor de psicologia da School of Professional Psychology d'Alameda, na Califórnia, no início refletiu sobre a possibilidade de se resolver determinados impasses terapêuticos a partir das perspectivas abertas pela segunda cibernética.[40] Inspirando-se ao mesmo tempo na abordagem do Mental Research Institute de Palo Alto, nas orientações dos terapeutas sistêmicos de Milão e em meus trabalhos sobre a utilização das ressonâncias no sistema terapêutico, esse autor elaborou um método composto por sete pontos, que visa à análise e à solução desses impasses a partir de uma representação cibernética da psicoterapia. Posteriormente chegou à conclusão, em conjunto com Herget,[41] que as alianças terapêuticas que apresentem um teor afetivo positivo podem se constituir em um precioso fator de mudança, não importando se a psicoterapia seja sistêmica, estratégica, centrada na solução ou na narrativa. O autor hoje volta seu interesse mais especificamente para as intersecções afetivas entre o terapeuta e seus pacientes, para a coerência narrativa das possibilidades explicativas próprias aos sistemas terapêuticos e para as limitações acarretadas pelos contextos socioculturais.

A importância da relação paciente/terapeuta foi igualmente sublinhada por Peter Steinglass, diretor do Ackerman Institute for Family Therapy, redator-chefe da revista *Family Process* e autor de vários artigos e livros dedicados à "família alcoolista".[42] O trabalho clínico de Steinglass, que se define mais como um "colaborador" da família do que como um *especialista*, está antes de tudo voltado para o desenvolvimento dos recursos e das capacidades de auto-intervenção dos sistemas familiares por meio da busca conjunta de hipóteses alternativas e, em seguida, pela criação de estratégias quase experimentais, que permitem a verificação da pertinência das hipóteses mantidas.

Vernon Cronen, professor de comunicação da Universidade de Massachusetts, e Peter Lang, co-diretor do Kensington Consultation Centre de Londres, e editor da revista *Human Systems,* avaliam que "estar com o outro" conta no mínimo tanto quanto "dirigir-se ao outro". Em um de seus recentes artigos[43] enfatizaram também que as trocas lingüísticas e as atribuições de significado podem e devem ser vistas como "ações de caráter comum" e que as pessoas e as sociedades existem "mais na comunicação que na comunicação"; os autores correlacionam a terapia baseada nas "conversações terapêuticas" às concepções filosóficas de William James, John Dewey e Ludwig Wittgenstein: o artigo que escreveram sobre a linguagem e a ação é consagrado especificamente a estes últimos.

A tarefa diversa dedicam-se o psiquiatra L. Kaufmann, o psicólogo E. Fivaz-Depeursigne e o físico R. Fivaz. Principais dirigentes de um grupo interdisciplinar ligado ao Centro de Estudos da Família de Lausanne, esses três pesquisadores se empenharam em integrar os diferentes modelos terapêuticos existentes num traçado epistemológico centrado na noção de "paradigma evolucionista", que permite que se observe a base isomórfica fundamental entre sistemas evolutivos de diferentes níveis e complexidades.

Para esses autores, a redefinição do crescimento tem o valor de um conceito-chave. De acordo com eles, a interação do terapeuta e de seu paciente é análoga às trocas pai ou mãe/filho ou à relação professor/estudante, à medida que, em cada um desses grupos, o sistema a ser enquadrado (paciente, filho, estudante) ocupa uma posição tributária ao sistema enquadrante (terapeuta, pai/mãe, professor) no que diz respeito a seu processo de autonomia.[44] Progredindo em direção a um objetivo comum, esses dois sistemas em conjunto dão origem a um sistema co-evolutivo que se expressa e se desenvolve por uma "aliança de trabalho", que constitui a relação terapêutica.

No plano clínico, os terapeutas que defendem esse modelo fazem voto de fé no potencial de crescimento do paciente (indivíduo ou família) e se empenham em desbloquear ou facilitar sua evolução no sentido da autonomia, zelando principalmente para que as interações temporariamente observadas no seio do sistema terapêutico possam ser interrompidas no momento em que se desejar; dessa forma, incluem a si mesmos na definição e na construção do processo terapêutico, favorecendo, assim, a emergência da co-construção e da co-evolução.

No plano teórico, essa equipe do Centro de Estudos da Família aspira oferecer um paliativo à "relativa falta de articulação explícita entre conceitos demasiado abstratos da sistêmica e suas aplicações clínicas":* os autores consideram que a descrição criteriosa das trocas entre parceiros (pais/filhos; terapeuta/casal), especificamente, só poderá conduzir a uma compreensão efetiva dos jogos circulares de influência que são inerentes às organizações hierárquicas neles implicadas a partir do momento em que se leve em conta a trama temporal das trocas.[45]

Também na Suíça, Colette Simonte, psicóloga de formação ao mesmo tempo analítica e sistêmica, apresenta uma abordagem particularmente original. Sensível à experiência corporal de seus pacientes, essa autora se empenha em levar em conta a inscrição corporal das ressonâncias dos membros do sistema terapêutico; para ela a co-construção do real, sem deixar de estar ligada à linguagem verbal, se dá igualmente no corpo dos que dele participam, bem como por intermédio das "danças" que eles esboçam.

---

* Comunicação pessoal.

Na França, o psiquiatra e psicanalista Robert Neuburger exerce as funções de didata oferecendo a seus estudantes a abordagem construtivista. Para ele, cabe ao terapeuta libertar-se, tanto em seus objetivos como em suas crenças, da noção segundo a qual uma abordagem seria mais "verdadeira" do que outra; da mesma forma, cabe-lhe velar para que sua "ideologia" não venha a orientar a família no sentido de gamas de percepção ou de opções preestabelecidas de leitura. Compartilhando dessa concepção, Michèle Neuburger, cuja formação é ao mesmo tempo jurídica e psicológica, tem como eixo de suas pesquisas as situações de incesto e as questões por estas suscitadas.

Philippe Caillé, cujos primeiros trabalhos se situavam na linha de atuação desenvolvida por Mara Selvini Palazzoli[46] hoje se interessa pela natureza auto-referencial dos sistemas humanos. Embora resida na Noruega é um terapeuta francês que conquistou uma ampla audiência na Europa.

Denominando como "modelo organizante", ou "modelo de pertencimento" a representação mental que os membros de um sistema têm da relação que os une a todos e, por outro lado, estabelecendo de modo preciso que essa representação "cria" seus próprios criadores,[47] Caillé se empenha em "esculpir" os membros dos sistemas familiares que acompanha em terapia trabalhando, a princípio, no nível fenomenológico ou ritual (plano dos atos realizados com o outro) e depois, no nível mítico (plano das representações metafóricas não-humanas). Assim, elaborou um método de intervenção analógico que chamou de "esculturação", o qual permite que esses "modelos familiares de pertencimento" sejam visualizados a despeito dos elos multi-estratificados que implicam.

Opondo-se à corrupção do terapeuta como "reparador", Caillé esforça-se em criar "espaços intermediários" que, pouco a pouco, se povoam de "objetos flutuantes" (construções que consistem tanto em esculturas como em protocolos invariáveis, tanto em "contas sistêmicas" como em "diálogos estabelecidos com máscaras"); segundo esse autor a criação desses espaços de encontro e de elaboração, em que os sistemas autônomos evoluem, seria uma decorrência lógica da segunda cibernética, que imporia a passagem de uma sistêmica da descrição objetiva dos sistemas para uma sistêmica da subjetividade assumida, ou "nova sistêmica".

Finalmente, Caillé enfatiza que o quadro terapêutico, sem deixar de ser simples o bastante para responder à demanda, deve ser complexo o suficiente para abrigar os remanejamentos decisivos na relação aquele-que-trata/aquele-que-é-tratado passíveis de surgir no espaço temporal "reencontrado".

Yveline Rey, colaboradora próxima de Philippe Caillé, responde pelo Centro de Estudos Sistêmicos CERAS, de Grenoble, e se inscreve também no campo do co-construtivismo e da nova sistêmica. Co-autora com Bernard Prieur, do *Systèmes, éthique, perspectives en thérapie familiale*,[48] ela elaborou numerosas ferramentas que visam estimular a criatividade do sistema terapêutico, entre as quais o "jogo do olho sistêmico"[49] e o "conto sistêmico".

Esse interesse pelo construtivismo anima também Édith Goldbeter-Merinfeld, didata-encarregada no Instituto de Estudos da Família e dos Sistemas Humanos, em Bruxelas. Propondo um modelo centrado nas ressonâncias surgidas no âmbito do sistema terapêutico em torno do tema da ausência, essa terapeuta postula que toda relação é uma relação a três: mesmo nos casos de simbiose, existirá sempre um terceiro que será excluído.

Para Goldbeter-Merinfeld os membros dos sistemas familiares constroem sua realidade de tal forma que um dos membros é incumbido de regular as distâncias emocionais familiares: este será tanto um "terceiro leve", nos casos em que ocupa esse espaço temporariamente, como um "terceiro de mais peso", quando o faz de maneira permanente. A partida do "terceiro de mais peso ", que ocorre no momento em que este último tipo de organização passa a vigorar, poderá ocasionar a eclosão de sintomas na pessoa que preenche essa insustentável posição. Ora, para Goldbeter-Merinfeld a família freqüentemente espera que o terapeuta substitua esse terceiro ausente, a fim de que ela assim tenha condições de preencher o vazio insuportável deixado por este último. Enquanto isso, em seu passado, na família de origem o terapeuta com freqüência terá sido levado a se encarregar desse papel regulador sem ter podido desempenhá-lo até o fim. E seu reencontro com uma família em luto pelo desaparecimento de seu "terceiro de mais peso" arrisca-se a vir a se constituir em um reforço em relação às construções dos diversos participantes do sistema terapêutico. Seja como for, será nesses sistemas tecidos por duas histórias diferentes ligadas por um tema comum, que a aprendizagem da separação deverá se efetuar no processo da terapia.[50]

O Centro de Formação em Abordagem Sistêmica e em Terapia Familiar da Universidade Católica de Louvain propõe também um modelo que enfatiza a intersecção dos diversos sistemas inseridos na formação terapêutica (os sistemas profissional, familiar, terapêutico, do didata, do formando, do supervisor, do estudante etc). Michel De Clercq, Édith Tilmans e Maggy Siméon,[51] em um artigo de sua autoria, enfatizaram que lhes parecia de capital importância analisar com precisão essas intersecções e influências recíprocas no quadro no processo didático; enquanto Carmen Vieytes-Schmitt,[52] membro do mesmo centro e didata em Chapelle-aux-Champs, na Bélgica, estudou detalhadamente a relação terapêutica a partir do ponto de vista do terapeuta, concentrando-se sobre a capacidade deste último de "se sentir com" a família para assim transformar o nível de conhecimento do sistema formado, noção essa que me parece muito próxima da de "conhecimento do terceiro tipo" de que nos fala Lynn Hoffman.

Guy Ausloos, psiquiatra que exerce suas atividades médicas e de ensino em Quebec, propõe, ele também, conceitos utilíssimos para os terapeutas familiares. Tendo no início se interessado pelo papel dos "segredos de família"[53] no contexto da delinqüência juvenil, criou o que denomina "co-terapia cindida", dispositivo segundo o qual as atribuições de dois co-terapeutas separam-se nitidamente para que um deles se concentre nos objetivos familiares enquanto o outro se dedica aos objetivos individuais do paciente identificado. Esse dispositivo, segundo o autor, permite que se devolva ao indivíduo um espaço no seio do sistema familiar, evitando a volta às formulações intrapsíquicas. Além disso, Guy Ausloos voltou-se para a função da temporalidade em psicoterapia, comparando o "tempo paralisado" das famílias em transições rígidas com o "tempo do evento" das famílias em transição caótica. Conhecido por seus trabalhos sobre adolescentes delinqüentes e toxicômanos, bem como por suas pesquisas desenvolvidas sobre a abordagem sistêmica em instituições, Ausloos atualmente abraça uma concepção do papel do terapeuta inspirada no construtivismo: hoje ele se vê como um ativador do processo familiar que tenta fazer com que emerjam os processos de "auto-solução", termo pelo qual ele designa todas as soluções que o sistema familiar tende a elaborar com a finalidade de escapar ao dilema que traz a família em consulta.

Na Espanha, Juan Luis Linares[54] é professor de psiquiatria da Universidade Livre de Barcelona e diretor da Escola de Terapia Familiar do Serviço de Psiquiatria do Hospital de la Santa Creu i San Pau, da mesma cidade. Especializado em depressão, Linares considera que as emoções foram muito negligenciadas na abordagem sistêmica: por isso ele se empenha em amplificar os recursos emocionais de seus pacientes com o emprego da técnica de "narrativas terapêuticas", cujos relatos lhe parecem atuar sobre a parte flexível da identidade embora a linguagem não lhe permita, sozinho, dominar toda a complexidade dos mecanismos em jogo em algumas patologias psiquiátricas.

Também preocupadas, como Juan Luis Linares, com o desenvolvimento dos recursos emocionais de seus pacientes, Alia Samara e Malvina Tsounaki-Vardinoyannis dirigem o Centro de Terapia Familiar-Atenas, na Grécia. Empregando tanto em suas atividades clínicas como de formação o conceito de ressonância por mim elaborado, elas enfatizam a singularidade e se aplicam em criar um contexto afetivo favorável ao bom andamento das psicoterapias que aplicam, pois dão grande importância à experiência concreta que os membros do sistema terapêutico possuem e se sentem tão próximas do construtivismo como da abordagem experiencial.

Essa abertura em relação a diferentes fontes de inspiração é própria também de Katia Charalabaki, diretora da primeira unidade de terapia familiar criada no quadro da reforma psiquiátrica grega, ou seja, a unidade ligada ao hospital psiquiátrico da região da Ática, que atende a cidade de Atenas e região. Essa terapeuta, que define sua prática como "sistêmico-construtivista", também foi influenciada pelo trabalho de Vasso e Georges Vassiliou, pioneiros da terapia familiar na Grécia e das pesquisas por mim desenvolvidas sobre semelhanças e ressonâncias.

Na América do Sul, Dora Fried Schnitman, fundadora da importante escola argentina Interfas, dedica-se à formação de terapeutas familiares em Buenos Aires, ao lado de Saul Fuks. A princípio atraída pelo construtivismo, pelos conceitos de auto-organização e pela teoria dos laços entre observador e sistema observado, ela chegou posteriormente à conclusão de que as metáforas construtivistas eram muito limitadas, aproximando-se do construcionismo social, o qual contribuiu para divulgar na América do Sul. Criou então uma ferramenta para a formação terapêutica que insiste na "epistemologia do terapeuta como instrumento clínico", isto é, nos modos de construção que se observam no decorrer das sessões psicoterapêuticas. Sua prática, atualmente, em muito se aproxima da de Harold Goolishian e Harlene Anderson; para ela, se se deseja que novas competências possam se manifestar no diálogo terapêutico, é indispensável que o terapeuta saiba "fazer surgir os parâmetros específicos a essa conversação particular",* colocando-se numa posição de não-saber e de abertura.

Também na Argentina Adolfo Loketek e Maria Rosa Glasserman dirigem o Centro de Familias y Parejas (CEFYP) em Buenos Aires. Influenciados de início por Mara Selvini Palazzoli, Salvador Minuchin e Maurizio Andolfi, hoje interessam-se pela análise do poder no discurso, no diálogo e na história, e definam-se como teoricamente próximos de Harold Goolishian, Michael White e Gianfranco Cecchin. No nível da formação que oferecem, conferem grande importância à história do terapeuta.

Fernando Coddou Placier e Carmen Luz Mendes Velasco, responsáveis pelo Instituto de Terapia Familiar de Santiago, no Chile, vêem o construcionismo com mais reservas. Colaborando regularmente com Humberto Maturana há doze anos, construíram um modelo de "terapia sistêmico-cibernética", fundado na noção de "objetividade entre parênteses", modelo esse que consideram mais radical do que o construtivismo e que tem condições de substituir de maneira útil o construcionismo: defendendo sempre a idéia de que o construcionismo se constitui em uma boa ferramenta para a análise sociopolítica, eles criticam a sua utilização no campo clínico.

Diferentemente de seus colegas chilenos, Veronica A. M. Cezar Ferreira, diretora do Centro de Estudos da Família de São Paulo (Cefasp), no Brasil, está voltada para o construcionismo e define o terapeuta como sendo um "faz-tudo", cujas qualidades essenciais seriam a flexibilidade e a capacidade de usar sua subjetividade. Ainda em São Paulo, Sandra Fedullo Schein, que exerce simultaneamente as atividades de terapeuta familiar e terapeuta infantil, ao lado das famílias que atende se dedica à criação de contextos emocionalmente ricos com as famílias que atende; empenha-se, por isso, em não enrijecer as regras apresentadas pelos diversos sistemas terapêuticos, analisando

---

* Comunicação pessoal.

com freqüência as intersecções verificadas entre as construções do real que os membros desses sistemas elaboram.

Quanto a Anna Maria Hoette, co-diretora do Instituto de Terapia Familiar do Rio de Janeiro, ela sempre esteve aberta para as numerosas influências, desconfiando *a priori* de todas as formas de ortodoxia. Hoje se diz construtivista e faz uso da análise das ressonâncias do sistema terapêutico como ferramenta útil de intervenção e de formação, sem deixar de praticar, simultaneamente, as "conversações terapêuticas" da orientação construcionista.

Finalmente, Jacqueline Fortes, diretora do Instituto de la Familia de México, afirma também ter sofrido várias influências: ela defende o construtivismo sem negligenciar, no entanto, a análise das ressonâncias e o isomorfismo que se apresentam nos diversos sistemas engajados em suas supervisões. Além disso, compartilha do ponto de vista de Celia Falicov, sobre a importância do contexto cultural e da provocação, tal como Maurizio Andolfi os emprega na psicoterapia.

Esta apresentação permitiu que nos familiarizássemos com as distintas escolas que defendem o construtivismo, o construcionismo social e as abordagens centradas nas soluções. Cada um desses grupos está longe de ser homogêneo, como o indica a reação de Harold Goolishian ao trabalho de terapeutas que, como Michael White, anseiam transformar o sentido das narrativas produzidas pelos pacientes:

> Eles procuram fazer com que apareça a falta de sentido da narração, a falta de sentido patológica. E se perguntam como mudar o sentido desses relatos. Enquanto para nós é essencial nos mantermos no campo do significado tal como este é apresentado pelas pessoas.[55]

Essas elaborações recentes, esse leque de novas práticas proposto por terapeutas cujas posições, em relação à terapia sistêmica e à cibernética, vão da adesão à rejeição, favorecem nosso campo, pois colocam em xeque as "palavras de ordem" que impedem a renovação de nosso olhar sobre as teorias e permitem que a terapia familiar se mantenha vigilante para a evolução sociocultural do ambiente, vigilância sem a qual a aliança terapêutica seria muito difícil de ser mantida.

Mony Elkaïm

REFERÊNCIAS BIBLIOGRÁFICAS

1. WATZLAWICK, P. (ed.), *Die Erfundene Wirklichkeit*. Munique, R. Piper Co Verlag, 1981; traduzido para o francês sob o título: L'Invention de la réalité, Paris, Éd. du Seuil, 1988.
2. GLASERFELD, E. von. "Introduction à un constructivisme radical". In: WATZLAWICK, P. (ed.), L'Invention de la réalité. Paris, Éd. du Seuil, 1988.
3. FOERSTER, H. von. "La construction d'une réalité". In: WATZLAWICK, P. (ed.), *L'Invention de la réalité*. Éd. du Seuil, 1988, p. 68.
4. MATURANA, H. e VARELA, F. *Autopoeisis and Cognition*. Países Baixos, D. Reidel Publishing Company, 1980.
5. HOFFMAN, L. "Constructing realities: An art of lenses". In: *Family Process*, 29, 1990, pp. 1-12.
6. FOERSTER, H. von. *Observing Systems*. Seaside, California, Intersystems Publications, 1981.
7. ________ e HOWE, R.H. "Introductory comments to Francisco Varela's Calculus for self-reference". In: *Int. J. Gen. Systems*, t. 2, 1975, p. 3.
8. MATURANA, H. e VARELA, F. *The Tree of Knowledge*. Boston, New Science Library, Shambola Publications, 1987.
9. MATURANA, H. "What it is to see". In: *Arch. Biol. med. exp*. Santiago, Chile, nº 16, p. 256.
10. KENETH J. GERGEN et ELKAÏM, MONY: un dialogue. In: *Résonances*, Toulouse, nº 9, 1995.
11. GERGEN, K.J. *Realities and Relationships: Soundings in Social Construction*. Cambridge, Massachusetts, Harvard University Press, 1994, respectivamente, pp. 186, 225, 229 e 243.
12. ANDERSON, H. e GOOLISHIAN, H.A. "Human systems or linguistic systems: Preliminary and evolving ideas about the implications for clinical theory". In: *Family Process*, 27, 1988, pp. 371-94.
13. WHITE, M. "Deconstruction and therapy". In: *Dulwich Centre Newletter*, nº 3, 1991 (ver também WHITE M. e EPSTON, D. *Narrative Means to Therapeutic Ends*. Norton, Nova York, 1990, p. 27).
14. DE SHAZER, S. *Putting Difference to Work*. Nova York, Norton, 1991.
15. O'HANLON, W.H. e WEINER-DAVIES, M. *In Search of Solutions: A New Direction in Psychotherapy*. Nova York, Norton, 1989.
16. WALTER, J.L. e PELLER, J.E. *Becoming Solution-Focused in Brief Therapy*. Nova York, Brunner/Mazel, 1992.

17. FURMAN, B. e AHOLA, T. *Solution Talk: Hosting Therapeutic Conversations*. Nova York, Norton, 1992.
18. ANDERSEN, T. (ed.), *The Reflecting Team: Dialogues and Dialogues about the Dialogues*. Nova York, Norton, 1991.
19. TOMM, K. "Les questions réflexives, instruments d'autoguérison". In: FIVAZ-DEPEURSINGE, E. (ed.), *Texte et Contexte dans la communication, Cahiers critiques de thérapie familiale et de pratiques de réseaux*. Tousouse, Privat, nº 13, 1991.
20. ________. "Entretien avec Harlene Anderson et Lynn Hoffman par Mony Elkaïm". In: *Résonances*, Toulouse, nº 9, 1995 (ver também ANDERSON, H. e GOOLISHIAN, H. "Conversation at Sulitjelma". In: *Newsletter of the American Family Therapy Association*, primavera de 1989).
21. LAING, R., GUATTARI, F., WHITAKER, C., ELKAÏM, M. "Quelques interrogations à propos des therapies familiales". In: *Résonances*, Toulouse, nº 2, 1991, p. 42.
22. ELKAÏM, M. e SCHEFLEN, A. "Antipsychiatrie et révision épistémologique". In: *Mosaïque*, Bruxelas, nº 18, 1973 (ver também ELKAÏM, M. "Système familial et système social". In: *Cahiers critiques de thérapie familiale et de pratiques de réseaux*, Paris, Gamma, nº 1, 1979).
23. ANDERSON, H. e GOOLISHIAN, H. "The client is the expert: A not-knowing approach to therapy". In: MCNAMEE, S. e GERGEN, K.J. (eds.), *Therapy as Social Construction*, Londres, Sage Publications, 1992.
24. KEENEY, B.P. *Aesthetics of Change*. Nova York, The Guilford Press, 1983, p. 8.
25. BATESON, G. e M.C. *La Peur des anges*. Paris, Éd. du Seuil, 1989, p. 104.
26. PRIGOGINE, I., STENGERS, I., DENEUBOURG, J.-L., GUATTARI, F. e ELKAÏM, M. "Ouvertures". In: *Cahiers critiques de thérapie familiale et de pratiques de réseaux*, Paris, Gamma, nº 3, 1980, p. 10.
27. STENGERS, I. "A propos de l'epistémologie cybernétique". In: ELKAÏM, M. (ed.), *Psychothérapie et Reconstruction du réel, Cahiers critiques de thérapie familiale et de pratiques de réseaux*, Paris, Ed. universitaires, nº 7, 1983.
28. GERGEN, K. *Toward Transformation in Social Knowledge*. Nova York, Springer Verlag, 1982, p. 161.
29. HOFFMAN, L. "A reflexive stance for family therapy". In: MCNAMEE, S. e GERGEN, K.J. (ed.), *Therapy as Social Construction*. Londres, Sage Publications, 1992, p. 29.

30. HOFFMAN, L. "Une position constructiviste pour la thérapie familiale". In: FIVAZ-DEPEURSINGE, E. (ed.), *Texte et Contexte dans la communication, Cahiers critiques de thérapie familiale et de pratiques de réseaux*, Toulouse, Privat, nº 13, 1991, p. 85.
31. FRANKFURT, M. e PENN, P. "Creating a participant text: Writing, multiple voices, narrative multiplicity". In: *Family Process*, 33, 1994, pp. 217-32.
32. SLUZKI, C. "Transformations, propositions d'un schéma type pour les changements dans les récits en thérapie". In: ELKAÏM, M. e TRAPPENIERS, E. (eds.), *Étapes d'une évolution: approche systémique et thérapie familiale, Cahiers critiques de thérapie familiales et de pratiques de réseaux*, Toulouse, Privat, nº 15, 1993.
33. CECCHIN, G., LANE, G., RAY, W.A. *Irreverence: A Strategy for Therapist's Survival*. Karnac Books, Londres, 1992.
34. RADANOVIC, D. "Prisoners of identity: A conversation with Dr. Gianfranco Cecchin". In: *Human Systems*, t. 4, 1993, pp. 3-18.
35. BOSCOLO, L., FIOCCO, P.M., BERTRANDO, P., PALVARINI, M.R. e PEREIRA, J. "Langage let changement: l'usage de paroles clés en thérapie". In: FIVAZ-DEPEURSINGE, E. (ed.), *Texte et Contexte dans la communication, Cahiers critiques de thérapie familiale et de pratiques de réseaux*, Toulouse, Privat, nº 13, 1991.
36. BERTRANDO, P. e BOSCOLO, L. *The times of Time: A New Perspective in Systemic Therapy and Consultation*. Nova York, Norton, 1993.
37. SIMON, F.B., STIERLIN, H. e WYNNE, L.C. *The Language of Family Therapy: A Systemic Vocabulary and Sourcebook*. Nova York, Family Process Press, 1985.
38. SIMON, F.B. *Meine Psychose, mein Fahrrad und ich: Zur Selbstorganisation der Verrücktheit*. Heildelber, Carl Auer Verlag, 1990.
39. ________ e WEBER, G., STIERLIN, H., RETZER, A. e SCHMIDT, G. "Schizoaffective patterns: A systemic description". In: *Familiendynamick*, 14, 1989, pp. 190-213 (ver também Stierlin, H. "Temps, structure et conflict psychotique". In: ELKAÏM, M. (ed.), *La Thérapie familiale en changement*, Paris, Les Empêcheurs de penser en rond, 1994).
40. GREEN, R.J. "La résolution des impasses thérapeutiques: Méthode pratique basée sur la seconde cybernétique". In: *Derniers Développements en thérapie familiale*, sob a direção de Goldbeter-Merinfeld, E. *Cahiers critiques de thérapie familiales et de pratiques de réseaux*, nº 11, Toulouse, Privat, 1990.

41. GREEN, R.J. e HERGET, M. "Outcomes of systemic/strategic team consultation" III: "The importance of therapist warmth and active structuring". In: *Family Process*, 30, pp. 321-36.
42. STEINGLASS, P., BENNETT, L.A., WOLIN, S.J. e Reiss, D. *The Alcoholic Family*. Nova York, Basic Books, 1987.
43. CRONEN, V. e LANG, P. "Language and action: Wittgenstein and Dewey in the practice of therapy and consultation". In: *Human Systems*, t. 5, 1994, pp. 5-43.
44. FIVAZ-DEPEURSINGE, E., FIVAZ, R. e KAUFMANN. L. "Accord, conflit, symptôme: un paradigme évolutionniste". In: *Cahiers critiques de thérapie familiale et de pratiques de réseaux*, Paris, Éd. universitaires, nº 7, 1983.
45. FIVAZ-DEPEURSINGE, E. "Documenting a time-bound, circular view of hierarchies: A micro-analysis of parent-infant dyadic interaction". In: *Family Process*, 30, 1991, pp. 101-20.
46. CAILLÉ, P., ABRAHAMSEN, P., GIROLAMI, C. e SÖRBYE, B. "Utilisation de la théorie des systèmes dans le traitement de l'anorexie mentales". In: *Cahiers critiques de thérapie familiale et de pratiques de réseaux*, Paris, Gamma, nº 1, 1979.
47. CAILLÉ, P. *Familles et Thérapeutes*. Paris, ESF, 1985 (ver também CAILLÉ, V. *Un et un font trois*, Paris, éd. ESF, 1991).
48. REY, Y. e PRIEUR, B. (eds.), *Systèmes, éthique, perspectives en thérapie familiale*. Paris, ESF, 1991.
49. ________. "Le jeu de l'oie (Loi) sustémique". In: *Résonances*, Toulouse, nº 6, 1994.
50. GOLDBETER-MERINFELD, E. "Le tiers absent dans le système". In: ELKAÏM, M. (ed.), *La Thérapie familiale en changement*. Paris, Les Empêcheurs de penser en rond, 1994.
51. DE CLERCQ, M., TILMANS, E. e SIMÉON, M. "Formation à la psychothérapie familiale et aux interventions thérapeutiques systémiques dans les familles, institutions, réseaux et communautés en fonction du mandat". In: *Cahiers de psychologie clinique*, 2: *La Maladie humaine*, Bruxelas, De Boeck Université, 1994.
52. VIEYTES-SCHIMITT, C. e TILMANS, E. "La systémique de l'art: l'art de la systémique". In: *Thérapie familiale*, Genebra, Médecine et Hygiène, t. 11, 1990, pp. 117-38.
53. AUSLOOS, G. "Secrets de famille". In: BENOIT, J.-C. (ed.), *Changements systémiques en thérapie familiale*. Paris, ESF, 1980.

54. LINARES, J.L. e ALEGRET, J. "Thérapie familiale et institution: une perspective espagnole". In: *Thérapie Familiale*, Genebra, Médecine et Hygiène, t. 14, 1993, pp. 291-9.
55. SCHNITMAN, D. e FUKS, S. "Dialogue sur les conversations thérapeutiques: entretien avec Harold Goolishian". In: *Résonances*, Toulouse, nº 6, 1994, p. 34.

*Jeffrey Zimmerman**
*Victoria C. Dickerson***

A técnica da narração no campo da psiquiatria e o trabalho de Michael White†

Introdução

O trabalho de Michael White de início foi articulado, bem como encorajado por Karl Tomm, sob uma grande influência das teorias de Bateson (1972, 1980). Posteriormente, Michael incorporou a noção de poder de Michel Foucault (1980) e as contribuições do pensamento do construcionismo social (Gergen e Davis, 1985). Por fim, seu trabalho posicionou-se nos limites da metáfora da narração — evolução estimulada por David Epston e Cheryl White. A abordagem narrativa de White atesta a influência de Jerome Bruner (1986, 1990). Este capítulo foi organizado de forma a refletir a experiência que seus autores tiveram com as idéias de White e como essas idéias evoluíram até o presente. Para ilustrá-lo, apresentamos primeiramente um caso, a partir do qual passaremos à discussão da teoria e da técnica narrativas.

* Jeffrey L. Zimmerman é diretor-conjunto do Bay Area Family Therapy Training Associates, didata junto ao MRI Family Therapy Externship e membro do instituto clínico da Universidade de Stanford e da John F. Kennedy University.

** Victoria C. Dickerson é diretora-conjunta do Bay Area Family Therapy Training Associates, didata junto ao MRI Family Therapy Externship e conferencista-adjunta da Santa Clara University.

† A correspondência referente a este artigo pode ser dirigida a ambos os autores pelo seguinte endereço: 21760 Stevens Creek Boulevard, Suite 204, Cupertino, CA 95014.

Caso ilustrativo

Amanda, esposa de Bob, marcou para ele uma sessão baseando-se na recomendação de um amigo da família. No último mês Bob sofrera duas internações psiquiátricas, cada uma delas aproximadamente de uma semana. Amanda concordou em participar da primeira sessão.

Nesta, Bob, 28 anos, relatou uma história sobre como a ansiedade e o medo dominam sua vida, sobre os colapsos resultantes e a influência do "choque" de alguns eventos em sua família de origem e o efeito que esses eventos tiveram no sentido de ressuscitar certas histórias acerca de suas "inadequações". O terapeuta, J.Z., também enfocou o efeito desses problemas sobre Amanda, 26 anos, e as inevitáveis respostas dela, e como estas respostas inadvertidamente sustentavam o problema. Dedicou-se também alguma atenção às experiências de Bob que não se encaixavam nas histórias de "inadequação" que podiam representar uma cultura alternativa; estas experiências, apesar de às vezes um pouco esquisitas, tinham feito Bob prosseguir com sua vida e apreciar o seu modo único de fazer as coisas. Sendo fã de cinema, Bob achava essa história alternativa parecida com a do filme *Rocky, o lutador*. Mais duas sessões foram marcadas para a semana seguinte, dada a persistência da ansiedade e do medo na vida desse paciente e seu desejo de não voltar ao hospital.

Na próxima sessão, cinco dias mais tarde, Bob relatou que no dia anterior tivera seu primeiro "dia bom" dos últimos tempos. Ele descobrira que poderia ser de melhor ajuda para si mesmo se falasse quando precisasse falar e se mantivesse ocupado em vez de permitir que métodos externos de controle (hospital, remédios) tomassem as rédeas. Continuou-se a discussão sobre a influência da ansiedade, depressão e medo sobre ele, tanto a forma pela qual certas experiências do passado contribuíram para que essa influência se exercesse como de que modo esta lhe havia tirado sua confiança em si e como fez com que aumentasse sua crença de que necessitava manter-se dependente de sua esposa. O significado do termo "dia bom" foi explorado em relação a tudo o que foi apresentado e Bob notou que era capaz de "ainda, ser um adulto". Amanda também notou esse fato.

Na sessão seguinte, três dias mais tarde, Bob relatou que tinha tido outro "dia bom" e, pela primeira vez, fora capaz de notar que "estava ficando melhor" e produzindo mais. Falou sobre alguns dos pontos positivos que já era capaz de notar em si mesmo e que a ansiedade se aquietara. Ele afirmou que estava começando a confiar em si mesmo de novo. O terapeuta discutiu com ele como o "choque" havia despertado a culpa do passado e notou como em sua vida Bob vivenciara, e pusera de lado, coisas que a ele, como pessoa, não serviam. Nesse ponto Bob afirmou com toda a certeza preferir a direção que já se encontrava estabelecida em seus relacionamentos, e observou que estas se adequavam mais a ele. Sua esposa não viera à sessão (pelo telefone, decidiu-se que isso já não era mais necessário). Bob decidiu que podia esperar uma semana pela próxima sessão.

Quando ele voltou para a próxima sessão, estava feliz por relatar que havia tido sua melhor semana desde a eclosão do problema e que este claramente se distanciava. Afirmou também que compreendera que não se deixaria atirar em outra direção, não importando o que acontecesse. Muitas coisas haviam acontecido desde que havia sido internado. Ele dera alguns passos para reagir, documentando certos acontecimentos que reforçavam sua imagem preferida. Discutiu-se como o medo havia afetado sua "velha história" que dizia respeito à dúvida que tinha em relação a poder cuidar de si mesmo, também afetaram essa mesma história algumas determinações sociais que definem o que é ser homem e uma pessoa capaz. O enfoque passou a ser dirigido para uma outra história, na qual Bob podia cuidar de outras pessoas (de sua esposa, por exemplo) da mesma forma como podia ser cuidado. Além disso, entrou em detalhes sobre o "choque" (sua irmã lhe revelara que sofrera abusos em sua família de origem) de uma maneira que deixava óbvio que o "choque" já não mais lhe provocava medo nem afetava sua imagem de si mesmo.

Na sessão posterior, até pela maneira de entrar no consultório era óbvio como ele estava se sentindo. Bob relatou que voltara quase 100% ao normal e, embora houvesse à sua volta alguns "aborrecimentos e transtornos", ele não permitira que estes tomassem a forma de medo e ansiedade. Discutiu-se a história passada, que dera sustentação a seus novos direcionamentos e Bob afirmou que compreendera que em diversas épocas de sua vida tivera de juntar forças para enfrentar problemas difíceis. Acrescentou que sua capacidade de rir das coisas, que o prazer que tinha em ser amado e de ser sensível às pessoas próximas eram para ele fontes importantes de força. Em sua última sessão, Bob concordou que sua confiança em si mesmo e nos demais eram tais que desejava trabalhar como consultor para todos os que passassem por problemas similares. Ele gostava de falar sobre a importância de depender apenas de si mesmo e de dar apreço às próprias realizações.

A influência de Bateson — uma metáfora cibernética

Os primeiros escritos de Michael White refletem a influência de Bateson (1972, 1980). No entanto, embora as abordagens dominantes da terapia familiar parecessem estar focalizadas no padrão cibernético da informação, da retroação e *feedback* e nas noções de causalidade "circular", Michael voltou sua atenção mais para os impedimentos, para a descrição dupla e para a ênfase na explicação negativa, conceitos elaborados por Bateson (White, 1984, 1985, 1986a, b, c, d, 1987).

O enfoque dado mais aos "impedimentos" do que às "causas" é fundamental para a compreensão das primeiras idéias desse autor. A ênfase sobre o impedimento encontra-se na base do processo terapêutico que pode ser definido como significativamente diferente dos demais processos de terapia familiar. Qualquer evento, comportamento, crença ou discurso pode ser visto como um tipo de "impedimento" à medida que estes eventos, comportamentos etc., selecionados e esperados, e outras idéias, eventos e comportamentos *não são notados*. A metáfora cibernética da explicação negativa descreve o desenvolvimento da informação como algo que se desenvolve em certos caminhos "ao invés de" em outros. Isto se dá de forma distinta para a metáfora da explicação positiva, que descreve a informação como ocorrendo "por causa de" alguma outra coisa que está acontecendo. Quando se pensa mais em termos de "ao invés de" no lugar de "por causa de" em relação aos sistemas vivos, parece que estes termos têm o efeito de fortalecer as pessoas — e não de vê-las como "resultantes" de determinados acontecimentos que têm lugar em suas existências (isto é, de déficits patológicos). Na perspectiva da explicação negativa, os problemas são vistos como "impedimentos". Em vez de a pessoa ou a família ser o problema, o problema é o problema. Este "impede" a atuação das pessoas em relação a suas buscas por tentativa-e-erro, que lhes poderia permitir a descoberta de novas possibilidades de vida.

No contexto da terapia os impedimentos, sejam eles vistos como redes de pressuposições (impedimentos de redundância) ou como formas padronizadas de comportamentos (impedimentos de *feedback*) evitam que as pessoas se devotem a alternar possibilidades que possam prover-lhes a chave para a resolução de seus problemas. Em lugar disso, o que acontece é que as tentativas que estas já tenham feito no sentido de alcançar a solução servem apenas para perpetuar ou, sem que o desejem fazê-lo, colaborar com o problema. Ao ver o problema como um impedimento, Michael White o considera como algo em separado da pessoa e que tem vida em suas idéias e crenças (os discursos) ou em suas formas de comportamento ou incidentes, mas não no indivíduo. Os impedimentos não permitem que a pessoa receba as novas informações que lhe são trazidas pela diferença (Bateson, 1972). O processo terapêutico que leva à "externalização" do problema pode ser entendido como um meio de se diminuir a influência por ele exercida, o que permite que a pessoa se separe deste último. E permite também que o sujeito o observe e a seus efeitos, de modo diferente.

Bateson sugere que as "notícias" relativas a uma diferença podem ser alcançadas quando se traçam as distinções que se apresentam entre duas ou mais descrições. De início, o enfoque de Michael sobre a noção de "dupla descrição" teve reflexos sobre seu método de "questionamento de influência relativa", no qual o terapeuta aponta para a possibilidade de se fazerem duas descrições de um mesmo evento: uma, segundo a qual o problema tem influência sobre a pessoa, a família e suas respectivas vidas e relacionamentos; e outra, que geralmente recebe menos atenção, segundo a qual a pessoa ou a família tem influência na vida do problema. Nos casos em que a informação contida na segunda descrição é significativa em relação à primeira, o "impedimento" exercido pelo problema pode ser sobrepujado e a nova informação poderá ser alcançada. Somando-se a isso, a informação contida na segunda descrição — ou as demais que se encaixam na segunda descrição, mas que poderiam ser apresentadas em sessões subseqüentes — podem dar ensejo a respostas de caráter dramático que a tornem "digna de ser contada". Essa notícia pode suplantar o impedimento e dar início à criação de novas idéias sobre o *self*, sobre o relacionamento ou sobre a família. Pode emergir uma descrição não saturada de problema, o qual o terapeuta pode continuar respondendo de modo a permitir um significado maior. No caso de Bob, a luz refletida sobre *Rocky, o lutador* pode tê-lo ajudado a ver coisas sobre si que não vira antes.

Situar o trabalho em um contexto social-construcionista

O pós-modernismo permite que se considerem múltiplas possibilidades, múltiplas versões. Diminui a tendência a nos mantermos apegados a uma idéia, a uma só possibilidade como certa, única ou, até mesmo, necessariamente, a melhor. Ao invés disso, existe hoje uma maior aceitação de várias idéias e modos de pensar, bem como uma maior predisposição de se aprofundar múltiplas opções. A contribuição do pensamento social-construcionista para o pós-modernismo se formaliza na assertiva de que realidades são construídas pelas pessoas, para que estas se adaptem a determinados contextos. Vidas, ações e comportamentos são os efeitos concretos dos significados que as pessoas dão às suas experiências e à "natureza" desses mesmos significados. O pós-modernismo defenderia a noção de que existem muitos discursos sociais, cada um originando conhecimentos específicos sobre pessoas e sobre práticas específicas no mundo.

As idéias e o trabalho desenvolvido por Michael White ocupam um lugar central no contexto do pós-modernismo e do construcionismo social. Os efeitos disso apresentam um tipo de impacto pessoal e político diferente daquele causado pelas idéias implícitas em outras abordagens bastante conhecidas, incluindo-se aí as que se fundamentam no construtivismo. Isto se tornará evidente na discussão que apresentamos a seguir.

A objetificação dos problemas

Um dos pressupostos da teoria desenvolvida por Michael White e que pode ser entendido no contexto do construcionismo social é o da objetificação do problema — e não da pessoa. Ao invés de elaborar construções que localizam o problema na pessoa (caráter intrapessoal do problema) ou na família (caráter interpessoal) este é construído em separado das pessoas e famílias e visto como algo que as influencia. Ao invés de se responsabilizar a dinâmica pessoal ou familiar pela existência do problema, é a dinâmica deste que organiza as respostas da pessoa e da família. A partir dessa óptica, o problema é visto como opressivo, afetando todo o sistema, mas nunca como útil ou "funcional". Parte-se do pressuposto de que as pessoas *querem* que o problema saia de sua vida; qualquer outro tipo de sugestão pode ter como resultado que os membros da família se sintam mais diminuídos do que fortalecidos. Outro efeito desse tipo de construção é o de que os membros da família passam a estabelecer laços de maior proximidade uns com os outros e com outros grupos familiares que possam ter sido "atacados" por problemas similares. Trata-se de um contraste agudo com os modelos de problemas que isolam as pessoas umas das outras pela classificação baseada em pressupostos patológicos. A prática da patologização dos indivíduos tem raízes culturais e históricas, e resulta na objetificação das pessoas. Para opor-se a essa prática de objetificação das pessoas, Michael White tem usado a objetificação dos problemas.

Um dos dogmas que sustenta a objetivação das pessoas é a construção segundo a qual os indivíduos estão no centro e são a origem de tudo. O discurso (conjunto de idéias relativas à forma pela qual se deve construir o sentido de determinadas áreas) da "capacidade individual" (Weingarten, 1991) afeta os indivíduos levando-os a crer que são *eles* os que apresentam deficiências em relação às áreas cujas normas e especificações sociais não atendem. Em contraste com isso a abordagem construcionista social, em vez de afirmar que falta a alguém a capacidade de ser de uma determinada maneira, sugere que existem no indivíduo vários tipos de "*self*" em potencial: o *self* que vemos é o que evoluiu por intermédio da interação. O discurso no qual a pessoa se situa tende a evidenciar algumas características e a não dar sustentação às outras características que não se encaixam nele. O que também pode ser explicado da perspectiva dos impedimentos. E isto se aplica tanto aos discursos saturados de problemas como àqueles que dão apoio às opções existenciais preferidas.

Foucault (1984) discute os efeitos do individualismo da Era Vitoriana. [Seu conceito de poder e de objetificação das pessoas (1979, 1980) teve grande influência na abordagem de Michael White.] À medida que a sociedade se amplia e se desloca, de uma influência de natureza primariamente agrária para outra, dominada pelas instituições de ordem econômica e social, a psicologia da individualização abriu possibilidades para o domínio da pessoa. Os discursos internalizados davam apoio à idéia de que o *self* era algo a ser descoberto — em vez de estar situado na história e num discurso social relevante. Foucault aponta para certas terapias divisionistas que separavam as pessoas ditas "normais" (isto é, que se adaptaram às instituições e às formas de comportamento dominantes) das que não o eram. Essas terapias eram implementadas por meio de critérios de classificação e tinham como resultado o domínio de grupos compostos por pessoas "normais" e por minorias (criados exatamente pelo discurso baseado em valores de normalidade-anormalidade). O discurso da "capacidade individual" sugeria que esses grupos eram criados pela escolha e capacidade individuais mais do que por especificações sociais. Foucault ressalta que os julgamentos normalizadores substituíram os de natureza moral, e que o conhecimento relativo às pessoas teve origem na ciência, processo esse que as transformou em objetos. No exemplo do caso Bob, como pessoa afetada por "deficiências", ele lutava contra o que a cultura dominante definia como normal e correto (e para não vê-las como deficiências, falta de capacidade ou "fraqueza"). Quando pela primeira vez chegou à terapia, estava claro que ele tinha se empenhado em identificar "suas necessidades profundamente enraizadas" (como prescrito pela ciência) como as responsáveis pelas "dificuldades".

A terapia que se apóia no individualismo ou numa capacidade de discurso sobre si mesmo será inevitavelmente considerada como obrigada a manter seu próprio palco separado e privado (efeito de isolamento). Ela possibilita a confissão do indivíduo, o que exige um espaço privado. O estágio de finalização de uma tal terapia prepara o indivíduo para que ele possa novamente "trilhar seu próprio caminho". No trabalho de Michael White há um movimento que se afasta da "terapia de isolamento" (Epston e White, 1990), o qual exige que a pessoa se isole do universo social, mas que está voltado para as "terapias de inclusão", ou para a reincorporação da pessoa àquele. A terapia da inclusão, ao reconhecer a construção social do *self*, inclui o outro na celebração da reconstrução preferida do *self* e na contínua evolução deste, em relação ao mundo e ao outro. No caso apresentado como exemplo, a predisposição de Bob em atender como consultor a outras pessoas tem o poder de potencialmente uni-lo a um diferente espaço social.

O contexto social e a subjetificação

Outro dos pressupostos de Michael White, que pode ser compreendido no enquadramento do construcionismo social, é o de que os problemas se situam em contextos interacionais e culturais. Embora localizar os problemas num contexto interacional não seja algo novo no campo das terapias familiares, este ponto de vista se diferencia dos tradicionais oriundos da cibernética. Fazendo uso da noção de "impedimento" anteriormente exposta, pode-se considerar as interações em termos de impedimento de *feedback* ou daquilo que Michael denomina "convites recíprocos" (em vez de círculos causais ou de interações funcionalmente ligadas ao problema). O discurso, ou "história dominante" que as pessoas trazem à interação influenciam suas reações. Quando essas histórias são "expressas" o são para determinadas audiências (os outros); os quais respondem a elas baseados no que vêem, o que resulta numa experiência que pode apoiar a história dominante. Nas interações recíprocas, cada pessoa tem sua vez de atuar tanto como "aquele que expressa" como audiência.

Localizar problemas no contexto das especificações culturais pode ser visto no exemplo da dominância das idéias patriarcais, no qual o relacionamento macho-fêmea está situado. O patriarcado dá sustentação às influências que determinadas especificações de gênero exercem sobre homens e mulheres. Mais especificamente, o patriarcado poderia sustentar as violências praticadas por homens contra mulheres porque se apóia na propriedade e no direito inerente aos homens de fazerem o que desejarem — vendo nas mulheres e crianças, propriedades masculinas. Da mesma forma as especificações referentes à identidade sexual das mulheres, como a ausência de titularidade em relação a seu próprio querer e de serem avaliadas de acordo com sua aparência física, podem dar sustentação a uma instância pró-anoréxica para estas últimas. A partir do ponto de vista do construcionismo social, esses conhecimentos e especificações se criam pela interação cultural e não necessariamente pelos desejos individuais. As especificações operam de uma maneira que pode ser descrita como subjetificação.

Foucault (1979) define a subjetivação como um processo ativo de autoformulação, no qual os indivíduos avaliam a si mesmos segundo especificações normativas, e, então, passam a atuar sobre si mesmos na tentativa de adequar-se a estas. No caso apresentado como exemplo, a especificação cultural de "autodomínio" levou Bob a dar um caráter patológico à *sua* maneira de se vincular aos outros (isto é, desejando sua ajuda), estimulando assim sua obediência à norma. Comparada com a objetificação, que é um processo passivo, a subjetificação é um processo ativo, em que, pela padronização de suas ações, a pessoa se transforma em um organismo dócil que atua sem levar em conta seus próprios desejos. Foucault afirmava que, na sociedade atual, a auto-avaliação substituiu tanto a tortura pública como o sistema judicial como meio social de controle. Isto pode ser observado quase literalmente nos casos de anorexia, nos quais as mulheres torturam seu corpo, tentando adaptar-se a um perfil que apenas 5% das mulheres eventualmente poderiam atingir. Foucault discute em toda a sua extensão essas modernas formas de poder, nas quais as estatísticas, e não as preferências pessoais, são usadas como formas de determinação de nossa existência. O poder está nas mãos daqueles cujos discursos são adotados e estabelecidos como padrões de normalidade. A partir da perspectiva da intervenção, a externalização dessas especificações dominantes do saber permite que as pessoas observem, em sua própria vida, a aguda influência dessas especificações. É possível que, uma vez que a pessoa se separe dessa influência, tenha início para ela o aumento de seu poder pessoal, podendo então dar o primeiro passo no sentido de considerar quais seriam suas próprias especificações preferidas. Ninguém é capaz de realizar a substituição de uma especificação por intermédio apenas de verdades e soluções terapêuticas. Para que se lance mão de sistemas espertos de poder (cultural ou terapêutico) é preciso que se comece a trabalhar com sistemas de poder pessoal. O rebelar-se contra essas especificações culturais dominantes permite que as pessoas se deixem influenciar por suas próprias idéias/ideais relativas ao que e como aquelas deveriam ser.

Uma metáfora narrativa

Em conferências e publicações recentes (White, 1988a, b, 1988/89, 1991, 1993; Epston e White, 1992), tornou-se claro que Michael White situa seu trabalho e seu pensamento no âmbito da metáfora narrativa. A técnica da narração (Bruner, 1986, 1990) é um meio pelo qual se confere um significado à nossa experiência; essa técnica lida com a ação e a intenção humanas. O desenvolvimento do trabalho de Michael White alcança uma gradativa riqueza à medida que ele se move da teoria influenciada pela metáfora cibernética para uma outra, mais influenciada pela narrativa.

A metáfora narrativa propõe que as pessoas historiem sua vida e, por intermédio dessa história, estruturem e dêem um sentido a ela. Isso não significa afirmar que as pessoas devam descrever sua vida por meio de relatos: a diferença é que as histórias estruturam a vida, estruturam o significado e, por extensão, estruturam a memória. Na verdade, as pessoas se fazem de acordo com as histórias que vivem, tal é o efeito que essas histórias exercem sobre elas. As pessoas não são capazes de conhecer a si mesmas no âmbito total das experiências que vivem. Com freqüência uma história que seria uma parte dessas experiências adquire um caráter de "dominância": passa a ser a maneira pela qual a pessoa se considera, constitui-se como tal.

Michael White toma de empréstimo a Bruner (1986) a noção de que a estrutura narrativa se constitui de duas paisagens: uma "paisagem de atuação" e uma "paisagem de consciência". A primeira trata da seqüência temporal e de traçados específicos: os eventos que se desenrolam no tempo e os temas que se apresentam no passado, presente e futuro. A paisagem de consciência consiste nas interpretações e nos significados: está relacionada às preferências e desejos, às características pessoais e relacionais, às metas e intenções, aos valores e às crenças das pessoas. Este último grupo pode ser visto como um compromisso que se transforma em "estilo de vida". No contexto da terapia, os pacientes são convidados a considerar o desenrolar dos acontecimentos no contexto de suas preferências, das intenções que afirmam ter e de seu sistema pessoal de valores. Bruner (1990) sugere que as narrativas se apóiam em uma seqüência de eventos para assim poderem conferir a estes um sentido, para dar começo às ações que serão tomadas com a finalidade de se alcançar uma meta e que, em geral, são relatadas a partir de uma perspectiva pessoal.

A narrativa possui uma certa dimensão canônica (isto é, se compõe a partir das regras e regulamentos sociais que determinam o que "se supõe que seja" o usual). Há discursos que se referem ao que se deve ter em cuidados relativos a uma criança, à época em que esta chega à adolescência ou à forma pela qual se supõe que os recém-casados devam agir. Esses cânones culturais conformam a vida das pessoas. Bruner (1990) sugere também que estas constroem as narrativas para assim poder entender as exceções e desvios que se apresentam em relação àquilo que acreditam ser comum ou costumeiro. Geralmente essas histórias apresentam circunstâncias atenuantes que auxiliam as pessoas a estabelecer uma ligação entre o que tencionavam fazer e o que realmente fizeram (isto é, sua intenção era a de fazerem ____, mas em lugar disso fizeram____, porque [circunstâncias atenuantes]). As histórias, assim, adquirem um caráter de justificativa para seu atos. A partir dessa perspectiva, o *self* é construído por um processo de reunião de pequenas histórias, que têm origem no passado e se estendem até o funcionamento presente do narrador. No caso tomado como exemplo, Bob relata numerosas pequenas histórias que ele mesmo relaciona com sua história maior, de não-aceitação e inadequação. Sua intenção relativa a si mesmo não estava de acordo com essa história, mas esta justificava seu funcionamento, contrário ao cânone.

O processo terapêutico

Os problemas, uma vez apresentados, co-evoluem com os sistemas culturais e de significado pessoal já presentes, os quais virão a influenciar a maneira pela qual as pessoas verão a si mesmas e aos outros. Essas histórias conferem sentido à experiência *e* selecionam alguns de seus aspectos. O processo tem reflexos sobre os atos das pessoas, originando contextos de interação que sustentam os pontos de vista "saturados de problema". Nesse sentido, pode-se dizer que o problema reside no sistema do significado. O processo de exteriorização (1988/89) do problema ou do sistema e as técnicas de indagação (1988) que o autor extraiu de seu trabalho com seus pacientes são únicos e inovadores. Como já salientamos, a exteriorização envolve a objetificação do problema, em vez da objetificação das pessoas. A exteriorização implica que se volte uma atenção absoluta para a descrição que o paciente faz da experiência pela qual está passando, de forma que o problema, exteriorizado, possa vir a evidenciar claramente essa experiência. Geralmente, esse processo diz respeito a uma exteriorização que se dá em camadas ou etapas que vão desde formas específicas de comportamento, a hábitos, sistemas de significados até especificações. As indagações relacionadas à exteriorização compreendem o mapeamento da área de amplitude de influência apresentada pelo problema. No caso apresentado, por exemplo, evidencia-se que o medo e a ansiedade têm influência na vida profissional de Bob, em seus relacionamentos e em suas atitudes em relação a si mesmo. Este mapa ajudou o terapeuta a auxiliá-lo a acessar outros aspectos de seu campo de experiências e, assim, valorizar sua capacidade de desafiar o problema.

A leitura atenta da obra de White, "A Therapy of Literary Merit?" (1988) resume algumas etapas que são específicas ao processo terapêutico em geral. 1) Poder-se-ia começar com algumas indagações de "aproximação", para que se conheça(m) a(s) pessoa(s) que se apresenta(m) à terapia, separando-a(s) do problema e estabelecendo-se já desde o início sua(s) competência(s). 2) Depois disso, o terapeuta faria perguntas sobre o problema e, trazendo à tona a experiência do paciente, poderia desde o princípio, falar sobre o problema como algo em separado, exteriorizando-o, utilizando-se de uma linguagem de exteriorização. 3) Prosseguindo com a "exteriorização", o terapeuta dirige ao paciente perguntas de influência relativa, processo esse que convida os membros da família a vivenciar o problema de forma diferente, como algo que não faz parte deles como pessoas, especialmente na oportunidade em que o terapeuta amplia o campo de influência que este apresenta em relação à pessoa ou à família. 4) Ao pedir que os membros da família façam uma pesquisa sobre as oportunidades nas quais puderam exercer alguma influência sobre o problema, o terapeuta estará sugerindo que definam momentos de exceção à influência que este possui sobre eles, o que White denomina "resultados únicos", termo que toma de empréstimo a Goffman (1961). Consideram-se como resultados únicos os acontecimentos que contradizem a descrição saturada no problema, ou cuja previsão uma leitura feita a partir da história dominante não seria capaz de oferecer. 5) A definição e a apresentação desses resultados únicos permitem que o terapeuta e a família encaixem esses acontecimentos em uma outra história possível. Isto se obtém por meio de uma série de questões: relativas à responsabilização exclusiva (ou à "paisagem de atuação" e a redefinições e possibilidades únicas) ou à "paisagem de consciência". O trabalho realizado por White pode ser definido como metáfora narrativa, o que permite que se considerem essas indagações por um prisma mais geral, de natureza de "exteriorização", "desconstrução" ou de "reconstrução histórica". Apresentaremos outros tipos, estes mais específicos, de indagações que podem ser nesses parâmetros.

Perguntas de exteriorização

White sugere que as histórias relativas aos problemas não são suficientes para representar a experiência vivida. Existe um completo potencial de outras histórias que se relacionam às próprias pessoas, aos outros e aos relacionamentos que com estes estabelecem, e contradizem aquilo que o sistema de significado influente (história) permitiria prever. Essas outras histórias podem ter-se evidenciado antes que o problema atual começasse a exercer sua influência, como também podem se encontrar na periferia de sua vida presente, que se mostra dominada pela história do problema. Para essas pessoas é difícil chegar a alcançar um significado diferente, porque o sentido corrente tem um caráter "globalizante". As perguntas voltadas para a exteriorização permitem que as pessoas comecem a se distinguir (e à sua identidade) das "certezas estabelecidas" (White, 1991), as quais parecem prendê-las ao sistema de significado pleniproblemático. A pergunta "De que forma o problema afeta você?" serve em muito para que se obtenham novas informações que podem trazer uma definição mais completa do problema e cobrir os vários domínios que sofrem seus efeitos. Estes parecem se destacar em duas categorias: 1) sobre os resultados alcançados e sobre atitudes tomadas (isto é, de que modo o problema afetou a pessoa em determinadas áreas, por exemplo, distanciou-a de uma maior proximidade, em um relacionamento) ou que conclusões podem ser tiradas ou que histórias fez surgir (por exemplo, de não tanta inteligência, de raiva); 2) sobre os hábitos de comportamento (isto é, sobre determinadas ações que se desenvolvem sob a influência do problema e sobre os padrões de interação que esses hábitos podem ajudar a estabelecer (por exemplo, como os problemas que afetam um dos membros de um sistema tendem a "convidar" (não causar) a reação de outro de seus membros). Os domínios em que esses efeitos se fazem notar são: 1) vida em geral: escola, trabalho, lazer, vida social; 2) relacionamentos: família, interação com os outros; 3) história pessoal.

É por intermédio das questões voltadas para a exteriorização (e do processo de direcionamento destas) que os problemas são exteriorizados. Michael White aponta que esta exteriorização interrompe a leitura habitual que se faz da história dominante de um problema e, portanto, de seu desempenho. Dessa forma, as pessoas revêem seu relacionamento com essa história, notam sua opressão, são tiradas dessa opressão e passam a reagir contra ela e se fortalecem ao notar o próprio poder de influência que possuem. A partir da perspectiva da narrativa, a exteriorização pode ser vista como um primeiro passo na desconstrução do significado da história, e essa desconstrução ocorre quando se ajuda as pessoas a verem o preço que lhes está sendo exigido para que dêem suporte à história do problema.

Perguntas de desconstrução

Michael White toma de empréstimo a Derrida (1981) o termo "desconstrução", inserindo-o numa interpretação que lhe é própria (isto é, a apresentação das circunstâncias históricas envolvidas na produção de certos significados, processo em que se subvertem as realidades tidas como certas). As perguntas voltadas para a desconstrução trazem à luz a influência exercida por determinados fatores que afetam: 1) as conclusões (conhecimento) sobre o *self*, os outros e os relacionamentos e 2) os tipos de estratégia e de técnicas nas quais as pessoas foram "treinadas". Para que se possa efetivamente desconstruir um significado, as perguntas devem abarcar ou criar algum tipo de experiência: caso contrário, a resposta é mais de proposição do que de narração. White acredita (1991) que estas perguntas, além disso, estabelecem um distanciamento em relação a determinadas maneiras de ser e a certas formas de conhecimento, o que enseja um limite espacial mais amplo em que as pessoas possam concretizar suas próprias decisões. Os problemas deixam de expressar a "verdade" quanto à identidade e quanto ao modo de agir destas. As perguntas relativas à desconstrução ajudam-nas a perceber que, a despeito de serem motivadas por suas melhores intenções, as pessoas estão sendo influenciadas para realizar estas intenções em caminhos que não são necessariamente os próprios. Uma vez que se tenha alcançado isto, é possível que tenha início o processo de reconstrução histórica. Nesse processo, certas ações individuais até então não notadas, embora preferidas, podem ser observadas e correlacionadas com os objetivos e intenções dessas pessoas.

Perguntas de reconstrução histórica

Os resultados únicos servem como pontos de entrada para as narrativas alternativas. Constituem oportunidades para a captura de uma experiência, e a esta pode-se reagir com perguntas relativas aos dois tipos de paisagem (da ação e da consciência) para que o processo de reconstrução histórica ocorra. O ato em si de se contar de novo essa história é como escrever de novo, porque contar de novo é uma representação. Como o afirma Myerhoff (1982), quando este tipo de pergunta realmente vai ao encontro da experiência pessoal questionada (o que exige um ouvir atento) evoca imagens e experiências que provocam mais alívio do que lembranças propriamente ditas.

As contradições que os resultados únicos apresentam abrem as portas para possibilidades das quais a história dominante tira toda a importância. É possível que se apresentem contradições correntes, históricas ou esperanças e sonhos relacionados com o futuro, todos eles podem representar experiências que podem se transformar em portas de entrada para uma nova história. Michael White recentemente deu ênfase ao fato de os resultados únicos poderem ser os preferidos dos pacientes.

Não existem regras quanto aos procedimentos relativos à paisagem da ação e que se diferenciem daqueles concernentes à paisagem da consciência. Para muitos pacientes, a formulação das perguntas que trazem à tona determinados acontecimentos, em determinada seqüência e em determinado espaço de tempo, oferecem uma moldura (de ação) na qual se pode começar a reunir os desejos e preferências por eles apontados. No entanto faz parte da experiência destes autores o fato de, nas ocasiões em que o terapeuta tem oportunidade de notar os resultados únicos de forma mais intensa que o paciente, as perguntas ligadas à paisagem da consciência mostram-se de maior utilidade (especialmente no que diz respeito à preferência). Mais uma vez, quanto mais próximo se encontre o terapeuta do que o paciente lhe apresenta, mais este reagirá à suas perguntas. White sugere um trabalho pendular entre as paisagens, por exemplo, partir das intenções apresentadas pela pessoa (consciencial) para os acontecimentos capazes de refleti-las (ação) em sua história recente ou distante. Esses eventos, quando reunidos em seqüência, também podem refletir certas características da pessoa (consciência) etc.

As perguntas relativas à paisagem da ação podem focalizar um evento específico: o que ocorreu, exatamente (e o que habitualmente ocorre e não ocorreu), onde e quando (e o que é relevante), quem mais está diretamente envolvido nessa ocorrência e de que forma e quais capacidades específicas foram exigidas para que esse fato acontecesse. Esse enfoque pode recair também sobre uma seqüência de eventos — e as indagações se voltariam, então, para o que levou ao surgimento de um deles, de que forma as pessoas se prepararam para dar aquele passo ou o que pensavam ou sentiam antes ou depois de começarem a se sentir responsáveis por esse acontecimento. Uma vez que se tenha dado início a essa tomada de responsabilidade, isso pode ser situado em um contexto de natureza temporal. Dado que vivemos na história em que nos situamos, podemos facilitar o processo de reconstrução desta auxiliando as pessoas a notar os acontecimentos que se desenrolam no tempo e são capazes de dar sustentação a uma história diferente (White, 1993). O autor ressalta a importância de as pessoas terem a oportunidade da experiência de ver sua vida seguir em frente da maneira que preferem.

Uma das formas de se colocar em evidência a dimensão do tempo poderia ser a de se fazer ao paciente perguntas sobre sua história recente e passada, que pudessem vir em apoio ao novo desenvolvimento que a pessoa terá observado em si. A história recente implica que se notem os passos que possivelmente teriam possibilitado este último e mais recente. Por história passada freqüentemente entende-se a época da infância e da adolescência do paciente e o direcionamento de perguntas relativas aos fatores que, nessas fases, poderiam ter tido importância para o que hoje ele nota ser capaz de fazer.

Há várias outras maneiras de se fazer uso do tempo neste trabalho — e esta é uma das vantagens da metáfora narrativa. Em seus questionamentos e definições, Michael White se utiliza da linguagem do tempo (isto é, de *turning-points*, de novos direcionamentos). Emprega também o que denomina questões relativas ao "olhar para trás futuro" (isto é: "Daqui a dois anos, quando esse problema já tiver ficado para trás, que passos você dirá que tomou?"). Isso se mostra muito útil nas fases mais adiantadas da terapia, quando o paciente já tiver ultrapassado determinados problemas e apresenta novas variantes destes. As notas tomadas na terapia também podem ser usadas para que sejam revistos os movimentos desenvolvidos no decorrer do tempo, uma vez que cada sessão implica uma retomada do tempo passado. White também faz uso de uma metáfora de rito de passagem (Turner, 1969) para ajudar as pessoas a notar que seu processo de separação de uma história dominante quase sempre implica um "estágio liminar" ou intermediário, que se caracteriza por um alto grau de desorientação e de expectativas, as quais podem causar tanto desconforto como desapontamentos. Dessa forma, as pessoas são auxiliadas a ver que o que experimentam não é senão um movimento que se dá no tempo e na direção de sua preferência, movimento este que não não tem como objetivo provar a elas que devam voltar atrás.

Bruner (1990) afirma que a intenção se reflete na interpretação. As perguntas relativas à paisagem da consciência contribuem para que se evidenciem as intenções das pessoas, de uma forma que facilita o processo de reconstrução histórica. Tomando de empréstimo a Bruner esse quadro geral, White elaborou algumas listas de perguntas que acredita serem capazes de levar as pessoas a rever a natureza de seus compromissos de vida. Como já tivemos oportunidade de definir, as perguntas concernentes aos desejos e preferências apresentados pelas pessoas se constituem em um ponto crítico para o processo. É importante que se pergunte se estas darão preferência a certos passos ou que se pergunte a elas quais são seus desejos e preferências em relação a como a história do problema vem tendo influência sobre seus atos. ("É isto o que preferem ou algo diferente se ajustaria mais a elas?") A razão de preferirem isto e não aquilo pode começar a causar efeitos sobre as outras categorias.

As perguntas sobre quais seriam as características da pessoa ou do relacionamento que se refletem na nova tomada de responsabilidades podem conduzir a um processo de redefinição. Freqüentemente, as perguntas são mais facilmente apreendidas quando dirigidas de forma indireta ou pelo olhar de um terceiro. Um exemplo de pergunta baseada na "experiência de experiência": "Quando você fez isto, o que acha que seu pai notou a seu respeito mas, de outra forma, lhe teria passado despercebido?". As perguntas relacionadas às intenções e objetivos das pessoas podem ser feitas também, por exemplo, da seguinte maneira: "O que você acha que isto demonstrou a seu pai ao conhecer suas intenções?". Perguntar diretamente às pessoas sobre suas intenções também pode ser muito útil. Uma vez que estas venham a concluir que suas intenções estão refletindo nas ações que *preferem* tomar e estas, por sua vez, estariam refletindo o *tipo de pessoa* em que gostariam de ser enquadradas (o que não acontece quando se apresentam dominadas pela história do problema), seus próprios valores e crenças se tornam mais claros para elas.

White também ressaltou recentemente o valor de se dar um título à "contra-história" (1991), ou história alternativa. A experiência desse autor o leva a concluir que o nome escolhido pode apresentar um caráter absolutamente invocativo para o paciente, podendo trazer à tona, e de forma poderosa, suas versões preferidas de si mesmo e de sua vida. Contribui também para que se estabeleça um elo entre alguns dos passos que este foi levado a dar e os novos aspectos que notou sobre si mesmo ou sobre os outros. As denominações prováveis podem surgir a partir das respostas dadas pelos pacientes a perguntas sobre como estes vêem a si mesmos (ou aos demais), quando atuam da maneira que preferem. Os autores estudados observaram que a utilização do nome do paciente para a denominação da história preferida (podendo este ser apresentado em conjunto com alguma metáfora ou algum nome de personagem fictício), em contraste com o problema, é de extrema utilidade. No caso tomado como exemplo, Bob estabeleceu a comparação entre sua história alternativa ou contra-história com a de *Rocky, o Lutador*.

Além deste, há vários métodos inteligentes e úteis que podem ser utilizados pelo terapeuta em seu trabalho ao redor do modelo narrativo, com o objetivo de fazer com que a nova história circule em meio a uma comunidade de observadores importantes para a vida do paciente. Cerimônias, certificados, cartas e gravações em vídeo são alguns desses meios. Epston e White (1990) sugerem que o estágio final do processo que dá origem ao ressurgimento de formas alternativas de conhecimento consiste em fazer com que os pacientes atuem como especialistas na luta que travam contra determinados problemas. A prática de registrá-los em uma lista de consultores, que se disponham a atender outras pessoas e de documentar essas formas de conhecimentos tem-se mostrado de muita utilidade para o futuro registro de uma nova história. Esses documentos também podem ser postos à disposição desses novos especialistas, de forma a permitir-lhes retomar suas próprias orientações, caso o problema venha a reaparecer.

A equipe reflexiva

A abordagem de Michael White permite o emprego do conceito de equipes reflexivas de Tom Andersen (1987) a partir de uma nova visão e com um novo objetivo. Estas oferecem à sua audiência uma nova história, que propõe perguntas e estimula a curiosidade sobre aspectos desta às quais, para o terapeuta, é impossível dar acompanhamento. Nessa abordagem, portanto, se auto-orienta para os resultados únicos, ao invés de responder com qualquer idéia que lhe ocorra. Além disso, seus membros tentam solicitar ao autor de algum comentário que o situe em sua própria experiência, imaginação ou intenções (por exemplo: "Que experiências você já teve que o levam a se interessar especificamente por essa pergunta?"). Dessa maneira, a posição do saber profissional ou especializado é desafiada a oferecer um contexto para a pergunta que formulou. Permite-se, assim, que as famílias avaliem a "adequação" ou a utilidade das idéias apresentadas, em vez de sua "verdade".

O processo compõe-se das seguintes etapas: 1) Entrevista com a equipe de observação; 2) A família observa os membros da equipe entrevistando-se uns aos outros sobre o tema dos resultados únicos; 3) A família comenta as reflexões surgidas; 4) A equipe e a família reúnem-se para uma entrevista com o terapeuta sobre as perguntas feitas. Tal como ocorre com a equipe, todo esforço é feito no sentido de se tornarem transparentes as intenções do terapeuta e os princípios que informam seu trabalho. As famílias elaboram um relatório, informando se apreciaram o processo e se o consideraram útil. (Elas podem levar as fitas de vídeo em que a sessão foi registrada.) A supervisão também pode usar o mesmo processo. Depois de completadas essas primeiras quatro etapas o "supervisor" pode tecer seus comentários e pedir ao terapeuta que formule perguntas referentes à entrevista que possam oferecer um enfoque maior sobre "os resultados únicos". Além disso, também pode solicitar à equipe que elabore perguntas sobre suas reflexões. Da mesma forma, os grupos de supervisão podem fazer uso do formato de equipe em seu trabalho.

Conclusão

Tentar fazer justiça à riqueza do pensamento e do trabalho de Michael White, bem como à continuidade de sua evolução foi um trabalho gigantesco. É quase impossível resumi-lo em um capítulo e acreditamos que o emprego de um maior número de exemplos teria sido útil. No entanto, segundo a própria experiência destes autores, o aspecto que mais força oferece, no trabalho desenvolvido em conjunto com Michael White, e com todos os que situam seu trabalho no âmbito deste modelo, é a ampla gama de noções de que se dispõe para criar dele uma versão própria e individualizada. No lugar de oferecer maior quantidade de exemplos, esses autores dirigem a seus leitores um convite para que passem a considerar a hipótese de criar suas próprias noções, idéias e exemplos que possam se apresentar em ressonância com as metáforas e com o entendimento aqui demonstrados.

REFERÊNCIAS BIBLIOGRÁFICAS

ANDERSEN, T. "The reflecting team: Dialogue and meta-dialogue in clinical work". In: *Family Process*, 26, 1987, pp. 415-28.

BATESON, G. *Steps to an ecology of mind*. Nova York, Ballantine, 1972.

_________. *Mind and nature*. Nova York, Bantam Books, 1980.

BRUNER, J. *Actual minds, possible worlds*. Cambridge, Harvard University Press, 1986.

_________. *Acts of meaning*. Cambridge, Harvard University Press, 1990.

DERRIDA, J. *Positions*. Chicago, University of Chicago Press, 1981.

EPSTON, D. e WHITE, M. "Consulting your consultants: The documentation of alternative knowledges". In: *Dulwich Centre Newsletter*, nº 4, 1990, pp. 25-35.

_________ *Experience, contradiction, narrative & imagination*. Adelaide, Dulwich Centre Publications, 1992.

FOUCAULT, M. *Discipline and punish: The birth of the prison*. Middlesex, Peregrine Books, 1979.

________. *Power knowledge: Selected interviews and other writings*. Nova York, Pantheon Books, 1980.

________. *The History of Sexuality*. Great Britain, Peregrine Books, 1980.

GERGEN, K.J. e DAVIS, K.E. *The social construction of the person*. Nova York, Springer-Verlag, 1985.

GOFFMAN, E. *Asylums*: *Essays in the social situation of mental patients and other inmates*. Nova York, Doubleday, 1961.

MYERHOFF, B. "Life history among the elderly: Performances, visibility and remembering". In: RUBY, J. (ed.), *A crack in the mirror: Reflexive perspectives in anthropology*. Filadélfia, University of Pennsylvania Press, 1982.

TURNER, V. *The ritual process*. Nova York, Cornell University Press, 1969.

WEINGARTEN, K. "The discourses of intimacy: Adding a social constructionist and feminist view". In: *Family Process*, 30, 1991, pp. 288-305.

WHITE, M. "Pseudo-encopresis: From avalanche to victory, from vicious to virtuous cycles". In: *Family Systems Medicine*, 2(2), 1984.

________. Fear busting and monster taming: An approach to the fears of young children. *Dulwich Centre Review*, 1985.

________. "The conjoint therapy of men who are violent and the women with whom they live". In: *Dulwich Centre Newletter*, primavera, 1986.

________. "Negative explanation, restraint & double description: A template for family therapy". In: *Family Process*, 25, 1986b, pp. 169-84.

________. "Anorexia nervosa: A cybernetic perspective". In: ELKA-HARKAWAY, J. (ed.), *Eating Disorders*. Nova York, Aspen, 1986c.

________. "Family escape from trouble". In: *Case Studies*, 1(1), 1986d.

________. "Family therapy and schizophrenia: Addressing the 'In-the-corner-lifestyle'". In: *Dulwich Centre Newsletter*, primavera, 1987.

________. "The process of questioning: A therapy of literary merit?". In: *Dulwich Centre Newsletter*, inverno, 1988a.

________. "Saying hullo again: The incorporation of the lost relationship in the resolution of grief". In: *Dulwich Centre Newsletter*, primavera, 1988b.

________. "The externalizing of the problem and the re-authoring of lives and relationships". In: *Dulwich Centre Newsletter*, verão, 1988/89.

________. *Selected papers*. Adelaide, Austrália, Dulwich Centre Publications, 1989.

________. "Deconstruction and therapy". In: *Dulwich Centre Newsletter*, nº 3, 1991, pp. 21-40.

_________. "Commentary: The histories of the present". In: GILLIGAN, S. e PRICE, R. (eds.), *Therapeutic Conversations*. Nova York, Norton, 1993, pp. 121-35.

_________ e EPSTON, D. *Narrative Means to Therapeutic Ends*. Nova York, W.W. Norton, 1990.

*Steve de Shazer**
*Larry Hopwood***

Daqui para lá, não se sabe para onde: a contínua evolução da terapia breve voltada para a solução†

Em 1982, Insoo Kim Berg,*** Steve de Shazer e seus colegas do Centro de Terapia Familiar Breve — BFTC (e seus pacientes) deram início à elaboração de uma abordagem focalizada na solução terapêutica, que é significativamente diferente das demais abordagens (Berg

* Steve de Shazer, autor de *Putting Difference to Work* (1991) é, ao mesmo tempo, co-fundador e pesquisador do Brief Family Therapy Center. Seu modelo de terapia breve voltado para a solução, amplamente reconhecido, foi adaptado em vários países. O autor se especializou no tratamento de casos considerados particularmente difíceis e de várias doenças mentais graves.

** Larry Hopwood é Ph.D. e MSSW e diretor de formação e de pesquisa do Brief Family Therapy Center, sendo responsável por vários programas de formação oferecidos nesse centro, onde coordena o conjunto do trabalho de pesquisa ali realizado. Especializou-se no trabalho com crianças e adolescentes problemáticos, com alcoólicos e toxicômanos sem domicílio.

Larry Hopwood e Steve de Shazer, Brief Therapy Center, 6815 W. Capitol Drive, Suite 300, Milwaukee, Wisconsin 53216.

1. Os autores gostariam de agradecer seus colegas Insoo Kim Berg† e Scott Miller†† pelas contribuições que fizeram a este trabalho.

6 de Fevereiro de 1993

† Insoo Kim Berg é MSSW, diretora e co-fundadora do Brief Family Therapy Center. Especializou-se no trabalho com uma população com dificuldades graves.

e Miller, 1992; de Shazer, 1985, 1988, 1991). Quando comparada às demais, observam-se diferenças de cunho teórico, de pressupostos, quanto à prática e quanto aos resultados que apresenta no modo de condução das sessões; exige um menor número de sessões[2] de intervalos maiores (de Shazer, 1991). Essa abordagem se define por uma visão diferente de terapia e uma diferente visão de paciente e, portanto, por uma visão diferente do terapeuta e suas atividades.

Antes de 1982, usávamos um modelo de resolução do problema baseado na idéia de que a intervenção do terapeuta necessitava adequar-se, de maneita muito particular e específica, aos padrões do paciente (de Shazer, 1982). Como acontece com a maior parte dos modelos terapêuticos, focalizávamo-nos na descrição do problema, ou na queixa do paciente, baseando-nos no pressuposto de que a natureza do problema (ou, no mínimo, a descrição dos padrões do problema) determinava o tipo de intervenção a ser feita e de que tipo seriam as soluções que se apresentariam. Assim, como muitos outros modelos, víamos que as queixas dos pacientes (incluindo-se aí os padrões que as cercavam) continuavam a apresentar-se porque pareciam seguir regras semelhantes que, como se pode observar, governam todos os padrões de interação humanos.

(famílias com problemas múltiplos, alcoólicos, toxicômanos sem domicílio, delinqüência juvenil). Autora de *Family Based Services: A Solution-Focused Approach;* escreveu também, em conjunto com Scott Miller, *Working with the Problem Drinker: A Solution-Focused Approach* (1992).

†† Scott D. Miller, Ph.D., coordena o serviço de atendimento ao alcoolismo e à toxicomania, bem como o de formação do Brief Family Therapy Center: autor de vários artigos de nível técnico e co-autor, com I. Berg, do *Working with the Problem Drinker: A Solution-Focused Approach* (1992); é responsável pelo trabalho de formação e de consultoria em numerosos centros norte-americanos e estrangeiros.

2. Embora vários modelos de terapia breve sejam em parte definidos segundo os diversos critérios de limites de tempo ou reduzido número de sessões, não nos utilizamos de nenhum deles. Quando nos perguntam, respondemos: "Tão poucas quanto possível e nenhuma a mais do que o necessário". Durante os últimos cinco anos tivemos uma média de 4,5 sessões por caso, e 97% foram atendidos em um número inferior a dez sessões. Não obedecemos a nenhum critério de seleção e atendemos a todos os que nos procuram.

O problema não é tentar adaptar uma terapia a uma determinada classificação específica (diagnóstica), mas, sim: que potencialidades o paciente apresenta para você sobre sua própria capacidade de fazer isso ou aquilo? De levar a efeito isto ou aquilo?

Milton Erickson, citado em Haley, 1985, p. 126

Enquanto muitos terapeutas agrupam os problemas em categorias, isto é: 1) problemas psicológicos de origem obscura; 2) problemas psicológicos de origens evidentes; 3) distúrbios orgânicos; e 4) segundo categorias diagnósticas padronizadas, tendemos a agrupar os casos de acordo com as respostas que os pacientes apresentam à nossa intervenção inicial, em particular às tarefas domiciliares que lhe damos ao final da sessão. A forma que a intervenção tomará depende das seqüências comportamentais em torno da queixa e dos significados que os pacientes dêem à sua situação.

Do enfoque no problema para o enfoque na solução

Em meados de 1982, apresentou-se a nós um caso que nos obrigou a mudar radicalmente nossas concepções sobre terapia, pacientes, terapeutas, queixas e soluções (esse processo nos ocupou por vários anos e ainda continua). Depois de o terapeuta perguntar "O que a traz aqui hoje?", a mãe começou a falar sobre o que a preocupava; mas, antes que o terapeuta pudesse começar a extrair uma descrição dos padrões em torno de suas queixas, o pai o interrompeu. Ele também tinha suas próprias preocupações; mas antes que o terapeuta pudesse novamente retornar às inquietações da mãe ou elaborar uma descrição quanto àquelas que afetavam o pai, a filha mais velha interrompeu-o com as suas. Durante toda a sessão os membros dessa família mantiveram-se nesse padrão; ao final da sessão, os cinco haviam completado uma lista de 27 diferentes inquietações. No entanto, nenhuma delas foi bem descrita o suficiente para que o terapeuta e sua equipe a usasse como base para sua atividade de intervenção. (Todo terapeuta que tenha entrevistado duas ou mais famílias já passou por uma experiência semelhante.)

Estava claro para a equipe atrás do espelho unidirecional que essa família tinha um "problema": era evidente que tinham uma queixa a fazer e parecia que sua vinda à terapia era apropriada. Entretanto, nenhuma de suas preocupações, ou algo de que reclamar, tinha sido colocada ainda de forma que pudesse ser usada como um guia para a intervenção. Felizmente, alguns membros da equipe tinham sido influenciados pelo trabalho de Milton H. Erickson (Haley, 1967), o qual sugere que, se os esforços feitos pelo terapeuta para clarear o paciente apenas o levam a uma falta de objetividade ainda maior, então o terapeuta deve fazer algo diferente e ser tão pouco objetivo quanto o paciente e talvez essa atitude possa trazer ao mesmo tempo um pouco de clareza! Assim, a equipe apresentou à família a tarefa que veio a ser conhecida como Tarefa da Primeira Sessão (FFST):

> Daqui até nosso próximo encontro queremos que vocês observem, de uma forma que nos possam relatar na próxima vez, o que acontece em sua vida que vocês gostariam que continuasse acontecendo. (de Shazer, 1985)

Duas semanas mais tarde, quando a família retornou, meus colegas e eu nos surpreendemos quando a família começou a descrever 27 coisas diferentes que haviam ocorrido com eles e que gostariam que continuassem acontecendo. Destas, 25 estavam diretamente relacionadas com as 27 queixas que eles haviam apresentado na primeira sessão. Quando indagados, os membros da família disseram que pensavam que o problema que os havia trazido à terapia estava resolvido e não eram necessárias mais sessões. Seis meses depois, 20 dos 27 pontos apresentados na segunda sessão continuavam a acontecer.

De acordo com o nosso modelo de solução do problema, essa intervenção não deveria ter apresentado resultados, uma vez que ela não estava relacionada a nenhum dos padrões das queixas que os membros dessa família apresentaram. Mas teve resultados! Assim, consideramos duas possibilidades: a) poderíamos fingir que nada daquilo acontecera, ignorá-lo e depois descrevê-lo como uma espécie de acaso inesperado, ou b) poderíamos investigar o ocorrido e depois correr o risco de mudar ou mesmo de rejeitar o modelo/teoria que vínhamos elaborando há quinze anos. Optamos por esta última, claro.

Pesquisa < > prática < > teoria[3]

No decorrer dos dois anos seguintes sugerimos essa mesma tarefa a centenas de pacientes (individuais, casais, família) e descobrimos que, em cerca de 90% dos casos, os pacientes relatavam que entre a primeira e a segunda sessões ocorria alguma coisa que gostariam que continuasse a acontecer. (De fato, era nosso papel oferecer essa tarefa ao final da primeira sessão, a não ser que tivéssemos muito boas razões para não fazê-lo; no decorrer da pesquisa, aplicamos primeiramente essa fórmula da tarefa da primeira sessão a dois terços de nossos pacientes. Com freqüência, eles listavam de 7 a 11 coisas que gostariam de ver repetir-se.) Esses eventos, freqüentemente, não estavam relacionados com os problemas e queixas dos pacientes, embora fossem vistos pelo paciente como capazes de tornar as coisas significativamente melhores, aprendemos que o critério que os pacientes usam para definir essa melhoria era, na maioria das vezes, muito diferente do que aquele que terapeutas profissionalmente formados ou pesquisadores usariam ou pensariam em indicar para seus pacientes.

Nesse ponto do trabalho perdemos nossa tão valiosa ligação entre queixa e solução. Era óbvio que, se essa tarefa genérica podia levar a definições de melhoras significativas, fosse qual fosse o tipo de queixa apresentada, então essa queixa não determinava o processo da solução. O desenvolvimento do processo de solução pode começar sem que o terapeuta esteja sabendo ou que os pacientes concordem com qual é o problema, ou quais são exatamente as queixas.

Para nós, essa pesquisa confirmou a idéia de que aquilo que paciente e terapeuta fazem na terapia, o que ocorreu durante a terapia,

3. O símbolo < > é utilizado em química para descrever uma reação em que ocorre em ambas as direções. Às vezes, a média ocorre mais em uma direção do que em outra; em outras, há o equilíbrio, quando ambas (todas) contribuem de maneira uniforme. A interação que se observa entre a pesquisa, a prática e a teoria parece variar de modo similar em nosso centro.

tem mais importância para o sucesso da terapia do que o problema ou o diagnóstico da situação ou da personalidade do paciente.

Premissas centrais

A filosofia que se encontra no cerne da terapia breve voltada para a solução (de Shazer, 1985, 1988, 1991) pode ser resumida como segue:

1. Se não quebrou, não cole.[4]
2. Se você sabe o que funciona, repita-o mais vezes.
3. Se algo não funciona, não o repita. Faça algo diferente.

Essas três premissas podem parecer demasiado simples ou talvez mesmo de excessiva simplicidade mental quando o assunto se relaciona com o fazer terapêutico, isto é, o trabalho conjunto do terapeuta e paciente (duvidamos que seja de utilidade chamar nosso trabalho de "terapia", mas não nos parece que exista outra alternativa viável a esse vocábulo). Obviamente, na maior parte dos casos, uma tradição baseada em premissas tão simples será vista como profundamente deficiente. Com certeza, a solução de problemas humanos avassaladores, crônicos, não pode ser tão simples. É interessante notar, porém, que sua aplicação no "mundo real" do fazer terapêutico não é fácil.

Premissa 1. Se não quebrou, não cole. Essa premissa é tão central para a vida que parece se explicar por si mesma. De fato, não haveria nenhuma necessidade da existência dessa premissa com a qual, entre outras coisas, queremos dizer o seguinte: Se alguma coisa não é um problema para o paciente e, portanto, o paciente não se queixa sobre ele — não importa o quão problemático algo possa parecer aos olhos do terapeuta ou da "sociedade" —, isso não é da conta do terapeuta. Diferentemente da maioria, ou no mínimo de vários outros tipos de terapia, a breve e voltada para a solução é não-normativa e daí a necessidade de se afirmar essa premissa de maneira explícita.

---

4. Em português mais correto e menos coloquial: Caso algo não se apresente rompido, não tente consertá-lo. Ou: em time que está ganhando não se mexe.

Premissa 2. Se você sabe o que funciona, repita-o mais vezes. Vista da superfície, essa premissa se mostra tão evidente em si que afirmá-lo parece estupidez. Na BFTC, nós, inesperadamente, descobrimos que, quando indagados da maneira certa e/ou no momento certo, muitos, talvez a maioria dos pacientes, relatam que há circunstâncias em que a queixa/problema parece não acontecer mesmo quando eles têm muitas razões para esperar que isso aconteça! E há momentos em que as coisas em geral vão muito bem, dadas as circunstâncias da vida dos pacientes. Seja o que for o que o paciente esteja fazendo nessas excepcionais circunstâncias de tempo, ele faz exatamente o que tem mais necessidade de fazer: o paciente precisa continuar fazendo o que funciona.

Embora essa premissa em si não necessite de explicações, suas implicações de fato são mais amplas, podendo também ser aplicadas ao fazer terapêutico. Para os terapeutas breves, a premissa significa que: a) se você conhece uma solução que funciona, não procure inutilmente por outro caminho: nunca esqueça do que funciona; e b) se o que você fez na sessão anterior foi eficaz do ponto de vista do paciente, cabe-lhe repeti-lo. Ainda mais: o terapeuta *deve se recusar* a fazer alguma coisa mais.

Premissa 3. Se algo não funciona, não o repita. Faça algo diferente. Uma vez que a situação problemática tenha sido simples e claramente descrita como: "a mesma porcaria, que começa outra vez, e outra vez", também parece que essa terceira premissa se mostra evidente por si. No entanto, dado o conceito folclórico de que "se não obtiver sucesso da primeira vez, tente, tente novamente", não há nenhum perigo em se reafirmar esta premissa, porque ela parece nadar contra a corrente do senso comum.

Os problemas têm propriedades de automanutenção, incluindo-se aí as (assim chamadas) repetições das velhas e infrutíferas tentativas de solução. As coisas, obviamente, não estão funcionando, e a Premissa 3 da Filosofia Central sugere que para que algo diferente aconteça — em uma tal situação problemática — alguém tem de fazer algo diferente. De fato, quando alguém numa situação problemática precisa fazer algo diferente, algo que não possa ser visto como "a mesma porcaria outra vez", é sinal de que o problema está se encaminhando para uma solução; isto é, o que se era problemático torna-se apenas um exemplo a mais de "outra porcaria que vem atrás de outra porcaria", o que de fato constitui a vida normal e diária de todos nós.

Quando não se alcança nenhum progresso em poucas sessões, nossa visão é de que o terapeuta se tornou parte da situação problemática e também precisa fazer algo diferente. Todas as formas de terapia mostram que se o sucesso não é obtido em um mínimo de cinco a oito sessões, não é provável que venha a ocorrer. Uma vez que não nos valemos de muitas sessões para uma avaliação, sentimos que se o progresso não é reconhecido pelo paciente na terceira sessão, então o terapeuta deve prestar atenção à Premissa 3. Exemplos do que o terapeuta pode fazer de diferente incluem mudar de equipes, mudar de salas, mudar quem senta onde, mudar o terapeuta da equipe, mudar radicalmente as datas e os horários das sessões, mudar a pessoa que é convidada para a sessão etc. Muitas vezes, a diferença mais significativa é admitir para os pacientes que "parece que não estamos conseguindo ajudá-los e então eles precisam nos ajudar".

Caso ilustrativo

Os pressupostos influenciam o que o terapeuta faz ou deixa de fazer. O caso a seguir ajuda a demonstrar como os pressupostos do terapeuta têm o poder de dirigir seu raciocínio e as perguntas que faz. A paciente é uma mulher casada com dois filhos crescidos. Dez anos antes ficou cega por causa da diabete, e soube recentemente ser portadora da doença de lúpus.

Terapeuta: O que a traz hoje aqui?

Paciente: Me senti muito deprimida. Não posso usar minha mão e sinto minhas pernas totalmente entorpecidas. Todo o meu corpo está entorpecido. Consigo controlar minha mão esquerda, mas ela não tem nenhuma sensibilidade.

T. Entendo...

P. Não posso telefonar para ninguém. Tenho de pedir para a telefonista fazer a chamada para mim. E tudo isso é muito ruim, porque estou acostumada a fazer tudo sozinha.

T. É, você tem de fazer um número bem grande de ajustes e isso é duro.

P. Não quero viver desse jeito. Eu realmente não quero. Não penso em me matar, mas também não quero viver assim.

T. Entendo... Há muita coisa acontecendo com você agora, tudo é novo e muito árduo. Como você está lidando com tudo isso?

P. Não estou. Só isso... Não consigo nem preparar minha comida...

T. O que teria de acontecer hoje para você sentir que podemos ajudá-la?

P. Vocês não podem me ajudar porque não podem fazer minha sensibilidade voltar.

Em geral, os pacientes precisam ter alguma razão para vir à terapia: um problema ou uma queixa que tenham, sobre si mesmos ou sobre alguém mais, ou um problema ou uma queixa que alguém tenha sobre eles. Se não tivessem alguma razão ou justificativa para estarem ali, eles poderiam ser meros expectadores. No entanto, essa queixa ou esse problema é simplesmente o seu cartão magnético para abrir a porta do consultório. É o mesmo que fariam se o carro estivesse com um barulho estranho: teriam um bom motivo para procurar uma oficina mecânica. Os pacientes não sabem exatamente o que querem que seja consertado. Enquanto estão ali, podem querer que o mecânico verifique também a direção. Talvez não saibam com certeza se os dois problemas estão relacionados, e tentam então descrever detalhadamente os "sintomas" do carro para ajudar o mecânico. Os pacientes que vêm à psicoterapia fazem o mesmo: descrevem em detalhes o problema que os está inquietando tanto, a ponto de precisarem de ajuda. Com freqüência, o terapeuta parte do princípio de que o paciente está ali para obter alívio para seus sintomas e se frustra quando isso não será possível.

Neste caso em particular a paciente se queixa dos sintomas que a doença de lúpus, recém-diagnosticada, lhe impõe. Ela não pode continuar se dedicando a certas atividades em sua vida como tricotar e nadar. Ela não tem sensibilidade nas pernas. E não deseja continuar vivendo assim. Porque ela está, obviamente, sofrendo muito por causa do somatório cegueira-lúpus, alguém poderia querer ajudá-la. Muitos se sentiriam obrigados a demonstrar-lhe a compaixão e dar-lhe sugestões capazes de minorar seus sintomas. Mas sabemos realmente o que ela deseja de nós como ajuda? Muitas vezes, o terapeuta tem necessidade de correr em auxílio do paciente. Deveríamos fazer ainda algumas perguntas a ela para melhor nos informarmos sobre suas queixas. Deveríamos avaliar a possibilidade de suicídio etc. Nesse caso específico, o terapeuta Ron Wilgosh[5] não foi por esse caminho. Em vez disso, ouviu cuidadosamente o que a paciente lhe dizia, tentando encontrar indícios que lhe mostrassem o que ela desejava e não o que não desejava. E, e isso é muito importante, o terapeuta não partiu do princípio de que ela sabia o que queria. Ela havia-se focalizado no que já sabia que não podia fazer. Obviamente, isso só fez aumentar sua frustração e as limitações quanto às suas esperanças de melhora. Se o terapeuta continuasse a dar atenção a esses aspectos, isso se somaria a essa frustração; se o tivesse feito, estaria se colocando no mesmo plano da paciente para repetir o que não estava funcionando. De fato, a paciente não acredita que o terapeuta seja capaz de ajudá-la a aliviar seus sintomas. Assim, ele apenas dá sinais de que compreendeu o que ela estava dizendo.

Descobrir o que o paciente realmente quer. A maioria dos terapeutas (ao menos nos Estados Unidos) é solicitada a apresentar metas para casos específicos, no mínimo para fins de seguro. Para que sejam assegurados os níveis de responsabilidade, essas metas devem ser mensuráveis, o que significa que elas geralmente precisam ser descritas em termos de comportamento. No entanto, poucas formas de terapia especificam os procedimentos para a obtenção das metas, ou os atributos que caracterizam metas bem-definidas (Berg e Miller, 1992; de Shazer, 1991). Os formulários de seguros têm um espaço determinado, no qual paciente e terapeuta devem apontar as metas sobre as quais se supõe que estejam de acordo. Assim, por que não simplesmente perguntar aos pacientes quais são as suas metas? A experiência demonstra que isso não é muito produtivo por várias razões. Os pacientes, com frequência, estão tão centrados no problema que as metas são expressas como a destruição daquele problema ou a interrupção de alguma coisa. Aquela é difícil de ser mensurada e esta não pode realmente ser alcançada senão após a morte. De fato, definir metas dessa forma, na maioria das vezes, torna as coisas piores, porque faz

---

5. Ron Wilgosh atendeu essa paciente quando completava seu período de residência de um mês no BFTC.

com que o paciente se focalize mais no(s) comportamento(s) indesejável(is) e/ou no problema. Geralmente, essas metas implicam um salto muito brusco da realidade presente como também que alguém mais terá de mudar para que elas possam ser alcançadas. Mais ainda, acreditamos que se o cliente pudesse expressar seu desejo de mancira diferente, seria muito mais fácil para ele não apenas alcançá-las, como também saber quando considerará terminada a terapia. Isso se relaciona com nossa terceira premissa, à medida que o "algo" que não está funcionando pode ser exatamente a maneira de pensar do paciente.

Como ajudar o paciente a pensar de maneira diferente, de modo que ele possa fazê-lo sozinho? Observamos que o emprego do que denominamos "pergunta do milagre" (de Shazer, 1985, 1988, 1991) libera o paciente para pensar em soluções futuras, sem ter de arcar com o peso dos problemas do passado e do presente. Seu uso é mais apropriado nas situações em que o paciente tem tempo suficiente para descrever a(s) razão(ões) pela(s) qual(is) se encontra no consultório do terapeuta, ou seja, a queixa ou o problema. Descobrimos que se o terapeuta tentar resolver o problema muito rapidamente (em geral, juntando-se ao paciente para fazer funcionar o que não funciona), o paciente continuará tentando convencê-lo de que ele ou ela têm boas razões para permanecer ali, descrevendo seu problema. Da mesma forma, se o terapeuta persiste em dirigir ao paciente muitas perguntas sobre suas queixas, o paciente continuará a auxiliá-lo a fazer isto, falando ainda mais sobre eles. Se, no entanto, o terapeuta somente ouve e dá sinais de que ouve o que lhe é dito, geralmente se atinge um ponto em que o paciente passa a se repetir ou olha para o terapeuta procurando encontrar algum indício do que virá a seguir: isto é, continuar a fazer a mesma coisa ou partir para algo diferente? Esse é o momento que consideramos o mais propriado para fazer a "pergunta do milagre".

Terapeuta. Vou fazer-lhe uma pergunta. Imagine que esta noite você vá dormir e, enquanto dorme, acontece um milagre que faz com que todos os problemas que você trouxe aqui, hoje, se solucionem. O que se mostraria diferente no dia seguinte? Como você saberia que as coisas estariam diferentes?

Paciente. Eu seria capaz de sentir minhas mãos e pernas. Seria capaz de sentir de novo. Poderia escovar meus dentes, escrever, ler em Braille. Poderia fazer as coisas sozinha.

T. Hã-hã... O que mais aconteceria para confirmar a ação desse milagre?

P. Eu só precisaria acordar e senti-lo...

T. Seu marido poderia notar que você estaria fazendo alguma coisa diferente, algo que pudesse ser um sinal de que alguma coisa teria acontecido durante a noite?

P. Eu estaria fazendo meu café da manhã, discando sozinha o número no telefone, mexendo no vídeo, escovando meus dentes, penteando meus cabelos, fazendo tudo o que eu costumava fazer.

T. Em que seria diferente para ele o fato de você ser capaz de fazer tudo isso?

P. Ele não teria de me dar meus remédios, fazer meu café da manhã, colocá-lo na xícara, passar a manteiga no pão.

T. Hã-hã... E em que seria diferente para você o fato de ele não ser obrigado a fazer todas essas coisas?

P. Eu ficaria feliz por poder fazer tudo isso sozinha.

T. Certo. E de que forma você poderia dizer-lhe que estaria contente?

P. Eu provavelmente estaria rindo de orelha a orelha e falando sobre isso.

A questão do milagre não substitui, necessariamente, a pergunta sobre a meta; é um meio de auxiliar os pacientes a pensar de forma diferente, para que eles possam chegar a soluções que talvez não lhes tivesse sido possível imaginar, por estarem centrados em seus problemas. A meta do terapeuta não é forçar seus pacientes a realizar o milagre que descreveram, mas, sim, abrir para eles novas possibilidades que os possam conduzir às soluções. Nesse ponto, tanto o paciente como o terapeuta desconhecem qual, dentre essas possibilidades, poderá levar a uma solução. Eles não sabem o que funciona, assim não sabem o que podem repetir: isso virá depois. Assim, o terapeuta não se prende a nenhuma idéia em particular, nem tenta estabelecer prioridades. Quanto mais numerosos os exemplos, mais detalhada a descrição, menores as dimensões das respostas à pergunta do milagre, e maior a probalidade de que esses comportamentos ou percepções já tenham de alguma forma acontecido, possam acontecer no futuro ou de alguém notar que já ocorreram. Para maximizar essas possibilidades, é necessário que o terapeuta dirija uma pergunta adicional, com o objetivo de auxiliar o paciente a apresentar possibilidades ainda mais difíceis de acontecer. Quando o paciente apresenta respostas amplas ou impossíveis (por exemplo, "vou voltar a ter sensibilidade em minhas pernas e mãos) ao invés de desafiar a única possibilidade de trazê-lo de volta ao problema insolúvel, o terapeuta pode simplesmente aceitar este como um desejo perfeitamente lícito e prosseguir perguntando: "E o que mais?". À medida que esse diálogo tem continuidade, o paciente é capaz de pensar mais e mais, porque, na verdade, ambos estão apenas conjecturando.

Em virtude de estarmos apenas buscando por uma pequena mudança, seja onde for, na vida do paciente, em nossa conversa não nos limitamos às pessoas que estão no consultório; afinal, a vida do paciente não se encontra assim limitada. Assim, dirigimos o que denominamos como perguntas relacionais: o que o paciente notaria que as demais pessoas significativas estariam fazendo ou o que os outros notariam que ela estaria fazendo? Em alguns casos, o paciente identificado poderia não querer nenhuma expectativa de mudança de sua parte, mas querer que alguma outra pessoa mudasse. Uma vez mais, quanto mais numerosas e diminutas as respostas, mais provável sua realidade. Neste caso, o terapeuta continou a explorar as diferenças que a paciente poderia notar em seu esposo e filha, depois de ocorrido o milagre.

A busca por soluções. Referimo-nos à busca de soluções porque a meta do terapeuta não é poder definir a solução para o paciente. Ao invés disso, será o paciente quem determinará o momento em que a solução é encontrada, porque cabe a ele decidir que a terapia já não lhe é mais necessária. Mas, uma vez que, em geral, os pacientes consideram que encontraram a solução antes de vir até nós, a questão que se coloca é: "Como ajudá-los?".

Acreditamos que é importante auxiliar os pacientes a desenvolver um quadro exuberante da vida sem problemas, não importando as escolhas que façam para chegar lá, porque eles precisam saber quando são bem-sucedidos. De maneira análoga, se uma pessoa deseja ir a Chicago, ela deverá ter uma noção que lhe permita reconhecer essa cidade, à sua chegada. Se só a reconhecer por seus edifícios, ela deverá preferir a viagem de carro à de avião. As várias respostas à pergunta do milagre oferecem um direcionamento ou visão por meio da qual o paciente poderá focalizar-se. Com esse novo enfoque, ele será mais capaz de ver exemplos de mudanças passadas, presentes e futuras. Em outras palavras, nessa altura nem paciente nem terapeuta terão de se decidir por fazer algo novo.

Então, de que forma isso pode ajudar? Em virtude de o paciente ter agora um quadro mais favorável do que ele e os outros farão depois de os problemas serem solucionados, acreditamos que há alguma probabilidade de que partes desse quadro milagroso já ocorrem ou devem ter ocorrido. E, a não ser que o terapeuta pergunte, o paciente nunca o descobrirá.

Em uma pesquisa, apresentamos a seguinte questão: "O que você notou de diferente em relação à sua situação desde que marcou sua sessão?". Dois terços dos pacientes responderam que alguma coisa havia mudado para um direcionamento positivo e todos afirmaram que as mudanças estavam relacionadas aos motivos que os haviam trazido à terapia, e eram mudanças que eles gostariam que continuassem ocorrendo (Weiner-Davis, de Sahzer e Gingerich, 1987). De certa forma, essa conclusão não surpreende, uma vez que outras pesquisas já haviam demonstrado que os pacientes da lista de espera para terapia resolvem seus problemas sem a ajuda do terapeuta (em mais de 50% dos casos). Saber que a mudança pré-sessão ocorre com tanta freqüência nos ajuda a ouvir e a perguntar sobre a mudança de forma diferente e em momento diverso. Assim, depois da pergunta do milagre, indagamos: "Existem hoje momentos em que acontecem pequenas parcelas desse milagre?". Ao fazermos essa pergunta, nessa etapa, sabemos que descobriremos não apenas exemplos de exceções ao problema, como também de incidências de soluções parciais, isto é, aquelas relacionadas à meta. Em relação ao caso estudado, a paciente havia mencionado o fato de, antes, ter conseguido se ajustar à cegueira.

Paciente. Essa foi a única coisa difícil pela qual tive de passar quando perdi a visão. Foi um grande ajuste que tive de fazer.

Terapeuta. Muito bem!

P. Quero dizer, se não tivesse acontecido comigo eu não acreditaria que alguém pudesse se ajustar a isso, porque foi muito, muito duro.

T. Certo. Então, se não tivesse acontecido com você, não acreditaria que você mesma pudesse ter sido capaz de ajustar-se a algo assim?

P. Isso mesmo.

T. E como você conseguiu ajustar-se a algo assim; como você fez isso?

P. Durante um ano todo eu não fiz nada... Nem comia muito... Tudo o que eu fazia era dormir... O único momento em que fazia alguma coisa era quando tinha de ir ao banheiro. Se tinha de ir ao médico, levantava, ia e voltava para minha cama. Basicamente, tudo o que eu fazia era ficar na cama.

T. Antes desse primeiro ano, o que você havia começado a fazer que lhe mostrou que estava começando a se ajustar?

P. Freqüentei um programa destinado a deficientes visuais, tentei sair e ir sozinha a alguns lugares e andar até a loja para fazer compras.

T. Você teve de aprender a fazer tudo isso?

P. Sim.

T. Puxa!

P. E sempre que conseguia realizar alguma coisa eu ficava muito satisfeita comigo mesma. Fazia tudo o que fazia até saber que era capaz de fazê-lo sozinha. Se não fazia mais. E depois, então, começava a fazer outra coisa.

T. O que mais você teve de aprender a fazer sozinha e antes não precisava fazer?

P. Tive de mudar minha maneira de viver.

Outra maneira de o terapeuta auxiliar o paciente em sua busca por soluções é pedir-lhe, já na primeira sessão, para elaborar uma escala de perguntas: Em uma escala de zero a dez — em que dez corresponde à solução dos problemas e zero, à etapa em que estão piores, onde você diria que está hoje? Alguns terapeutas podem relutar em fazer essa pergunta já na primeira sessão, temerosos de que o paciente a responda de maneira não muito abrangente. No entanto, o enfoque aqui não está no aspecto quantitativo em si: o número em curso não é importante. A ênfase está na positividade do caminho; seja qual for a resposta dada pelo paciente, está sendo feita a ele uma pergunta referente à forma pela qual ele saiu do zero para chegar ao número atual. (Mesmo nos casos em que sua resposta é "zero", perguntamos: Como não alcançou "–1" ou "–2"? Como ocorreu de as coisas não se mostrarem piores?, o que implica que o paciente fez algo para impedir que as coisas piorassem.) Claramente, a indicação é a de que o paciente já começou a resolver seu problema. Além disso, é importante descobrir qual será o primeiro pequeno passo a ser dado a seguir. Não será necessário perguntar ou dizer ao paciente como dar esse passo. Mesmo que o paciente diga que sua vida está em seu mais absoluto e pior momento, o fato de imaginar o próximo pequeno passo pode dar-lhe alguma esperança, porque esse pequeno passo possivelmente o levará para mais próximo do alcance do que da tentativa de eliminação do problema em curso.

Terapeuta. Gostaria de fazer-lhe uma pergunta. Em uma escala de zero a dez, em que zero representa a pior fase da situação e dez, a fase na qual sua vida se mostre, realisticamente, de uma maneira que a satisfaça, não necessitando vir mais aqui, onde você se encontraria atualmente?

Paciente. Provavelmente no um.

T. Ponto 1... Como você conseguiu isso, como saiu do zero para chegar ao um?

P. Bom, talvez eu devesse lhe dizer que estou no zero.

T. Certo, certo. OK, você tem certeza; pensou melhor e está no zero.

P. Sim.

T. Se seu marido estivesse aqui, e eu fizesse a ele a mesma pergunta, em que ponto dessa escala ele colocaria você? O que ele responderia?

P. Ele também diria que estou no zero.

T. Parece uma colocação bastante difícil. O que lhe pareceria uma situação intermediária? O que estaria acontecendo se você estivesse no meio ponto que não está acontecendo agora?

P. Talvez fosse capaz de fazer sozinha um pouquinho mais de coisas.

T. O que você acha que poderia ser, por exemplo?

P. Discar um número no telefone.

T. Discar um número no telefone. Haveria alguma coisa mais que pudesse significar que você progrediu um pouquinho?

P. Escovar meus dentes com a mão direita, porque sou destra e agora não posso fazer as coisas com a minha mão direita. Tentei fazer as coisas com a esquerda, mas é muito difícil.

Novamente, a tendência usual que se observa no terapeuta é a de tentar ajudar essa mulher dizendo-lhe o que fazer ou buscando para ela a ajuda de outra pessoa. Mas é isso o que ela realmente deseja do terapeuta? Ouvindo-a atentamente, ela indica que o que deseja é fazer as coisas sozinha, e que não tem muita certeza se quer alguma outra coisa da terapia além de conversar.

T. De que forma podemos ajudá-la em relação ao que você vem enfrentando?

P. Não sei. Acho que talvez estar aqui, para poder falar.

T. OK, de que maneira falar conosco a ajudaria? Que diferença isso faria para você?

P. Não sei. Vocês são pessoas em relação às quais eu não preciso ficar pensando: "Acho que você deve estar com pena de mim".

T. Ahn, isso parece importante.

P. Sim, isso é muito importante.

Assim, na mensagem do final da sessão, depois de uma pequena pausa, pedimos que a paciente nos ajudasse pensando como o falar poderia ajudá-la a promover as mudanças que desejava. Nós a cumprimentamos também pela forma como havia tentado ajustar-se a esse e a outros acontecimentos de sua vida. Já não denominamos essa mensagem como "intervenção", porque esse termo sugere que a meta é intervir ou interferir na vida do paciente — e não auxiliá-lo a encontrar suas próprias soluções.

T. Antes de terminarmos, gostaria de dividir com você algumas das coisas que a equipe pensou. Todos queremos dizer-lhe que a situação em que você está no momento é muito difícil e dura. Nos sentimos tão impressionados quanto você pela forma como conseguiu ajustar-se às mudanças que lhe ocorreram; você disse que, de toda a família, você era a mais surpresa pelo modo como se ajustou à cegueira. Estamos impressionados com a forma pela qual você se ajustou ao que lhe aconteceu e trabalhou esse acontecido. Isso é muito, muito duro. Achamos que foi uma boa idéia você ter vindo aqui hoje. Isso representa um bom começo para nós e conseguimos descobrir mais sobre o que lhe está acontecendo. Gostaríamos de vê-la novamente aqui em breve. Você gostaria de voltar?

P. Sim.

Avaliação do progresso. Como sabermos que essa abordagem aparentemente minimalista funciona? Mantendo o pressuposto de que todos os pacientes têm as ferramentas necessárias para definir suas próprias metas e soluções, devemos deixá-los ser o juiz de seu próprio progresso. Se tiverem algum progresso em relação às suas metas, nossa expectativa é a de que vivam melhor. Dessa forma, iniciaremos a segunda e subseqüente sessão perguntando à nossa paciente:

T. O que melhorou desde a semana passada? Que acontecimento você notou que lhe ocorreu de melhor forma?

P. Nada melhorou. Bom, estou escovando meus dentes.

T. Você está escovando seus dentes?

P. É, com uma escova de dentes.

T. Puxa!

P. E agora estou trabalhando cada vez mais com a mão esquerda.

T. Hã, hã, e como isso a tem ajudado?

P. Acho que escovo melhor com a escova do que antes, com o pano... Tento comer mais com minha mão esquerda e parece que consigo colocar mais comida no garfo ou na colher.

T. Nossa, você está se alimentando bem com essa mão também. Parece que você se esforçou bastante desde a semana passada.

P. É.

T. Quando seu marido nota que você está realizando mudanças, de que forma isso muda as coisas para vocês dois?

P. São somente menos coisas que ele deverá fazer para mim.

T. Hum, hum. E de que forma o fato de ele ter menos coisas a fazer para você mudará as coisas para os dois?

P. Não sei. Ele poderá dedicar mais tempo a outras coisas.

T. O que mais aconteceu de diferente?

P. Acho que não estou mais tão deprimida.

T. Estou curioso sobre você não estar mais deprimida quanto estava. O que você fez de diferente que pode ter ajudado?

P. Acho que foi tentar fazer mais coisas por mim mesma.

T. E isso a ajudou?

P. Sim.

Não é incomum que um paciente responda, de início, com um "nada melhorou". Dado seu ponto de vista inicial, de enfoque no problema, esse tipo de resposta não é nem inesperado nem surpreendente. Afinal, para o paciente, pensar em termos de notar uma mudança positiva significa um grande deslocamento de posição. Para que o paciente seja capaz de pensar de modo diferente, ele precisa de um certo espaço de tempo. Os terapeutas podem ajudá-lo sendo pacientes (palavra interessante, que geralmente é empregada para referir-se ao indivíduo numa situação médica, assim como sugerir uma troca de papéis?), e dando-lhe tempo para que ele possa pensar de maneira diferente. Nossa experiência permite-nos afirmar que aproximadamente 50% de nossos pacientes respondem a essa questão de maneira afirmativa; outros respondem afirmativamente depois que o terapeuta ouve o que eles lhe dizem por algum tempo, enquanto esperam por uma descrição afirmativa para elaborar ou dirigir uma pergunta adicional, do tipo: "Qual foi seu melhor dia da semana?". A resposta inicial da paciente de nosso exemplo, particularmente, não é inesperada porque ela estava ao final da primeira sessão, no ponto zero da escala de progresso. Isso significa que, naquele momento, ela considerava que seus problemas consumiam 100% de sua vida. Dessa maneira, não poderíamos esperar que se apercebesse da pequena mudança ocorrida em sua vida, uma vez que seu enfoque estava dirigido para o problema, isto é, uma alteração de 100% para 99% é somente 1% de mudança relativa. No entanto, uma mudança de 0% a 1% na direção positiva matematicamente se aproxima do infinito. Uma vez mais, a pergunta do terapeuta pode encorajar a paciente a pensar de maneira diferente, de modo que ela possa ver as mudanças manisfestando opiniões mais positivas, ampliando e reforçando essas mudanças.

Geralmente, depois dessa discussão de abertura fazemos a pergunta relativa à escala de zero a dez, para assim podermos determinar se as mudanças são ou não relativas à meta: isto é, a vida poderia ser melhor, mas isso está relacionado com a solução dos problemas que trouxeram o paciente até nós? Neste caso, havia uma pequena, mas perceptível melhora tanto no que diz respeito ao progresso em direção à meta (isto é, a paciente afirmou que havia caminhado do zero para o 1,5) como à sua confiança sobre eventualmente vir a alcançar essa meta. As perguntas relativas à escala geralmente ajudam o paciente a lembrar-se de alguma mudança ainda mais positiva. Neste caso, a paciente descreveu como marcou uma hora com a manicure e como foi sozinha até o salão.

E o paciente geralmente sabe como será o próximo passo. O terapeuta não tem necessidade de assoberbá-lo com milhares de sugestões, mas deve simplesmente apoiá-lo em seu caminho na direção escolhida. Naturalmente, essa direção pode mudar no decorrer da terapia. Para os pacientes, saber desde o início exatamente onde querem chegar não é algo realista; se pudessem fazê-lo, provavelmente não precisassem de terapia. Por essa razão não achamos necessário contratar com um paciente: a) um número específico de sessões; ou b) metas específicas; ou c) medir o progresso atingido em relação às metas. Fazê-lo, uma vez mais, significa constranger e limitar as possibilidades de mudança.

Em última instância, os pacientes darão os passos necessários para a construção de uma solução que seja satisfatória para eles (a resolução de seus problemas e o alcance de suas metas), suficiente para que não sintam mais necessidade de continuar em terapia. Nesse caso em particular, isso aconteceu na terceira sessão. No ponto em que a paciente estabeleceu para si mesma como 3,5 da escala de progresso, ela afirmou que estava indo "bem o suficiente" e não sentia mais necessidade de continuar em terapia. Para ela, este "bem o suficiente" significava sair e realizar mais coisas por si só. Embora essa expressão para ela equivalesse a se posicionar somente no ponto 3,5 da escala, coube ao terapeuta aceitar seu julgamento mesmo tendo maiores expectativas. Uma vez que apenas a ela cabia julgar que as coisas iam "bem o suficiente", qualquer tentativa no sentido de ajudá-la ainda mais constituiria uma intromissão e provavelmente levaria a uma derrota (Premissa 2). É importante lembrar que, enquanto o ajustamento à cegueira exigiu um ano para que ela saísse sozinha de casa, este novo ajuste ocorreu em poucas semanas. Experienciar as várias mudanças que já realizara permitiu-lhe confiar que poderia ser independente. Certamente, para essa paciente a palavra "independência" significava não precisar estar em terapia e voltar a fazer algumas das coisas que antes funcionavam. Por exemplo, ela começou a freqüentar regularmente um grupo de apoio e a trabalhar como telefonista voluntária em um canal direto local.

Conclusão

A terapia breve voltada para a solução pode ser descrita como um meio de se desenvolver soluções para os problemas humanos, dado o pressuposto (muito freqüentemente implícito) de que qualquer indivíduo, caso se encontrasse na mesma situação descrita pelo paciente, enfrentaria os mesmos problemas. Em outras palavras, os problemas aqui são vistos como basicamente situacionais e embutidos na linguagem, isto é, eles resultam mais da situação em que se encontram os pacientes e da maneira como estes a definem (ou seja, de como os problemas são abordados) do que de desajustes subjacentes ou de disfunções de natureza psicopatológica ou sistêmica (de Shazer, 1991). Mais ainda, é o julgamento do paciente que definirá a "solução", isto é, o término da terapia depende de o paciente afirmar que as coisas estão "bem o suficiente". Essa maneira de pensar sugere que necessitamos olhar a forma pela qual ordenamos o mundo em nossa linguagem e como nossa linguagem (que veio antes de nós) ordena nosso mundo. Ou seja, ao invés de olharmos atrás e sob a linguagem que os pacientes e terapeutas usam, a linguagem por eles utilizada será tudo a que deveremos nos ater.

Assim como os "problemas" têm diferentes significados de paciente para paciente, dependendo das diferentes situações por eles enfrentadas, para o mesmo paciente o "problema" tem distintos significados, porque cada situação é sempre diferente; mesmo os contextos variam com o tempo. Embora nossa abordagem seja às vezes criticada por não chegar até o problema e tratá-lo, não podendo assim estender-se no tempo, nossa visão é a de que não é provável que alguma abordagem possa curar "o problema" porque "o problema" nunca é o mesmo. Portanto, a solução não pode ser sempre a mesma. Com freqüência, nossos pacientes nos dizem exatamente isso quando lhes perguntamos o que funcionou quando tiveram o mesmo problema antes; eles nos dão as razões pelas quais o que "funcionou antes" pode não funcionar agora. Nossas pesquisas de acompanhamento nos informaram que os pacientes adquiriram a capacidade de pensar de maneira diferente, que lhes permitem continuar a solucionar seus problemas, sejam estes reconhecidos por eles como os mesmos ou novos. Essa diferença, para nós, dimensiona um resultado de longa duração.

REFERÊNCIAS COMPLEMENTARES

HALEY, J. (ed.) *Advanced Techniques of Hypnosis and Therapy*. Nova York, Grune & Stratton, 1967.

________. *Conversations with Milton H. Erickson, M.D.* Vol. 1. Nova York, Triangle/Norton, 1985.

WEINER-DAVIS, M., DE SHAZER, S. e GINGERICH, W. "Using pretreatment change to construct a therapeutic solution: An exploratory study". *Journal of Marital and Family Therapy*, 13 (4), 1987, pp. 359-63.

*Luigi Onnis**

Um modelo de terapia familiar inspirado na óptica da complexidade

O Centro de Estudos de Terapia Familiar e Relacional** de Roma

Apresentação

Fundado em 1969, o Centro Studi de Terapia Familiare e Relazionale (presidido por Luigi Cancrini) é o mais antigo de Roma e o segundo da Itália (depois do de Mara Selvini Palazzoli, de Milão). Os atuais dirigentes das escolas italianas, tais como Maurizio Andolfi e Gaspare Vella participaram dele, antes de fundar suas próprias escolas.

No decorrer dos últimos 25 anos, o centro ampliou suas atividades tanto no plano terapêutico como no de formação, atingindo uma grande parte do território nacional: conta atualmente com nove estabelecimentos, situados em diversas regiões da Itália e forma pessoas que trabalham nos serviços públicos, quase sempre nos quadros de uma convenção com as administrações locais. Três desses centros se encontram em Roma, notadamente o EFCOS (Istituto Europeo di For-

---

* Luigi Onnis, professor do departamento de psiquiatria da Universidade de Sapienza de Roma, fundador e diretor de formação do Istituto Europeo di Formazione e Consulenza Sistemica, sede do Centro Studi di Terapia Familiare e Relazionale de Roma, fundador e membro diretivo do European Family Therapy Association, é autor de numerosos artigos publicados em diversas revistas internacionais de terapia familiar, além de outras oito obras, dentre as quais citamos aqui *Corpo e Contesto* (1985).

** Centro Studi di Terapia Familiare e Relazionale.

mazione e Consulenza Sistemica de la Formation), do qual sou diretor — Centro criado por mim, Luigi Cancrini e Maurizio Coletti, e que desenvolve intensa atividade de intercâmbio científico e cultural com os mais importantes institutos de terapia familiar europeus e de todo mundo.

Em 1985, o Centro, com outras escolas italianas de terapia familiar, contribuiu para a fundação da SIPPR (Società Italiana di Psicologia e Psicoterapia Relazionale), a sociedade nacional que recebeu reconhecimento oficial, no âmbito da terapia sistêmica.

Além disso, os terapeutas do Centro participaram da criação do EFTA (European Family Therapy Association), ao qual oferecem apoio, tanto no plano das estruturas de direção como no de organização.

As orientações teóricas

No plano teórico, um dos aspectos fundamentais que sempre caracterizaram o Centro é a sua tendência a não reduzir a abordagem sistêmica à terapia familiar e às suas técnicas, e sim considerá-la como uma metodologia de interpretação da realidade e, portanto, aplicável a contextos e situações que ultrapassam largamente o quadro familiar, tal como o meio profissional, a escola (Cancrini, 1974), as instituições médicas e psiquiátricas (Onnis et al., 1987; Onnis, 1982) etc.

Essa atenção particular devotada não apenas ao macrossocial, mas também à relação dialética entre o macro e o microssocial e, a partir dessa mesma relação, à influência que o contexto sociocultural exerce sobre a família, se explica pelo caminho pessoal de vários dos membros da equipe do Centro: quase todos participaram ativamente no processo de renovação da assistência psiquiátrica italiana (encetada por Franco Basaglia) e aderiram à abordagem sistêmica com a esperança de poder conjugar sua inspiração, sociopolítica de base, com a necessária aquisição tanto de uma epistemologia de referência como da competência e do profissionalismo indispensáveis (Onnis e Lo Russo, 1979).

Essa orientação característica mostra-se claramente nas opções feitas no campo da formação. De fato, o Centro dedica-se, prioritariamente, à formação de profissionais no campo dos serviços públicos e privilegia como "lugar" de formação o próprio contexto desses serviços, onde quer que isso seja possível — o objetivo visado não é apenas o de acompanhar uma progressiva mudança da "qualidade" da assistência proposta, mas também o de modificar o modo de abordagem dos distúrbios psíquicos em um sentido psicoterapêutico e, por essa mesma via, contribuir para uma evolução da concepção geral corrente das doenças mentais.

No que diz respeito mais especificamente à terapia familiar, o modelo teórico do Centro transformou-se com o tempo, mas nunca de maneira unívoca, pois sempre animou-o a preocupação de apresentar a necessária flexibilidade capaz de permitir-lhe adaptar-se às especificidades de diferentes situações clínicas. Em relação às primeiras de suas elaborações, porém, grandemente influenciadas pelo modelo pragmático de Palo Alto e pelo modelo estrutural de Minuchin e o modelo estratégico de Haley, as orientações teóricas do Centro passaram por uma profunda evolução com os recentes desenvolvimentos epistemológicos da teoria sistêmica, ligados às contribuições dos paradigmas evolutivos da segunda cibernética e do construtivismo.

Essa evolução resultou na definição de uma orientação teórica muito mais articulada, em que a atenção aos modelos interativos passíveis de ser observados no "aqui e agora" está integrada aos elementos livres aportados pela história familiar (sempre trigeracional), em que a "pragmática" da comunicação está integrada à "semântica dos comportamentos (e, portanto, à pesquisa dos significados que os indivíduos dão a seus atos), e na qual interações "objetivas" são integradas aos pontos de vista "subjetivos" e às reações emocionais do terapeuta.

Gostaríamos de sublinhar o verbo "integrar" que acabamos de empregar, pois consideramos que os aspectos e os pólos mencionados não estão em oposição, mas, ao contrário, ligam-se numa relação dialética de complementaridade. Ao lado de Edgar Morin, definimos esse conceito como uma "óptica da complexidade", no ponto em que se propõe uma visão da realidade como articulação complexa de múltiplos níveis que, apesar de sua irredutível autonomia, se apresentam como complementares e circularmente relacionados. Uma tal concepção marca, portanto, a passagem de uma lógica de oposições dicotômicas de tipo "ou isso ou aquilo" (que opõe, por exemplo, o presente ao passado ou, ainda, que por longo tempo vem opondo a terapia familiar, como terapia do "presente", à psicanálise como terapia do "passado") para uma lógica de verificações dialéticas do tipo "e isso e aquilo" (segundo a qual o presente e o passado podem se completar e coexistir, não no sentido de uma nova busca pelas "causas", mas no aspecto em que o passado "está" o presente, e continua a viver no presente).

Essa concepção da "complexidade" é uma das características fundamentais de nosso atual modelo teórico. Podemos distinguir também, a partir dessas premissas, dois de seus aspectos essenciais, que hoje são a base da orientação teórica do Centro:

a) O primeiro consiste em uma concepção dos sistemas interpessoais inspirada, como já havíamos dito, em uma "óptica da complexidade", concepção que nos convida a explorar constantemente em nosso trabalho as correlações circulares entre indivíduo e sistema, entre o nível sincrônico do "aqui e agora" e o nível diacrônico da história, entre sistema que cuida e sistema que é cuidado, no nível em que um e outro participam da construção de uma nova realidade. É a essa concepção da complexidade que se refere, por exemplo, o "modelo integrado" por mim mesmo elaborado no campo psicossomático (Onnis, 1985, 1988, 1993; id. et al., 1987), em que a observação de certas interações disfuncionais características está associada à pesquisa dos mitos familiares mais secretos ou dissimulados. Essa pesquisa, por sua vez, veio a ser integrada à reconstrução de uma história familiar trigeracional, no centro da qual esses mitos se formam e se organizam. Essa concepção se baseia também na noção de "correspondência", por intermédio da qual Luigi Cancrini indica a necessidade de se correlacionar o ciclo vital da família à psicodinâmica do desenvolvimento individual numa tentativa de interpretar as dificuldades do processo de individuação, que é a base de numerosos distúrbios psicopatológicos (Cancrini, 1987; id. e La Rosa, 1991).

b) O segundo aspecto que caracteriza nossa orientação teórica concerne mais especificamente à relação terapêutica. Nesse campo, nós nos indagamos: qual é a posição do terapeuta? Bem-entendido, na óptica da complexidade, o terapeuta também está em interação dialética e circular com o sistema em tratamento. A segunda cibernética, de resto, evidencia como o terapeuta não ocupa nem uma posição "externa" nem "neutra", mas, ao contrário, é sempre e necessariamente parte integrante da realidade por ele observada. É por isso que, como tal, ele não se limita a "descrever" a realidade de que participa, mas contribui também para "construí-la". Nós nos reconhecemos plenamente na passagem de uma "epistemologia da descrição" para uma "epistemologia da construção". Mas, uma vez aceita essa "orientação construtivista", colocamos a questão de saber de que forma o terapeuta constrói e o que constrói. Nesse sentido, nossa posição difere daquela do construtivismo radical, que parece dar relevo especial somente ao terapeuta e às construções por ele feitas, para finalmente negar a existência de uma realidade, a saber: o sistema familiar em tratamento e sua especificidade. Parece-nos que esse ponto de vista, na verdade, se baseia em dicotomias e, ao descartar uma vez mais os pólos da relação terapêutica, distancia-se de uma óptica da complexidade. Acreditamos, ao contrário, que toda "construção terapêutica", ainda que se refira à subjetividade do terapeuta, emerge ao mesmo tempo "em decorrência" do sistema familiar, cujas características específicas, problemas e história devem ser levados em conta. Aqui é interessante lembrar que a afirmação de Korzybski: "O mapa não é o território" — citada tão freqüentemente a ponto de ter sido transformada, de certa maneira, na bandeira do construtivismo radical — é sempre apresentada "amputada" de sua segunda parte: "Mas, se ele é preciso, o mapa tem uma estrutura semelhante à do território, o que justifica sua utilidade". Vê-se assim, claramente, como muda o significado da frase!

Nesse sentido, o processo terapêutico resulta da participação tanto do terapeuta como do sistema familiar, e se torna sempre, e sob todos os pontos de vista, uma "construção a dois". Essa é a posição construtivista que nos convence e à qual aderimos.

Aplicações práticas

Vejamos agora como aplicamos os aspectos característicos de nossa orientação teórica em nosso trabalho terapêutico. Para tanto, esforçar-nos-emos para considerá-los em separado:

a) A partir do instante em que se refere a uma óptica da complexidade, a separação entre teoria e prática é inevitavelmente grande. Tentamos, porém, de uma forma necessariamente parcial, levar em consideração um certo número de níveis sistêmicos.

Em seu trabalho desenvolvido junto a famílias que apresentavam distúrbios de ordem psicótica ou problemas de toxicomania, Luigi

Cancrini (1977, 1982a; id. et al., 1988; e La Rosa, 1991), de acordo com o seu conceito de correspondência, busca a correlação existente entre a "emergência subjetiva" do sintoma no paciente e as dificuldades evolutivas da família, tais como estas se mostram no seu ciclo vital. Os conflitos dos processos de individuação e de separação delas decorrentes se caracterizam, segundo a gravidade das situações patológicas, como "diferenciação impossível", "diferenciação inaceitável" e "diferenciação aparente" (Cancrini e La Rosa, 1991). Dessa forma, o trabalho terapêutico articula-se sempre em dois níveis, no mínimo: de um lado, o da dinâmica do desenvolvimento psíquico do paciente, de experiência emocional, de sua subjetividade, e de outro, o dos problemas evolutivos do sistema familiar, explorados e enfrentados pela reconstrução de sua história.

Sobre um outro tema, o dos distúrbios psicossomáticos, elaborei um modelo terapêutico que emprega uma linguagem analógica e metafórica, mais coerente com as manifestações não-verbais do sintoma e, portanto, que possui natureza somática: trata-se do modelo relativo às "esculturas familiares presentes e futuras" (Onnis 1992, 1993). Além de reintroduzir a dimensão temporal nos sistemas que aparentemente a perderam, o processo terapêutico na verdade tem como objetivo explorar e integrar uma série de níveis sistêmicos:

— o nível do corpo, considerado como produtor de uma linguagem, a "escultura";

— o da especificidade dos indivíduos, já que cada membro da família apresenta sua "própria" visão da realidade, por meio de suas próprias necessidades e de suas próprias emoções;

— o dos mitos familiares, que emergiram elementos que são comuns às diferentes esculturas produzidas; trata-se, com freqüência, de mitos da unidade familiar e da lealdade aos laços familiares que muitas vezes se apresentam associados a "fantasmas de ruptura", os quais remetem a uma história trigeracional.

— por fim, por meio das esculturas, e com a direta participação do terapeuta, tenta-se explorar e ativar os recursos criativos do sistema familiar, convidando-o a participar da criação de novas soluções.

b) Estas notas finais nos levam a abordar o segundo aspecto que mencionamos, a saber: como nossa concepção do processo terapêutico, "construção a dois", articula-se no plano prático? Como Bateson, consideramos que o encontro terapêutico tem lugar na confrontação de duas epistemologias:

— a da família, que geralmente apresenta uma definição linear, rígida e estereotipada da realidade;

— a do terapeuta, que se torna eficaz, em relação aos objetivos terapêuticos, somente nos casos em que introduz uma "diferença" (no sentido em que Bateson entendia esta última) capaz de modificar a pontuação e de reorganizar os dados propostos pela família.

Em nossa estratégia de trabalho terapêutico retomamos a descrição feita pela família, atribuindo-lhe uma "conotação positiva" e definindo-a como útil para a manutenção da estabilidade familiar; mas, em lugar de prescrever a homeostase (como ocorre nas intervenções paradoxais clássicas), preferimos propor, de imediato, uma solução alternativa, dirigida no sentido da mudança e que abre à família uma possibilidade de escolha. Denominamos esse modelo de intervenção "estratégia da dupla alternativa" (Cancrini, 1982b, 1987; Onnis, 1990, 1993; id. e Galluzzo, 1990).

Disso resulta uma construção terapêutica que em parte se assemelha àquela proposta pela família, no aspecto em que retoma os elementos fornecidos por esta última, mas de uma forma que é possível reconhecê-la nesses elementos; e é também em parte profundamente diferente, pois reorganiza os dados e os relatos de maneira a originar uma diferença, a recolocar em questão a visão estereotipada da família e a abrir um caminho que conduza a novas soluções.

Trata-se, portanto, de uma construção em que terapeuta e família participam juntos e, por isso mesmo, adquire as características de "construção a dois".

Devemos estabelecer com precisão que, nesse processo, o terapeuta jamais terá como objetivo adaptar o paciente e sua família a esquemas "preestabelecidos" de normalidade, mas, ao contrário, empenha-se em agudizar a complexidade da situação, em introduzir novas informações no sistema, ampliando assim as possibilidades e estimulando os recursos já existentes. Dessa maneira, em nossa metodologia de trabalho, o terapeuta nunca responde por uma função "normalizante" ou "pedagógica": seu papel consiste, acima de tudo, em ativar um processo de reorganização, no curso do qual cabe à família descobrir as potencialidades que até ali trazia bloqueadas ou latentes.

Note-se que é o próprio sistema que gera sua própria mudança, que tomará formas e direções absolutamente imprevisíveis, e que concretiza soluções diferentes ou mesmo antigas, já experimentadas; ou que ainda põe em ação as "alternativas" propostas pelo terapeuta. O sistema torna-se o "artesão" de sua própria cura (Gregory Bateson refere-se a isso como *self healing tautology**).

Consideramos que no processo de construção a dois, o terapeuta deve abrir mão do mito de poder total e dar prova de humildade; mas cremos também que não lhe é possível deixar de se sentir ele mesmo mudado e de descobrir sua criatividade.

Conclusão

Além das principais orientações teóricas que descrevemos e das aplicações de ordem prática delas decorrentes, atualmente outros campos de pesquisa são objeto de exploração no Centro de Estudos: a prevenção da toxicomania (Colleti e Bataglia, 1983); a esquizofrenia (Cancrini e Harrison, 1980); as famílias com problemas múltiplos (Malagoli Togliatti e Rocchetta, 1988); e os maus-tratos à infância (Onnis et al., 1991). Mas, além das diferenças atribuídas aos "estilos pessoais" e à necessidade de adaptação a situações específicas, as orientações fundamentais conservam a base comum que acabamos de definir.

Gostaríamos, porém, de sublinhar que o modelo teórico e prático descrito aqui em grandes linhas não apresenta nenhum valor senão em relação ao estado atual de nosso discurso e, de modo mais geral, em relação ao discurso da terapia sistêmica. Na verdade, seu valor será quase nulo se não tivermos consciência de sua parcialidade, de seu caráter provisório e se não previrmos desde já a possibilidade de o sobrepujarmos.

REFERÊNCIAS BIBLIOGRÁFICAS

CANCRINI, L. *Bambini "diversi" a scuola*. Turim, Boringhieri, 1974.

________. *Verso una teoria della schizofrenia*. Turim, Boringhieri, 1977.

---

* La Nature et la Pensée, op. cit., p. 212.

________. *Quei temerari sulle macchine volanti*. Roma, NIS, 1982a.

________. *Guida alla Psicoterapia*. Roma, Riuniti, 1982b.

________. *La Psicoterapia: grammatica e sintassi*. Roma, NIS, 1987; traduzido para o francês com o título de *Psychothérapie: grammaire et syntaxe*. Paris, ESF, 1992.

________ et al. "Juvenile drug addiction: A typology of heroin addicts and their families". In: *Family Process*, t. 23, nº 3, 1988.

________ e LA ROSA, C. *Il Vaso di Pandora*. Roma, NIS, 1991.

CANCRINI, M.G. e HARRISON, L. *La Trappola della follia*. Roma, NIS, 1980.

COLETTI, M. e BATTAGLIA, M. *Parlare di droga a scuola*. Roma, NIS, 1983.

MALAGOLI TOGLIATTI, M. e ROCCHETTA, L. *Familie multiproblematiche*. Roma, NIS, 1988.

ONNIS, L. "Approche systémique et travail dans les institutions publiques". In: *Cahiers critiques de thérapie familiale e de pratiques de réseaux*, nºs 4-5, 1982, pp. 97-104.

________. *Corpo e Contesto*. Roma, NIS, 1985; traduzido para o francês com o título *Corps et Contexte*. Paris, ESF, 1987.

________. *Famiglia e malattia psicosomatica: l'orientamento sistemico*. Roma, NIS, 1988.

________. "A sistemic approach to the concept of crisis". In: *Journal of Strategic and Systemic Therapies*, t. 9, nº 2, 1990, pp. 23-54.

________. "Langage du corps et langage de la thérapie". In: *Thérapie familiale*, t. 3, nº 1, 1992, pp. 3-19.

________. "Psychosomatic medicine: Toward a new epistemology". In: *Family Systems Medicine*, t. 11, nº 2, 1993, pp. 137-148.

________. "Sculpting present and future: A systemic intervention model with psychosomatic families". In: *Family Process*, s.d.

________ e LO RUSSO, G. *La Ragione degli Altri*. Roma, Savelli, 1979.

________ et al. *Approcio relazionale e servizi socio-sanitari*. Roma, Bulzoni, 1987, pp. 271, 273, 277.

________, TORTOLANI, D. e CANCRINI, L. "A systemic research on chronicity factors in infantile asthma". In: *Family Process*, t. 25, nº 1, 1986, pp. 107-22.

________ e GALLUZZO, W. "La relazione terapeutica in un'ottica sistemica". In: *Psicobiettivo*, t. 10, 1990, pp. 37-48.

________ GALLUZZO, W. e DE MURO, A. L'esperienza del 'Numero Blu': un intervento sistemico sul maltrattamento infantile nel servizio pubblico". In: *Psicobiettivo*, t. 11, nº 3, 1991, pp. 59-70.

*Mony Elkaïm**

Descrição de uma evolução[1]

Parece-me que o pensamento e a prática à qual me dediquei apresentaram certos fatores constantes ao longo de minha vida profissional: no decorrer dos anos, aqueles sofreram uma transformação, mas esta, paralelamente, se articulou ao redor de certos temas principais.

Assim, começarei por descrever aqui as orientações que me parecem subjacentes à minha abordagem terapêutica, por mais diferentes que possam ter sido as etapas de minha evolução pessoal em pouco mais de vinte anos. Em seguida, farei uma breve descrição de minhas primeiras contribuições para o campo das terapias familiares, antes de resumir, agora de maneira mais longa, os trabalhos mais recentes que elaborei e suas implicações psicoterapêuticas e na formação dos terapeutas.

---

* Mony Elkaïm, neuropsiquiatra, consultor do departamento de psiquiatria do Hospital Universitário de Erasmo, dirige o Instituto da Família e dos Sistemas Humanos de Bruxelas e desenvolve atividades de ensino na universidade livre dessa mesma cidade. Dedica-se à formação de psicoterapeutas em diversas capitais européias e, nos Estados Unidos, foi um dos fundadores do European Family Therapy Association, o qual preside.

1. Retomo aqui, no mais das vezes sob uma forma diferente, passagens de artigos e obras da minha autoria, como seguem: "Une approche systémique des thérapies du couple" (1985), "Réseaux, systèmes et intervention en un quartier" (1987), "Système thérapeutique et autoréférence" (1988), *Si tu m'aimes, ne m'aime pas* (1989), "Co-construction, systèmes et fonctions" (1993).

Constâncias e permanências

Evitar as intervenções terapêuticas reducionistas, sem se deixar paralisar, por outro lado, pela multiplicidade dos parâmetros em jogo.

Num primeiro período dediquei-me à prática da terapia em rede com a finalidade de tomar conhecimento dos componentes socioeconômicos e culturais dos problemas da saúde mental. Depois, apoiando-me nos trabalhos desenvolvidos por Ilya Prigogine (1977 e 1979) e Félix Guattari (1969 e 1988) voltei minha atenção para aqueles elementos heterogêneos, cuja ampliação é passível de modificar o devir dos sistemas. Esses elementos, que participam do que denominei "conjuntos", me levaram a concluir que a intervenção, mesmo quando não parece influir senão sobre uma parte restrita do determinado sistema para o qual se volta, pode ser comparada ao impulso de uma alavanca, que um indivíduo aplicaria sobre um rochedo que lhe estivesse obstruindo o caminho: na maior parte das vezes, basta pressionar um dos pontos desse rochedo, seja qual for ele, para que a totalidade do obstáculo comece a mover-se.

Respeitar a riqueza das singularidades individuais

Além de voltar minha atenção às singularidades heterogêneas que não se encaixariam no quadro de "possibilidades" explicativas de nosso campo, a consideração que, a meu ver, se deve ao indivíduo me levou, igualmente, no estudo das ressonâncias próprias aos diferentes membros dos sistemas em relação. Na verdade, penso que a terapia e a formação não permitem um desabrochar individual, senão à medida que os participantes desses contextos aceitem se envolver nos sistemas de que fazem parte. Pois aquilo que surge entre o terapeuta e o paciente, ou entre o didata e seus estudantes, está ligado às ressonâncias que podem ter como efeito o reforço e o enrijecimento de crenças ou convicções profundas: tanto em um como em outro caso, a análise e a modificação dos laços singulares que se estabelecem entre os diferentes protagonistas são necessárias para que se permita que os sistemas evoluam.

A preeminência da ética

Este século se fez marcar pelo progressivo recuo do indivíduo de suas singularidades: o marxismo, a psicanálise e, em seguida, a sistêmica nos revelaram, cada um por sua vez, até que ponto somos "atuados", sem o sabermos. Ora, as leituras que insistem na co-construção do real nos indicam que o ser humano, alienado como é, não é também menos responsável. O que nos atinge, como sugerem essas leituras, resulta da interação das influências exercidas sobre nós, e da maneira pela qual as vivemos, do que tão-somente do impacto exercido por forças ou por acontecimentos externos a nós mesmos — ou seja, restitui-se um novo espaço ao indivíduo e à sua responsabilidade. Esse ponto de vista não nega em nada nossa alienação fundamental — apenas nos lembra de que também nos cabe "uma palavra", por mais condicionada que seja, sobre as experiências que suscitam essa alienação.

A multiplicidade dos caminhos que levam à mudança

São várias as abordagens ligadas às diversas ressonâncias próprias aos membros de um sistema terapêutico, que podem desembocar numa mudança que contribua para ampliar o campo do possível. Portanto, não importa qual delas seja a escolhida, desde que corresponda à competência e à sensibilidade do terapeuta e que a família em terapia a sinta como plausível, já que nenhuma dessas portas de entrada nos traz maior riqueza do que outra. O único critério que as distingue reside nas particularidades que conduzem determinado terapeuta e determinada família a escolher esta ou aquela abordagem e não outra.

O "êxito" da terapia não significa que o terapeuta tenha razão

Minha concepção do papel do terapeuta decorre diretamente de minha concepção de mudança, que para mim está ligada às co-construções do real que se manifestam no seio de um sistema terapêutico.

Como estas co-construções só parcialmente podem ser apreendidas, creio que, quando o terapeuta formula uma hipótese *a posteriori* para compreender o fato que acaba de ocorrer, não deve considerar que existe necessariamente uma relação de causa e efeito entre o que tentou provocar e o que efetivamente se produziu. A meu ver, cabe-lhe somente dar o melhor de si para fazer com que surjam e se ampliem os novos agrupamentos no âmbito do sistema terapêutico, sem esquecer que o devir desse sistema escapa amplamente a seu controle.

A multiplicidade dos universos de referência

Minha reticência em centrar a "produção da subjetividade" em um indivíduo ou sistema se deve, em grande parte, à influência de Félix Guattari, que me honrou com sua amizade no início de minha vida profissional. Meu conceito de "agrupamento", por exemplo, que define em que sentido os elementos inesperados, improváveis ou aparentemente insignificantes às vezes desempenham um papel preponderante, corresponde, o seu tanto, aos conceitos de "agenciamento" de Guattari. Para mim, as interações mútuas que se elaboram nesses agrupamentos, ligados aos indivíduos e aos sistemas sem ser redutíveis a estes, concorrem em larga medida para o surgimento da subjetividade.

"Desfamiliarizar" a terapia familiar

Minha primeira contribuição ao campo da terapia familiar consistiu, ao mesmo tempo, de ampliar o contexto da intervenção e em abrir as possibilidades explicativas do terapeuta a elementos aparentemente heterogêneos. Orientei-me para as terapias familiares porque a abordagem psiquiátrica dos problemas da saúde mental não me satisfazia. Se o paciente, como a psiquiatria tradicional o postulava, era visto por mim como o espaço do sofrimento, ele também não me parecia a sua única fonte. Compreender o que se passava no plano não somente da história dos pacientes, mas também em seu contexto, me parecia indispensável — da mesma forma como os primeiros "antipsiquiatras" Ronald Laing (1971) e David Cooper (1978) antes de mim já o haviam afirmado.

Muito rapidamente, portanto, mesmo tendo adotado uma prática de terapia familiar que tornava a colocar em questão a abordagem estritamente individual dos problemas, percebi que também não aceitava separar as famílias dos contextos socioeconômico-culturais em que estas evoluíam, para explicar o sofrimento que afligia seus membros apenas à luz do contexto familiar em que estes tinham surgido: pois já não pensava mais nem em ceder ao canto de sereia da abordagem individualista, nem em me deixar prender demasiadamente rígida aos grilhões "familiaristas".

No final da década de 1960, chamou-me a atenção o movimento israelense dos Panteras Negras (Elkaïm, 1972). Essa organização, formada por jovens judeus revolucionários oriundos dos países árabes, aspirava, entre outras reivindicações, à transformação das condições socioeconômicas em vigor em Israel, com a finalidade de assim reduzir os índices de delinqüência juvenil entre os imigrantes. Ora, um fato me havia impressionado: entre os jovens judeus marroquinos pertencentes a famílias de origem social comparável à deles e que haviam imigrado para países como a França e o Canadá, eram muito raros os que haviam tido um destino comparável ao desses imigrantes, apesar de o sobrenome dos delinqüentes dessa origem ter pouca importância no Marrocos ou em outros países de emigração e apesar de estes terem sido criados nos bairros mais desfavorecidos das cidades israelenses.

Desejoso de estudar mais de perto os laços existentes entre o contexto social e os problemas de saúde mental, decidi exercer a psiquiatria durante alguns anos no sul do Bronx: trata-se de um bairro muito pobre da cidade de Nova York, onde residem populações essencialmente negras e porto-riquenhas. Trabalhei no ínicio como bolsista da escola de medicina Albert Einstein, antes de dedicar-me à direção de um centro de saúde mental e a um programa de formação em terapia familiar nesse mesmo bairro.

Os anos de trabalho nessa comunidade me mostraram que os problemas individuais enfrentados pelos membros dessas famílias negras ou porto-riquenhas estavam na maior parte dos casos ligados às contradições das quais era presa a totalidade dos membros dessas comunidades — constatação essa que me levou a pensar que a criação de redes de solidariedade, que abrangessem as famílias que enfrentassem um mesmo tipo de problema e possuíssem a mesma origem socioeconômica ou cultural, poderia ser extremamente valiosa. Com a ajuda de meus colegas comecei a trabalhar com grupos compostos por indivíduos que se achavam expostos a problemas semelhantes, e nesses grupos nos esforçamos por estimular novas leituras das razões do sofrimento que os atingia: tentávamos, particularmente, levar os membros dessas famílias a ter um novo olhar de referência sobre sua situação, auxiliando-os a descobrir até que ponto a imagem que possuíam de si mesmos refletia as normas e os critérios dos diversos níveis de poder estabelecidos.

Foi assim que, primeiro em Nova York e depois em Bruxelas, a partir de 1975, criei redes de solidariedade destinadas a auxiliar as famílias atingidas pela exclusão social e/ou que apresentassem problemas de saúde mental; esses grupos de ajuda mútua incluíam ainda tanto pacientes que participavam de terapias multifamiliares como as pessoas próximas de pacientes identificados (pais, amigos e conhecidos), especialmente convidadas pela equipe de saúde mental do Centro.

Da mesma forma, tive oportunidade de medir o impacto extraordinário que a dinâmica de um grupo pode apresentar, a partir do momento em que formas concretas de ajuda mútua e de apoio lhe permitam conduzir um novo olhar sobre situações críticas: com bastante freqüência, essa solidariedade e esse compartilhar de um novo sentido dão origem a elementos responsáveis pelo aparecimento de novos contextos de vida, ricos em relações, cujas ampliação e multiplicação suscitam a eclosão de outros possíveis.

Pouco a pouco apercebemo-nos de que, em muitos casos, os sintomas dos indivíduos provenientes de famílias expostas a dificuldades semelhantes podiam preencher uma função específica nos meios em que os problemas haviam surgido e se mantinham. No decorrer de uma terapia multifamiliar centrada nos problemas de absenteísmo escolar e de delinqüência, que causavam estragos num bairro pobre de Bruxelas, por exemplo, a atitude do pai de um jovem delinqüente não deixava de nos intrigar: esse homem, um tetraplégico que conhecia apenas algumas palavras em francês, dava-nos, em cada um de seus mínimos propósitos, a impressão de se identificar sistematicamente com as instituições belgas — um pouco como se o desvio de seu filho o fizesse digno de asceder ao *status* de homem digno de ser citado como exemplo e merecedor de ser atendido com deferência tanto por nosso Centro como pelas instituições sociais de seu país de nascimento; notávamos com espanto que os filhos afirmavam sua culpa com uma estranha altivez, enquanto os pais, esquecendo-se de seus próprios problemas de integração, concordavam em impor à sua progênie a responsabilidade pelos males que os afligiam.

Então, passamos a nos perguntar se a delinqüência desses jovens não poderia ser entendida como um sintoma que, paradoxalmente, visava "proteger" tanto o sistema comunitário de seus pais como o sistema de valores sociais dominantes, pela manutenção das construções do mundo próprias a seus meios familiar e social de origem. Depois, partindo dessas hipóteses, convidamos esses pais e mães a se envolver diretamente com os problemas de seus filhos, fazendo com que participassem de sessões comuns de reflexão e levando-os a constituir, relacionando-se com outras instâncias do bairro, grupos de pressão capazes de intervir no plano dos organismos sociais competentes (Elkaïm, 1979). Essas formas de intervenção, que associavam os pais à busca de soluções, tiveram efeitos extremamente benéficos na situação de numerosos desses adolescentes.

Paralelamente a essas atividades, e nesse mesmo período, assumi a coordenação do Reséau Alternative à la Psychiatrie, de dimensões internacionais. Essa rede, à qual pertenceram simultaneamente pessoas como Franco e Franca Basaglia, Robert e Françoise Castel, David Cooper, Félix Guattari, Giovanni Jervis e Ronald Laing, para citar apenas os mais conhecidos, de associações de pacientes e de várias e numerosas equipes de saúde mental, contribuiu em muito para a evolução das práticas psiquiátricas das décadas de 1970 e começo da de 1980 (Elkaïm, 1977).

Mas, por mais que se deva em muito à "antipsiquiatria", eu pessoalmente não concordo com certas orientações dessa corrente: não apenas sua leitura, que consistia em ver o paciente como vítima das instituições sociais que se constituíam como seu meio, me parecia demasiado linear, como minha própria sensibilidade pessoal me incitava, por outro lado, a voltar minha atenção para as interações que faziam os indivíduos participar (na maioria das vezes sem ter consciência disso) dos próprios processos que os excluíam (Elkaïm e Scheflen, 1973).

Até então, no entanto, minha pesquisa de uma abordagem terapêutica menos redutiva não ultrapassava os limites dos elementos sociais, econômicos e culturais; a extraordinária riqueza dos elementos heterogêneos e as múltiplas possibilidades de mutações que estes procurava ainda não me haviam surgido.

Estabilidade e mudança: os sistemas abertos distantes do equilíbrio

O emprego, em psicoterapia familiar, da abordagem desenvolvida por Ludwig von Bertalanffy, voltada para o estudo dos sistemas abertos ao equilíbrio, se revelou muito frutífero para nosso campo. Entre outras coisas, permitiu que se visse a enfermidade do paciente como um mecanismo homeostático, que tem como função reconduzir ao equilíbrio um sistema familiar em risco de mudança.

Mas, ao mesmo tempo, essa abordagem me constrangia por sua estreiteza. De fato, no essencial, ela dava conta da estabilidade, enquanto eu, de minha parte, me encontrava empenhado em induzir na família processos de mudança; além disso, enfatizava leis gerais, enquanto eu me interessava, sobretudo, pelo que era específico a cada situação; some-se a isso o fato de essa teoria não conceder senão um espaço extremamente reduzido à história, insistindo principalmente no plano do aqui e agora.

Por volta de 1977, o trabalho que o prêmio Nobel de química Ilya Prigogine dedicara aos sistemas abertos distantes do equilíbrio começou a atrair minha atenção. Prigogine e sua equipe haviam demonstrado que, à parte deste último, a evolução dos sistemas está ligada não apenas a uma lei geral, mas às propriedades intrínsecas desses sistemas, ou seja, à natureza dos processos de interação entre os seus elementos: pois essas interações podem provocar um estado instável e uma bifurcação específica, que separarão abruptamente as diferentes formas de comportamento. Como, segundo esse modelo, a "escolha" do modo de funcionamento, no sentido do qual o sistema evoluirá, depende de seu passado, Prigogine concedia um lugar ao tempo e à história; e concedia igualmente ao acaso o primeiro plano, porque, nesta óptica, é impossível saber previamente qual das múltiplas variáveis possíveis será ampliada por um mesmo parâmetro (Prigogine, 1977).

Em outras palavras, compreendi que a teoria dos sistemas abertos ao equilíbrio (von Bertalanffy) se aplica a sistemas submetidos a um jogo de flutuações que os conduz a um mesmo estado estável dentro de condições determinadas; enquanto que, nos estados que se encontram fora de equilíbrio (Prigogine), ao contrário, essas variáveis podem ser ampliadas, dentro de condições específicas, até que o sistema evolua para um novo estado, qualitativamente diferente do estado anterior.

Essa nova abordagem me parece descrever muito melhor a nossa prática do que aquela elaborada por Ludwig von Bertalanffy. Por que sugere que a história tem condições de desempenhar um papel não redutível a uma causalidade de caráter determinista: ela dá lugar à evolução, estando ligada fundamentalmente à intersecção entre o passado e o contexto presente, intersecção essa capaz de abranger os elementos aparentemente anódinos e a-significantes, cuja ampliação permite, porém, que se modifique a totalidade do sistema.

Em minha prática, no entanto, tornou-se rapidamente para mim patente que as variáveis que se ampliam não se constituem de um elemento singular, mas, ao contrário, reúnem em si várias singularidades que dizem respeito tanto ao terapeuta como aos membros da família em terapia.

Foi assim que em uma de minhas obras (Elkaïm, 1989) descrevi um processo terapêutico conduzido com uma família judia originária da África do Norte, que, durante esse processo, a partir de uma referência aparentemente anódina feita à água, manifestou esse tema sob diversos aspectos (nomes dos filhos que remetiam ao tema da água na Bíblia, alusões constantes à água por parte da mãe, lágrimas dos membros da família e transpiração do terapeuta). Não apenas esse elemento foi conjugado a outras particularidades específicas, presentes no decorrer dessa mesma sessão (utilização do espaço pelos membros do sistema terapêutico, o fato de terapeuta e família pertencerem a uma mesma cultura etc.), como também esse agrupamento, por outro lado, ampliou-se, permitindo assim aos membros do sistema terapêutico o acesso a um novo tipo de funcionamento.

Em tais contextos, o terapeuta auxilia o sistema a se distanciar de seu equilíbrio favorecendo a ampliação das variáveis que podem, elas mesmas, consistir em agrupamentos* que integram os diversos elementos e que não estejam voltadas unicamente aos aspectos individuais do mesmo. Ao lado de particularidades genéticas, biológicas ou de qualquer outro tipo, os elementos ligados ao indivíduo, mas não redutíveis a ele, tais como os de caráter mediatos de massa, culturais ou sociais, podem participar desses agrupamentos.

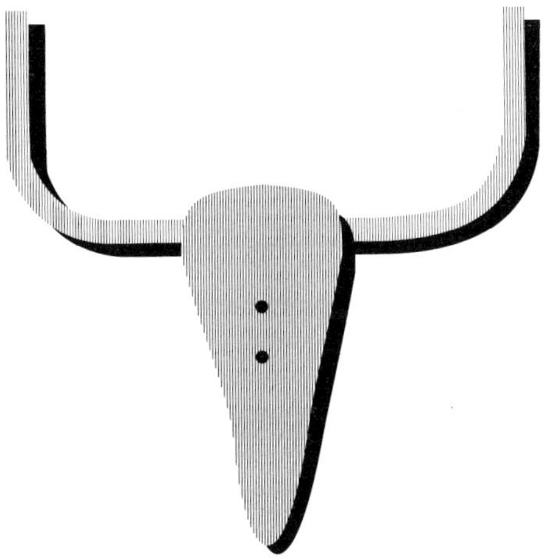

Figura 1. Desenho "Tête de Taureau" (Cabeça de Touro) de Picasso, datado da primavera de 1942. Elementos originais: selim e guidão (couro, metal), 33,5 x 43,5 x 19 cm. Museu Picasso, Paris.

* Este termo evoca, à minha mente, as construções elaboradas por certos artistas. O exemplo mais simples disso seria a famosa "Cabeça de Touro", obra de Picasso datada de 1942. Nesse agrupamento, um guidão e um selim de bicicleta, colocados um ao lado do outro, fazem imaginar a cabeça desse animal (ver Figura 1). Aqui, um novo objeto é criado pela justaposição de dois elementos não-agrupamentos, que o compõem, o que indica que o agrupamento não apenas induz uma percepção inédita da realidade como também confere um sopro de vida aos elementos que o constituem. Os elementos heterogêneos assim reunidos nos abrem para um novo universo, de natureza diversa.

Para mim, a criação desse conceito de agrupamento foi ainda mais importante porque dele extraí dois ensinamentos de capital importância: de um lado, deduzi que os "sistemas" humanos dependiam talvez mais das inter-relações existentes entre diversos agrupamentos que dos indivíduos em interação; e, de outro, tive numerosas vezes a oportunidade de verificar que esses mesmos agrupamentos, constituídos, além de outros, por particularidades heterogêneas, ao ampliar-se podiam tanto bloquear um sistema como permitir que ele mudasse.

Nessa época, porém, ainda que minha reflexão me permitisse chegar aos sistemas terapêuticos constituídos pelas famílias e por mim mesmo, eu ainda não havia visualizado todas as conseqüências dessa abordagem para a história do terapeuta. Mas a leitura posterior dos textos de Heinz von Foerster, de Humberto Maturana e de Francisco Varela fizeram com que eu me colocasse novas indagações, as quais iriam modificar profundamente minhas orientações.

Paradoxo auto-referencial e construção do real

Para Heinz von Foerster (1988, p. 47), um dos fundadores da segunda cibernética, o observador deve necessariamente ser incluído na descrição porque não pode ser separado do sistema que observa.

Para Francisco Varela (1988), no entanto, essa "inclusão do observador" arrisca-se a levar a pensar que este último existia independentemente do sistema observado — segundo esse pesquisador, o problema fundamental consiste, acima de tudo, em se indicar como uma entidade denominada "observador" pode emergir.

O paradoxo auto-referencial

Meu interesse pelo paradoxo auto-referencial, com o qual se defronta aquele que pretende descrever um sistema *do qual faz parte*, ganhava mais vida à medida que eu tentava desvencilhar-me da maneira pela qual a terapia familiar geralmente se esforçava por evitar esse tipo de paradoxo. E, para tanto, a maior parte dos terapeutas familiares se colocava sob o abrigo da teoria dos tipos lógicos de Alfred Whitehead e Bertrand Russel, que proíbe as proposições de natureza auto-referencial e reduz os paradoxos a simples sofismas.

Particularmente consciente das dificuldades insolúveis que esse problema da auto-referência levantava no campo da psicoterapia [caso se postulasse, ainda que implicitamente, como Foerster o havia criticado em relação à teoria dos tipos lógicos, que as "propriedades do observador não devem entrar na descrição de suas observações" (Foerster e Howe, 1975, pp. 1-3], de que forma um terapeuta poderia então referir-se a uma situação terapêutica da qual ele era fundamentalmente *participante*? A partir de 1984 dediquei uma parcela essencial de minhas pesquisas à questão de saber como os terapeutas poderiam ser auxiliados a transformar em um trunfo aquilo que eles, até então, haviam vivenciado como uma forma de deficiência.

Para melhor fazer compreender o caminho que me conduziu à elaboração de conceitos como o de *ressonância*, passarei agora a resumir o modelo cujas estruturas eu naquela época levantava, visando esclarecer as relações do casal: esse modelo objetivava à demarcação dos ciclos que tendem a se manifestar em certos casais e são constituídos por duplos vínculos recíprocos.

Um modelo para a terapia de casal

O título de meu livro *Si tu m'aimes, ne m'aime pas* foi inspirado por aquelas situações em que uma pessoa pede à outra uma coisa qualquer que deseja, e não consegue acreditar que esteja ao alcance de qualquer possibilidade. Quando esses ciclos se manifestam no seio de um casal, um de seus membros pede, por exemplo, ao outro: "Me ame"; mas seu medo de ser abandonado faz com que ele, ao mesmo tempo, tema ser amado — tanto que, em um plano não-verbal, ele pede também para não receber esse amor. Seja como for, a reação do outro membro do casal só pode ser a de incapacidade de atender a esse pedido, pois só tem possibilidade de responder a apenas um nível do duplo vínculo.

Para que esse tipo de comportamento se mantenha e se amplie, no entanto, é preciso que possua uma função que se relacione não apenas ao passado de um dos protagonistas, mas também com o conjunto do sistema conjugal. Porque esses elementos passados não implicam automaticamente a repetição ou a ampliação de um comportamento; essa repetição ou ampliação aparece quando os dados históricos, além das funções que desempenham nas economias pessoais, desempenham um papel em um contexto sistêmico mais amplo; e nos casais, como os duplos vínculos são recíprocos, esse movimento se efetua nos dois sentidos.

Em conseqüência disso, com freqüência seus membros tentam esculpir-se ou se modelar mutuamente a fim de reforçar suas respectivas crenças profundas ou "construções de mundo".

Ora, esse fenômeno se produz igualmente nos contextos terapêuticos: cada membro do sistema terapêutico dá a impressão de que deseja talhar o outro de maneira a fazer com que as construções de mundo que elaborou a partir de suas experiências passadas repetitivas sejam por ele corroboradas ao máximo.

Para esclarecer esse ponto, gostaria de citar um exemplo de terapia de casal em que os elementos descritos pela terapeuta enfatizam manifestamente uma construção auto-referencial (essa terapeuta foi supervisionada nos Estados Unidos).

Terapeuta e família

O marido, Bill, desejava "agradar à sua esposa", Nancy, a qual, por sua vez, o acusava de "nunca ter cuidados para com ela".

Ora, por razões ligadas ao mesmo tempo à sua própria história individual e mantidas ou ampliadas pelo sistema conjugal, cada um dos membros desse casal pedia ao outro algo que julgava impossível de obter. Bill queria que sua mulher "ficasse satisfeita com ele" sem, no entanto, acreditar que isso pudesse se realizar; e Nancy desejava que seu marido "se ocupasse mais dela", sem acreditar que ele pudesse chegar a fazer isso.

Fossem quais fossem os níveis de reação desse casal, as formas de comportamento tanto de um como de outro só poderiam fazer com que ambos ficassem insatisfeitos. Cada um parecia corroborar a construção de mundo do outro, cada qual evitando que o outro se confrontasse com as terríveis conseqüências do duplo vínculo em que se via preso, ou seja, que descobrisse que somos prisioneiros, cercados por muralhas para cuja edificação nós mesmos concorremos e sempre acabando por perder aquele ou aquela que se figure como carcereiro (ver Figura 2).

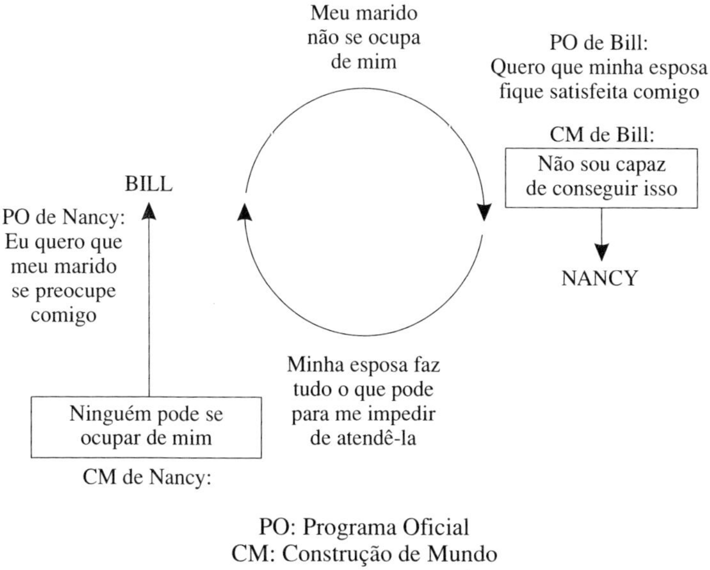

Figura 2.

Quando o supervisor perguntou à terapeuta o que lhe faziam lembrar os temas citados, ela apresentou as seguintes associações:

— tal como esse marido, que se sentia incapaz de atender fosse lá o que fosse, em sua família de origem a terapeuta tinha tido a impressão de não "fazer o suficiente" por seus pais; além disso, cada vez que tentara "fazer mais" por eles, tivera a impressão de que esse incremento em seus esforços "feria" os outros membros da família, o que a obrigava, então, a "reparar essas feridas";

— por outro lado, a terapeuta declarou também que se sentia ligada a essa esposa, convencida de que ninguém poderia se preocupar com ela. "Duvido", afirmou ela quanto a esse fato, "que alguém possa se ocupar de mim. Se alguém o fizesse, acabaria por abandonar-me. Assim, me empenho em ocupar-me sozinha de mim mesma, sem esperar que alguém o faça."

Esse, portanto, foi um exemplo típico de situações em que as construções de mundo (CM) dos diferentes membros de um sistema terapêutico correm o risco de se corroborar mutuamente em suas crenças (ver Figura 3).

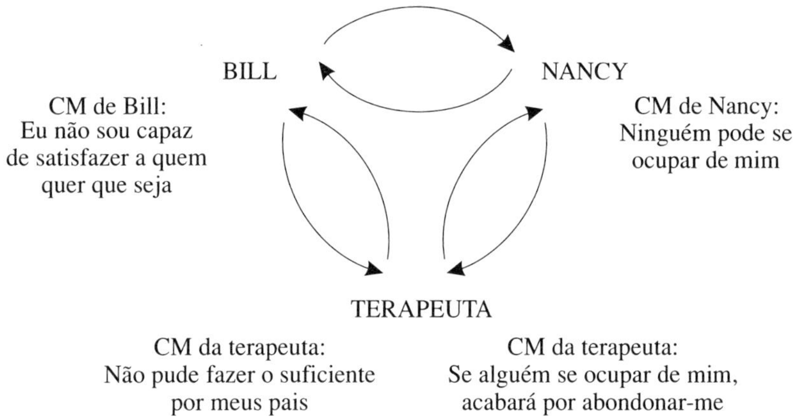

Figura 3

As ressonâncias

Os temas que à terapeuta haviam parecido pouco importantes haviam-na remetido a aspectos de sua própria história. Isso não queria dizer que não houvesse "resolvido" esses pontos específicos: os elementos que até então nela se encontravam adormecidos haviam simplesmente ampliado e essa ampliação dos elementos ligados a seu passado, mas não redutíveis à sua própria pessoa, provavelmente a haviam levado a "compor um casal" com cada um dos membros do sistema terapêutico, evitando-lhes, assim, que repensassem suas próprias construções de mundo.

Denomino ressonâncias esses agrupamentos particulares, constituídos pelas intersecções de elementos comuns a diferentes indivíduos ou diferentes sistemas humanos, que suscitam as mútuas construções do real dos membros do sistema terapêutico; esses elementos parecem ressoar sob o efeito de um fator comum, um pouco como um corpo vibra sob o efeito de uma dada freqüência sonora.

Ora, essas ressonâncias incluem desde as regras importantes para a história dos diferentes protagonistas até as regras de caráter institucional, social ou de qualquer outra natureza. No exemplo a seguir, o mesmo tema é ampliado, sucessivamente, no terapeuta, em uma paciente e na equipe de atendimento.

Uma jovem havia dado entrada no hospital por causa de diversos problemas: descrita como muito afeiçoada a seu pai, havia ela, manifestamente, formado com ele uma coalizão dirigida contra o restante da família. Os membros da equipe hospitalar encarregada tinham por hábito escolher de comum acordo o modo de terapia a ser empregado (se individual ou familiar), bem como o ou a terapeuta a quem seria incumbido cada caso em questão. Um dos terapeutas, sem ter sido designado pelo grupo, havia, por sua própria iniciativa, decidido acompanhar essa paciente em terapia individual, provocando um curto-circuito assim, os procedimentos usuais de decisão. Essa situação havia incitado a paciente a se coalizar com o terapeuta contra o restante da equipe de atendimento; mais tarde, durante a supervisão, vim a saber que esse terapeuta, no passado, havia-se aliado à sua mãe e contra os demais membros de sua família.

Neste caso específico, a ressonância havia-se ampliado para além dos membros do sistema terapêutico, e acabara por englobar as regras do sistema que a cercava. Poderíamos citar outros exemplos de ressonâncias que associam terapeuta, paciente, instituição e grupo de supervisão a grupos sociais de maiores dimensões (Elkaïm, 1989, p. 155): tudo parece indicar que essas ressonâncias têm como função parcial permitir a manutenção das construções do real de pessoas e de grupos que pertencem a diferentes sistemas.

Na época em que exercia minhas atividades profissionais no Bronx, eu via o mundo como se fosse um agrupamento de bonecas russas, embutidas umas nas outras — partindo do indivíduo vinha a família, o bairro, o contexto social etc. O conceito de ressonância ajudou-me a elaborar de maneira diversa a representação desses vários sistemas: pouco a pouco, pareceu-me que estes podiam estar unidos por um laço transversal que não consistia unicamente na reprodução mecânica de uma mesma regra, de extrato para estado.

Os sentimentos do terapeuta vistos como trunfo

A primeira ferramenta do terapeuta é ele mesmo. Os terapeutas por muito tempo desconfiaram dos sentimentos que seus pacientes lhes inspiravam, porque acreditavam que os seus afetos só poderiam macular a "objetividade" de suas observações; de minha parte, porém, não creio que aquilo que sentimos na psicoterapia, como terapeutas, seja uma limitação: ao contrário, parece-me que essas pretensas limitações podem ser transformadas em instrumentos de trabalho, que para nós se constituem em preciosos trunfos.

Bem-entendido, apenas podemos experimentar um sentimento específico, em uma situação específica, nas ocasiões em que uma corda sensível se põe a vibrar em alguma parte de nós. Contudo, a meu ver, o sentido e a função da vibração dessa corda não devem ser procurados unicamente na economia pessoal do indivíduo: ambos estão simultaneamente ligados ao sistema, no seio do qual o indivíduo se descobre quando experimenta esse sentimento.

Em outras palavras, os sentimentos que afloram neste ou naquele membro do sistema terapêutico, para mim, apresentam um sentido e uma função ligados ao próprio sistema em que emergem. Ao indicarem os pontos específicos que se constituem entre os membros da família e o terapeuta, eles designam um conjunto de zonas e de crenças que merecem ser aprofundadas metodicamente.

Co-construção da ressonância na psicoterapia

A partir do momento em que o terapeuta toma consciência do sentimento ou do tema que mais o atinge em um dado momento, é preciso que se coloque nas seguintes questões:

— conheço já esse afeto em particular ou esse tema específico? Se é este o caso, quais são os ecos que essa emoção ou essa leitura do real surgida dentro de mim suscita em meu espírito? O terapeuta, com bastante freqüência, não terá tempo de aprofundar essas questões ou mesmo de aquilatar sua pertinência durante a sessão; mas não é necessário que essa análise seja feita imediatamente: ele poderá passar para um outro assunto enquanto aguarda a finalização da sessão para se entregar a essa auto-investigação, com ou sem a ajuda de seus co-terapeutas;

— em que aspecto esse tema, que me parece essencial, é importante para o paciente? Em que ele lhe diz respeito? Se as questões propostas pelo terapeuta não lhe permitem de imediato elucidar esses pontos, é desejável que ele renuncie temporariamente a levá-las adiante pois, de outra forma, estaria arriscando-se a se expor a graves dificuldades: seja no tocante a invadir o sistema familiar, concentrando-se em elementos que fazem sentido segundo seu ponto de vista, mas que são demasiadamente secundários para os membros da família em questão; seja no tocante a provocar resistências muito grandes, por evocar temas inaceitáveis para os pacientes, a despeito da presumida importância de que possam revestir-se. Melhor será, então, esperar que esse tema, aparentemente rico de sentido, se faça representar em outro momento da terapia, para que então se formule uma proposta comum de construção.

Que fazer nos casos em que um tema efetivamente importante em relação à minha história pessoal também o é para um ou vários membros da família? O terapeuta então estará sendo confrontado com um ponto singular que, nesse preciso instante, existirá entre cada um dos membros da família e ele. Mas esse ponto será também uma passagem perigosa, porque é igualmente um tema comum que, se reforçado, arriscará congelar a terapia, criando um sistema que "quanto mais se muda, mais permacece a mesma coisa". Mas o terapeuta não poderá recuar: a partir do momento em que sinta as ressonâncias nele provocadas por um determinado tema, já terá avançado para esse ponto único, interposto entre ele e os membros da família. O tema em questão, no entanto, lhe fornecerá o mapa da mina que faz incidir a luz sobre esse ponto e demonstra, assim, os perigos que lhe caberá evitar ao tomar de empréstimo para si o caminho dessa mútua construção.

O trabalho encetado com a família para modificar a rigidez de certas construções do mundo mais ou menos partilhadas permitirá ao terapeuta ampliar o campo do possível do sistema terapêutico e, portanto, dos membros da família. Desde que outros temas eventualmente abordados sejam objeto do mesmo procedimento — e a cada uma dessas oportunidades uma construção de mundo comum ao terapeuta e à família seja flexibilizada por todos os protagonistas do sistema terapêutico —, o sistema pouco a pouco ganhará flexibilidade.

Bem-entendido, não é de se concluir daí que o único caminho possível para a psicoterapia familiar resida na análise das ressonâncias que ligam entre si os membros do sistema terapêutico. Outras vias se abrem: o terapeuta é livre para tomar o "caminho real" com o qual se sinta mais sintonizado, seja ele relativo à abordagem estratégica, estrutural sistêmica ou qualquer outra. Mas, seja qual for o caminho escolhido, ele não escapará de ser invadido por sentimentos não redutíveis à abordagem escolhida, em um ou outro momento da psicoterapia.

Na formação, desenvolve-se em primeiro lugar a capacidade própria à pessoa de se autorizar para tomar consciência dessas emoções ou dessas construções. Depois disso, convém que o estudante se aperfeiçoe na arte de se aprofundar em certas construções de mundo comuns, mais abrandando-as do que reforçando-as: o trabalho de supervisão efetuado com o futuro terapeuta permitirá esse aperfeiçoamento.

Invenção do real, co-construção e função

Humberto Maturana (1983, p. 256) demonstrou que a percepção visual surge da intersecção que se dá entre o que se oferece a nós e a atividade de nosso sistema nervoso; em outras palavras, aquilo que vemos não existe como tal, fora de nosso campo de experiência, mas resulta, sim, da atividade interna que o mundo exterior dispara em nós.

Como o tema da co-construção do real para mim tem muito valor (mais que aderir à idéia de um real puramente inventado, sempre preferi considerar que o que eu construía estava situado no ponto de intersecção entre o que me constituía e o que me acontecia), interessei-me mais particularmente no sentido e na função que essa co-construção apresentava para minha própria economia, assim como para o ou os sistemas aos quais me via pertencer.

Essa orientação me distanciou de certos autores que optaram, de sua parte, por substituir uma metáfora pós-moderna e antropológica por uma metáfora cibernético-sistêmica (Hoffman, 1990 e 1991): numerosos desses pesquisadores acabaram por rejeitar completamente o conceito de função para pensar apenas em termos de discurso e, embora nossas posições se aproximem em vários pontos, eu não saberia segui-los inteiramente nesse caminho.

De minha parte, não penso que se possa fazer referência a uma família representando-a unicamente em termos de homeostase ou nos referindo apenas às regras que se aplicam aos sistemas abertos de natureza psicoquímica ou biológica — como também não acredito que o essencial da abordagem familiar se reduza a um puro e simples estudo funcional, mesmo que me pareça importante estudar a partir desse ângulo as construções mútuas que se apresentam cada vez que os protagonistas de um sistema tentam evitar confrontar-se com mudanças demasiado dolorosas para eles.

Essa dupla perspectiva sistêmica (estudo da função e do sentido, sem a redução ao funcional nem fechamento do significado) me parece capaz de levar parcialmente em conta a riqueza de certas situações. Mas esclarece apenas de modo muito imperfeito várias experiências. Será o choque estético produzido por uma paisagem, um quadro ou uma frase musical, por exemplo, descrito em termos de função ou de significação sem ser reduzido implicitamente a esses termos? E será que se pode falar do tipo de mudanças afetivas tais como apaixonar-se ou deixar de se apaixonar?

Essa incapacidade da abordagem sistêmica em se aperceber, entre outras, da emoção estética ou das mudanças bruscas de estados afetivos me levou a passar de uma leitura que enfatizava os sistemas a uma visão que privilegiava os agrupamentos. A riqueza do conceito, a meu ver, decorre de sua capacidade de refletir a inesgotável riqueza da realidade. Na verdade, permite que se relacionem os elementos genéticos, biológicos ou sistêmicos aos elementos de uma ordem totalmente diversa: elementos de comunicação de massa ou sociais, homogêneos ou heterogêneos, sérios e esperados ou surpreendentes pelo aspecto derisório que demonstram etc. E essas ligações são mais importantes à medida que, freqüentemente, será a abertura a essas singularidades que dará surgimento ao catalisador que induzirá as "reações" propícias à mudança.

Os diferentes níveis da situação psicoterápica

Em minha abordagem, a situação em que o terapeuta mergulha, em psicoterapia, compreende três importantes componentes:

A parte estratificada

Em seu *Mille Plateaux*, Gilles Deleuze e Félix Guattari definem os estratos como meios codificados ou substâncias formadas. "Fora dos estratos ou sem estes", afirmam, "não temos mais nem formas nem substâncias, nem organização nem desenvolvimento, nem conteúdo nem expressão. Somos desarticulados, não parecemos nem mesmo nos apoiar em ritmos" (1980, p. 628).

Tomo de empréstimo desses autores o termo "estratificado" para designar os códigos dominantes, o quadro de possibilidades explicativas que nos permite dar um sentido ao que observamos. Para o terapeuta, todos esses eixos de significação podem constituir "caminhos reais", siga ele uma orientação psicodinâmica, estrutural, sistêmica, estratégica ou qualquer outra.

A parte auto-referencial

Esta parte integra o quadro de possibilidades explicativas da parte estratificada, transpondo-as.

Com efeito, toda abordagem psicoterapêutica, seja qual for, mostra-se sempre mais ou menos ligada à visão de mundo de seu criador. Salvador Minuchin, por exemplo, criador da abordagem estrutural da terapia familiar, não faz nenhum mistério do laço que se estabelece entre seu contexto de origem — ele provém de um meio em que era importante a manutenção de fronteiras claramente definidas — e o campo que construiu (1979, p. 137).

Esse componente auto-referencial engloba igualmente os pontos tecidos ao redor de certos elementos comuns a terapeutas, a pacientes e aos diversos sistemas envolvidos na cena terapêutica; é, portanto, o domínio por excelência das ressonâncias.

A parte heterogênea

Essa parte reúne os elementos totalmente diversos que têm como ponto em comum o desempenho de um papel não atingido pelo quadro de possibilidades explicativas ligadas à parte estratificada. Nesse nível, os elementos de todos os tipos — genéticos ou biológicos, de comunicação de massa ou sociais etc. — podem se associar a singularidades tão surpreendentes quanto o devir de um passo em falso.

Faço alusão aqui à supervisão de uma terapia ligada a uma família que atribuía grande importância à "ajuda" — essa regra era tão importante para cada um de seus membros que todos apresentavam problemas de saúde quando a ouviam repetida —, sem que nenhum deles, no entanto, aceitasse ser ajudado.

Em uma ocasião, a mãe e suas duas filhas entraram na sala de terapia apoiando-se em muletas. Juntando-me depois à sessão para auxiliar a terapeuta, prendi o pé no fio do microcomputador: não caí apenas devido à ajuda do pai, que me amparou em minha queda.

Como este comentasse de imediato o acontecido dizendo "Isso estava montado" respondi: "Não, não se trata absolutamente de algo planejado, mas sim de algo inscrito em sua família" (*risadas da mãe*).

De qualquer modo, vale tudo* (*mostro minha mão direita com a palma virada para a família, e a mãe, sorrindo, mostra-me em seguida sua mão esquerda, totalmente envolvida em bandagem branca*). E como estender-lhes minha mão senão pedindo-lhes que me ajudem, desde que eu mesmo venha a ajudá-los?

Esse passo em falso, é bom que se diga, não havia sido premeditado. Constituiu-se apenas um agrupamento, formado por uma hipótese aferente no nível estratificado — a do duplo vínculo: "Ajude-nos", mas "Não podemos aceitar ser ajudados, só podemos ajudar" — e essa queda relevante do componente heterogêneo; quanto ao aspecto auto-referencial, este se desenvolveu em torno da ressonância, centrada sobre o conceito de ajuda, surgido entre a terapeuta, essa família e eu.

A inter-relação dos três níveis

A psicoterapia que acabamos de citar havia-se processado a partir do fato da inter-relação, ou do agrupamento flexível, que se estabeleceu entre esses três níveis.

Em uma etapa anterior, de fato, um outro agrupamento havia bloqueado a evolução desse processo terapêutico: um pouco antes dessa sessão de supervisão, a terapeuta havia sentido uma forte dor nas costas à saída de uma sessão, na qual a mãe lhe havia dito que conhecia excelentes cinésio-terapeutas, cujos endereços dispunha-se a oferecer-lhe, caso ela algum dia viesse a precisar.

O passo em falso e a intervenção que o acompanhou induziram várias mudanças importantes: por um lado, essas dores dorsais desapareceram exatamente depois desse episódio; por outra, o elo que se estabeleceu entre o quadro de possibilidades explicativas empregadas, bem como o impacto causado pela ressonância (centrada no conceito de ajuda) e os elementos de caráter heterogêneos (dor nas costas da terapeuta, passo em falso do supervisor) apresentaram efeitos favoráveis para o agrupamento do sistema terapêutico.

---

* Em francês, *je montre patte blanche* significa: permissão para fazer tudo o que vier à cabeça, impunidade geral. A partir dessa expressão composta, o autor dá início aqui à apresentação de uma série de trocadilhos em francês com a palavra "patte" = pata, pé e perna de animal e "mão", feitos pela paciente e por ele mesmo, trocadilhos esses que não têm correspondência em português.

Vê-se, portanto, até que ponto é importante prestar atenção aos agrupamentos constantes que se constituem espontaneamente nas intersecções desses três níveis: essas inter-relações podem, segundo suas configurações, favorecer tanto a mudança de uma situação como contribuir para seu bloqueio (ver Figura 4).

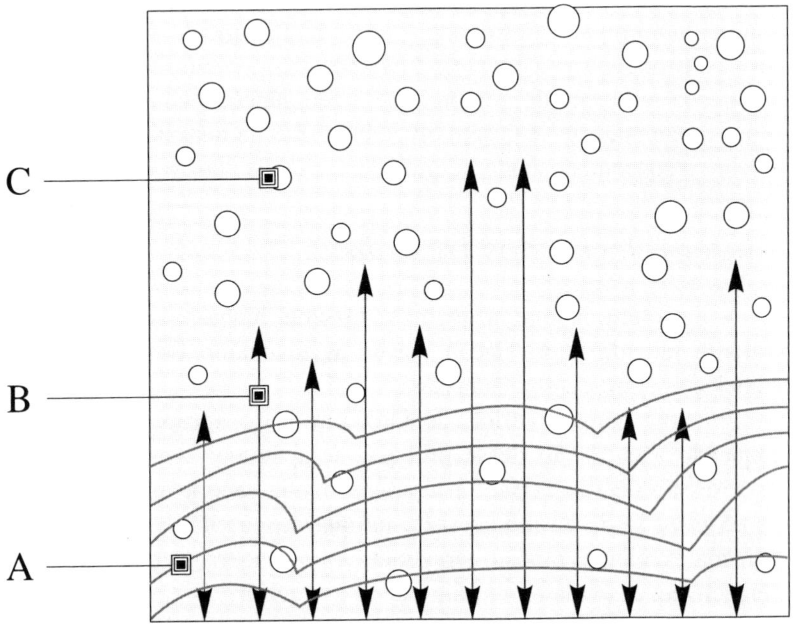

Figura 4

A parte estratificada (área dos códigos dominantes e das possibilidades explicativas)
B parte auto-referencial (domínio das ressonâncias)
C parte heterogênea (universo das singularidades)

A parte estratificada, das possibilidades explicativas, é indispensável para que se dê sentido a uma situação, sem que no entanto esta possa vir a ser totalmente separada da parte auto-referencial (porque o terapeuta escolhe sempre essas possibilidades por razões em parte pessoais).

A parte auto-referencial, das ressonâncias, pode contribuir para a mensuração de certos ganhos e para a compreensão de certos pontos, que evitarão o reforço de convicções profundas, dos diferentes membros dos sistemas envolvidos, compreendendo-se aí o terapeuta.

A parte heterogênea, a das singularidades, pode permitir ao processo terapêutico tornar-se um processo de liberação. Ela subverte os aspectos potencialmente redutores dos dois outros níveis, abrindo a psicoterapia a novos possíveis.

Implicações na formação

Na supervisão, o elo único e singular que se estabelece entre o estudante e os membros da família adquire uma importância fundamental: encontra-se aí uma modificação essencial em relação a certos processos de formação sistêmicos.

Quando um encontro é seguido de maneira direta, pelo espelho unidirecional, o didata não pode mais se contentar em sugerir o que deve fazer o estudante sob sua supervisão. Ele deve aceitar analisar o laço que se estabelece entre ele mesmo e o terapeuta em formação, para melhor compreender as ressonâncias que se estendem ao sistema de supervisão do qual ele faz parte e, por isso, ser mais capaz de ampliar o campo do possível tanto para seu estudante como para seus pacientes — tarefa que exige flexibilidade e habilidade porque, da mesma forma que o terapeuta deve se resguardar de invadir o campo de seus pacientes com suas ressonâncias, o supervisor deve ser capaz de perceber os ganhos subjacentes de emoções que progressivamente se apossam da experiência de seu estudante.

Mesmo que a co-terapia continue sendo uma ferramenta preciosa, é importante notar que, nessa perspectiva, os terapeutas não podem esperar que seus co-terapeutas ou seus colegas, que estão atrás do espelho unidirecional, permaneçam em uma espécie de "metaposição" em relação ao trabalho por ele desenvolvido. Mais do que isso, o terapeuta pede que o ajudem a não se permitir atolar nas ressonâncias que ameaçariam enrijecer suas crenças profundas, permitindo-lhe assim analisar o sentido e a função dessas crenças para o agrupamento do sistema terapêutico, compreendidos aqui seus colegas.

O didata, certamente, tem muito a oferecer aos futuros terapeutas; mas, em minha óptica, deve, antes de tudo, evitar erigir-se como modelo daqueles: mais do que estimular seus estudantes a imitar o que ele faria em contextos semelhantes àqueles com os quais estes se defrontam, deve dar o melhor de si para ajudá-los a descobrir como podem tirar o melhor proveito de suas próprias singularidades, para fazer progredir a terapia pela qual respondem.

À guisa de conclusão

Em cada etapa de minha vida profissional tive oportunidade de entrever novas perspectivas, que enriqueceram meu pensamento e minha prática e nunca deixando de me permitir realizar a integração, a cada novo passo, daquilo que adquiri na fase precedente.

Os trabalhos de Félix Guattari estimularam-me a não me polarizar exclusivamente nos componentes socioeconômicos dos problemas da saúde mental, mantendo uma posição de abertura em relação a certos elementos heterogêneos das necessidades psicoterapêuticas então empregadas.

As pesquisas de Ilya Prigogine, por outro lado, contribuíram para que eu pudesse estabelecer de que maneira a ampliação dos agrupamentos, constituídos tanto por elementos comuns aos códigos psicoterapêuticos dominantes como por aparentes "marginais", poderia favorecer uma bifurcação propícia à modificação do devir dos sistemas humanos.

Da mesma forma, ao criar o conceito de ressonância, minhas próprias reflexões sobre as construções mútuas do real me permitiram estabelecer um elo transversal entre sistemas diferentes e aparentemente díspares entre si. A partir daí, a porta de entrada da intervenção, ou o meio sobre o qual aplicar a "alavanca terapêutica", não se mostrava mais único, mas, sim, múltiplo: pois as modalidades e o contexto da intervenção deveriam ser decididos de acordo com o lugar que a intervenção ocupava no quadro desses sistemas em ressonância.

Em seguida, o conceito de agrupamento me levou até as fronteiras da abordagem sistêmica: pareceu-me, com efeito, que a experiência não é apenas uma questão de sentido e de função, mas que, em todas as suas formas, ultrapassa essas dimensões.

Atualmente, o papel desempenhado pelos agrupamentos na "produção da subjetividade" me levou a refletir sobre a natureza da emoção estética (Elkaïm e Stengers, 1994). Como compreender essa emoção em termos nãoreducionistas? A prática do terapeuta, que permite que seus pacientes tenham acesso a uma outra história, voltando-se para o estabelecimento de outros laços de união entre elementos até então díspares entre si, é tão diferente assim da caminhada do artista?

O terapeuta e o artista não produzem ambos agrupamentos heterogêneos? O que vivemos, na terapia, como tomada de consciência é somente o surgimento de um sentido que havíamos perdido ou é também o fruto de uma mutação, produzida pelos agrupamentos em jogo no sistema terapêutico? Tal como o artista que cria um agrupamento cujo impacto é enriquecido pelo respeito à integridade de seus diversos componentes, o terapeuta não é ele mesmo um catalisador que oferece uma nova vida a elementos heterogêneos, conferindo-lhes um semblante de homogeneidade?

Como terapeutas, somos produtores e utilizadores de significados. Mas esses significados, a partir do instante em que se tornam modelos explicativos dominantes, "palavras de ordem", no sentido que lhes é dado por Deleuze e Guattari, ameaçam mascarar a riqueza multiforme das mutações sempre possíveis: na terapia como no domínio da arte todo tipo de referência, compreendendo-se aí aquelas que nos remetem a nossos próprios conceitos, se nos descuidarmos podem se tornar uma "palavra de ordem"; e é por isso que esses elementos, tornados redutores, sempre serão retomados em novos agrupamentos heterogêneos, portadores de outros devires.

Psicoterapeutas ou didatas, é possível que nossa riqueza resida em nossa própria sensibilidade potencial que, indo além dos modelos explicativos de que dispomos, se volta para os múltiplos agrupamentos heterogêneos que nos envolvem e, ao mesmo tempo, nos obrigam à abertura.

REFERÊNCIAS BIBLIOGRÁFICAS

COOPER, D. *Psychiatrie et Antipsychiatrie*. Paris, Éd. du Seuil, coll. "Points", 1978, p. 72.

DELEUZE, G. e GUATTARI, F. *Mille Plateaux*. Paris, Éd. de Minuit, 1980.

ELKAÏM, M. *Les Panthères noires d'Israel*. Paris, Maspero, 1972.

_________ (éd.), *Réseau-Alternative à la psychiatrie*. Paris, Union générale d'éditions, 1977.

_________. "Système familial et système social". In: *Cahiers critiques de thérapie familiale et de pratiques de réseaux*, Paris, Ciamma, 1, 1979.

_________. "Une approche systémique des therapies de couple". In: id. (ed.), *Formations et pratiques en thérapie familiale*. Paris, ESF, 1985.

_________. "Réseaux, systèmes et intervention en quartier". In: id. (ed.), *Les Pratiques de réseaux: sante mentale et contexte social*. Paris, ESF, 1987.

________. "Système thérapeutique et autoréférence". In: id. e SLUZKI, C. (ed.), *Autoréférence et Thérapie familiale, Cahiers critiques de thérapie familiale et de pratiques de réseaux*, Toulouse, Privat, 1988.

________. *Si tu m'aimes, ne m'aime pas: approche systémique et psychothérapie*. Paris, Ed. du Seuil, 1989.

________. "Coconstruction, systemes et fonctions". In: id. e TRAPPENIERS E. (ed.), *Étapes d'une évolution: approche systémique et thérapie familiale*. Toulouse, Privat, 1993.

________ e SCHEFLEN, A. "Antipsychiatrie et révision épistémologique" In: *Mosaíque*, Bruxelles, nº 18.

________ e STENGERS, I. "Du mariage des hétérogènes". In: SZAFRAN, W. e NYSENHOLC, A. (ed.), *Freud et le Rire*. Paris, Métailié, 1994.

FOERSTER, H. VON, "La construction d'une réalité" In: WATZLAWICK, P. (ed.), *L'lnvention de la réalité*. Paris, Éd. du Seuil, 1988.

________ e HOWE, R.H. "Introductory comments to Francisco Varela's calculus for self-reference". Int, *I. General Systems*, t. 2, 1975.

GUATTARI, F. *L'lnconscient machinique: essais de schizo-analyse*. Paris, Recherches, 1969.

________. "Les énergies sémiotiques". In: *Colloque de Cerisy sur Temps et Devenir à partir de l'oeuvre d'Ilya Prigogine*. Genève, Patino, 1988.

HOFFMAN, L. "Constructing tealities: An art of lenses", *Family Process*, 29, p. 1-12.

________. "Une position constructiviste pour la thérapie familiale". In: FIVAZ-DEPEURSINGE, E. (ed.), *Texte et Contexte dans la communication, Cahiers critiques de thérapie familiale et de pratiques de réseaux,* Toulouse, Privat, nº 13, 1991, p. 79-100.

LAING, R. *Noeuds*. Paris, Stock, 1971.

MATURANA, H.R. "What is it to see", *Arch. biol. med. exp.*, Santiago, Chile, nº 16, 1983.

MINUCHIN, S. *Familles en thérapie*, Paris, Éditions Universitaires, Jean-Pierre Delarge, 1979.

PRIGOGINE, I. "L'ordre par fluctuations et le système social". In :GADOFFRE, G., LICHNEROWICZ, A., PERROUX, F. (ed.), *L'Idée de régulation dans les sciences*. Paris, Maloine, 1977.

________ e STENGERS, I. *La Nouvelle Alliance: métamorphose de la science*. Paris, Gallimard, 1979.

VARELA, F. "Les multiples figures de la circularité". In: ELKAÏM, M. e SLUZKI, C. (ed.), *Autoréférence et Thérapie familiale, Cahiers critiques de thérapie familiale et de pratiques de réseaux*, Toulouse, Privat, 1988.

Índice onomástico

Índice de conceitos

Mony Elkaïm

Neuropsiquiatra, consultor do departamento de psiquiatria do Hospital Universitário de Erasmo, dirige o Instituto da Família e dos Sistemas Humanos de Bruxelas e desenvolve atividades de ensino na universidade livre dessa mesma cidade. Dedica-se à formação de psicoterapeutas em diversas capitais européias e, nos Estados Unidos, foi um dos fundadores do European Family Therapy Association, o qual preside.

IMPRESSO NA

GRÁFICA sumago

sumago gráfica editorial ltda
rua itauna, 789 vila maria
02111-031 são paulo sp
telefax 11 6955 5636
sumago@terra.com.br

dobre aqui

Carta-
resposta

2146/83/DR/SPM
Summus Editorial Ltda.

CORREIOS

CARTA RESPOSTA

NÃO É NECESSÁRIO SELAR

O SELO SERÁ PAGO POR

grupo editorial summus

AC AVENIDA DUQUE DE CAXIAS
01214-999 São Paulo/SP

dobre aqui

summus editorial

CADASTRO PARA MALA-DIRETA

Recorte ou reproduza esta ficha de cadastro, envie completamente preenchida por correio ou fax, e receba informações atualizadas sobre nossos livros.

Nome:_______________ Empresa:_______________

Endereço: ☐ Res. ☐ Coml. _______________ Bairro:_______________

CEP: _______-_____ Cidade: _______________ Estado: _____ Tel.: ( ) _______________

Fax: ( ) _______________ E-mail: _______________ Data de nascimento: _______________

Profissão:_______________ Professor? ☐ Sim ☐ Não Disciplina: _______________

1. Você compra livros:

☐ Livrarias
☐ Feiras
☐ Telefone
☐ Correios
☐ Internet
☐ Outros. Especificar:_______________

2. Onde você comprou este livro?

____

3. Você busca informações para adquirir livros:

☐ Jornais
☐ Amigos
☐ Revistas
☐ Internet
☐ Professores
☐ Outros. Especificar:_______________

4. Áreas de interesse:

☐ Educação
☐ Administração, RH
☐ Psicologia
☐ Comunicação
☐ Corpo, Movimento, Saúde
☐ Literatura, Poesia, Ensaios
☐ Comportamento
☐ Viagens, *Hobby*, Lazer
☐ PNL (Programação Neurolingüística)

5. Nestas áreas, alguma sugestão para novos títulos?

____

6. Gostaria de receber o catálogo da editora? ☐ Sim ☐ Não

7. Gostaria de receber o Informativo Summus? ☐ Sim ☐ Não

cole aqui

Indique um amigo que gostaria de receber a nossa mala-direta

Nome:_______________ Empresa:_______________

Endereço: ☐ Res. ☐ Coml. _______________ Bairro:_______________

CEP: _______-_____ Cidade: _______________ Estado: _____ Tel.: ( ) _______________

Fax: ( ) _______________ E-mail: _______________ Data de nascimento: _______________

Profissão:_______________ Professor? ☐ Sim ☐ Não Disciplina: _______________

Summus Editorial
Rua Itapicuru, 613 7º andar 05006-000 São Paulo - SP Brasil Tel. (11) 3872-3322 Fax (11) 3872-7476
Internet: http://www.summus.com.br e-mail: summus@summus.com.br